玉牒初草集證

〔宋〕劉克莊 撰　王瑞來 集證

中華書局

圖書在版編目(CIP)數據

玉牒初草集證/(宋)劉克莊撰;王瑞來集證. —北京:中華書局,2018.6
ISBN 978-7-101-13091-1

Ⅰ.玉… Ⅱ.①劉…②王… Ⅲ.帝王-家譜-研究-中國-宋代 Ⅳ.K820.9

中國版本圖書館 CIP 數據核字(2018)第 032896 號

責任編輯: 胡 珂

玉牒初草集證

〔宋〕劉克莊 撰
王瑞來 集證

*

中 華 書 局 出 版 發 行
(北京市豐臺區太平橋西里 38 號 100073)
http://www.zhbc.com.cn
E-mail:zhbc@zhbc.com.cn
北京瑞古冠中印刷廠印刷

*

850×1168 毫米 1/32 · 12½印張 · 2 插頁 · 221 千字
2018 年 6 月北京第 1 版 2018 年 6 月北京第 1 次印刷
印數:1-2000 册 定價:49.00 元

ISBN 978-7-101-13091-1

目録

前言

玉牒作爲皇族譜牒，在唐代主要作用是「奠世系，分宗譜」。到了宋代，由於社會風尚與政治狀況的變化，玉牒的内容與功用也發生了變化。不過，由於傳統的因襲，其記事以皇帝爲主以及深藏九重宫禁這一點並没有改變。因而，玉牒一直蒙著一層神秘的色彩。即使在宋代，只要不是參預其事的人，都不大知曉。就連位至宰相的司馬光、吕公著、趙鼎，都將玉牒與封禪的玉册相混淆，以爲是「玉簡刊刻如册」。其實，宋代的玉牒已從原本的皇族譜牒演變爲一種以記載皇帝活動爲主的史書。南宋的史學家李心傳用最簡潔的話語概括了宋代玉牒的特徵：「如帝紀而差詳。」由於在宋代「國書嚴奉寶藏未有如玉牒者」，致使當時「士大夫罕有知其制度」，同時也影響了後世乃至今日的研究者對玉牒的認識。一九九一年我在文獻雜誌發表宋代玉牒考一文時，編輯爲此文設置的欄目爲「譜牒研究」，就反映了對玉牒的模糊理解。不過，今人對宋代玉牒不甚了了，實在是有情可原，因爲宋代玉牒幾乎都在南宋末年伴隨着玉牒殿的焚毁被一把火燒光了。

不過，歷史常常有意外。在南宋文人劉克莊的文集中居然保存有兩卷寧宗玉牒。經考證，這是劉克莊在端平元年至二年之間擔任玉牒所主簿時執筆撰寫的玉牒初稿，所以在收入劉克莊文集時被題爲「玉牒初草」。爲什麼只有兩卷兩年間的記事呢？這並不是由於劉克莊在玉牒所的任職時間過短，而是由宋朝玉牒「二年一具草繳進」的修纂制度所決定的。在宋代玉牒已經全部焚毁的情况下，也許要慶幸宋代文人有把公務中的執筆文字也算作自己作品的習慣，因而纔在劉克莊的文集中得以看到這部宋代玉牒的唯一遺存。

關於宋朝玉牒的修纂制度與修纂情況，本書下編宋代玉牒考可以參見。這裏簡單考察一下這部唯一遺存的宋代玉牒，首先比較作爲史書的玉牒與正史本紀的區别，然後從對比中來介紹一下劉克莊文集中玉牒初草的史料價值。

玉牒初草二卷，記載宋寧宗嘉定十一年至十二年（一二一八—一二一九）兩年史事。前面提到過李心傳説玉牒「如帝紀而差詳」，我將這兩卷玉牒與宋史相關年份的寧宗紀進行了比較。通過比較，可以發現，在編纂體裁上，二者都采用編年體紀事，又均以干支紀日，擇要而書之。這是兩者在形式上最主要的相似之處。在紀事範圍上，二者均記宰輔等重要官員的任免；記天象變化；記重要政令之頒布。這是二者在内容上最主要的相似之處。然而，玉牒畢竟不等同於帝紀，二者有着相當大的區別，最大區别在於記事角度與記事範圍不同。到了宋代，帝紀已變成了政事大事記，並不單純記録君主的活動，因而記録君主活動的任務就落在了玉牒的肩上。玉牒記録君主活動，意在凸顯君主的德政。因此，在這兩卷玉牒中，我們看不到寧宗紀中記載的金宣宗發動的最後一場對宋戰争的影子，而記載了大量的侍讀學士爲寧宗講讀經史，以及君臣問問答的場景，這在帝紀中亦無隻字記載。如此看來，帝紀與玉牒在記事上，以皇帝親身參預與否爲標準，有一個内外之别。此外，在政令、政事的記載上，帝紀多是客觀地記載已行之既成事實，而玉牒則多是記載未然之臣僚奏請，體現政令起因過程。自然，在這個過程中就體現了皇帝的活動與作用。如本紀於嘉定十二年四月癸巳記「董居誼落職，奪三官」，玉牒則於是日載：「李楠奏董居誼誤國害民，出蜀席卷，乞重行黜責。並從之。居誼褫職鐫三秩。」玉牒的記載，較之本紀多了臣僚彈劾、君主從違這樣一個過程。而本紀僅記事情的結局，没有突出皇帝在其間的作用。又如，本紀於嘉定十二年五月丁酉記載：「減兩淮、荆襄、湖北、利州路沿邊諸州雜犯死罪囚，釋流以下，仍蠲今年租税。」玉牒則於這一政令之上，全文收録了宋寧宗一道二百多字的詔書，以此來體現皇帝的德政。因此可以這樣説，將帝紀與玉牒合觀，方可獲得一個時期的政治決策與政事處理的相對全息之影像。

現存記載宋寧宗時期史事比較原始的史書，除了宋史之外，尚有不著撰人的續編兩朝綱目備要、宋史全文。我將宋史寧宗紀、續編兩朝綱目備要、續宋中興編年資治通鑑、宋史全文四部史書的嘉定十一年、十二年兩年的記事，與玉牒初草進行了詳細的比勘。通過比勘發現，前四部史書除個别處可能出於避諱和後人改動外，在記事詳略、干支紀日乃至語句文字上，幾乎没有差異，但與玉牒初草却差異頗大。

首先，從總的字數上看，宋史寧宗紀等四書，嘉定十一年全年所記約一千字，嘉定十二年全年所記約一千七百字，而玉牒初草每年所記則均達六千八百字之多。相對字數玉牒初草超過宋史寧宗紀等四書同年記事的五倍。

其次，在所記日數上看，宋史寧宗紀等四書兩年記事一百零七天，而玉牒初草則多達二百一十天，其差爲一百零三天。爲了更清楚地比較宋史寧宗紀等書與玉牒初草在記事時間上的詳略，將逐月統計情況，具表如左：

玉牒初草與宋史寧宗紀等書記事次數比較表

嘉定十一年

月份	一	二	三	四	五	六	七	八	九	十	十一	十二	總計
玉牒	8	7	5	8	10	7	8	2	14	12	13	12	106
宋史等	5	6	7	5	4	1	4	0	5	3	1	0	41
比差	3	1	−2	3	6	6	4	2	9	9	12	12	65

嘉定十二年

月份	一	二	三	閏三	四	五	六	七	八	九	十	十一	十二	總計
玉牒	9	7	7	5	10	12	13	5	8	8	11	5	9	109
宋史等	9	11	6	4	4	6	9	3	1	1	0	1	9	64
比差	0	−4	1	1	6	6	4	2	7	7	11	4	0	45

在宋史寧宗紀等書記載所闕的内容中，玉牒初草體現出這樣幾方面的價值。

除了與宋史本紀相比較，可以觀察到玉牒初草記事翔實性的一面之外，與存世的其他宋代史料相比勘，還可以印證玉牒初草記事準確性的一面。比如，玉牒初草卷下嘉定十二年正月甲午條載：「袁燮進讀續帝學，至『上官均言明君操術自有至要，蓋好學則明天人之道，通古今之變；好問則察群臣之情，達天下之政。』燮奏：『上官均之言，可謂切當。臣願陛下勤於訪問。』柴中行因言：『亦須觀其所問之人。問於正人，必能盡忠。問於邪人，反爲正人之害。』上深然之。燮奏：『人之邪正，亦不難知。但觀其所言爲己乎，爲國乎，則邪正判矣。』」關於這一段講讀臣子之間的對話，我們從真德秀爲袁燮撰寫的顯謨閣學士致仕贈龍圖閣學士開府袁公行狀中也能略見彷彿：「又讀至『上官均言好學好問』，公言：『人主豈可不好問，不好問則群臣之邪正，政事之得失，必不能盡知。』説書柴中行亦奏：『須觀所問之人邪正。』公言：『但觀其所言爲己乎，爲國乎，則邪正辨矣。』」玉牒初草所記史事的真實性，從真德秀的袁燮行狀亦可略見一斑。

關於玉牒的記事特點與價值，可以簡略歸納如下。

第一，詳述近臣講讀。在玉牒初草中，講讀的記載近四十次。講讀的書籍有詩經、資治通鑑、高宗寶訓、帝學、續帝學等，講讀最多的是高宗寶訓。看來南宋的君臣對當代史頗爲重視。這些講讀，一方面反映出臣子的勸誡意圖，另一方面也反映出君主對歷史、對現實、對政事的態度和對自身的反省。如玉牒初草嘉定十一年十一月載：「乙酉，袁燮進讀寶訓：『建炎元年詔三省曰：宣仁聖烈皇后保佑哲宗有社稷大功，姦臣懷私，誣衊聖德，其蔡確、蔡卞、邢恕、蔡懋取旨行遣。』燮奏曰：『高宗所以中興者，只爲能辨宣仁之誣，治蔡卞、邢恕等之罪。君子、小人至此方見明白。此所以爲立國之本。』上曰：『邪正豈可以不辨？向來止爲邪正不分，所以致夷狄之禍。』又曰：『今日自是可爲之時。』燮、中行奏曰：『誠如聖訓。天下事未有不可爲者。』中行又奏曰：『更在陛下奮大有爲之志。』上曰：『然。』」除此之外，臣子還往往乘講讀之機，借題發揮，表達自己對時政的態度，或提出一些建議。如嘉定十二年三月載：「甲午，袁燮進讀寶訓，至御筆督諸將進兵事，燮奏：『近日諸將多不肯向前，有領兵數萬，端坐兩月，更不出城一步者。宜戒飭之。』」由此可以觀察到歷史上講讀侍臣對政治影響之一斑。

第二，詳載臣僚奏議。奏請的内容包括：

（一）整飭吏治。如嘉定十一年正月丙申，殿中侍御史李楠關於朝廷治理贓吏失之於寬的批評；五月壬辰，監察御史盛章關於考核任用司法官員的建議；丙申，大理寺丞趙彦械關於擇守令的請求；七月戊戌，左司諫盛章關於戒飭監察官員的奏疏等等。與整飭吏治的奏請相應，臣僚所上彈劾不法官吏的章疏也不少。兩年的玉牒初草中，記録有大約四十人次因彈劾而被罷官奪秩的事項。

(二)有關宋代政治與社會狀況。如從嘉定十一年四月乙巳監察御史盛章的奏疏中，可知在南宋政府的禁令之下，仍有「泄米外國」——到宋境之外販米的現象；而九月壬辰監察御史王夢龍的奏疏，則反映了時至南宋末年，邊郡軍糧的供給，仍存在類似北宋「支移」的現象；通過右諫議大夫黄序在四月戊辰的奏疏，可知在南宋後期，州府一級的官員的俸禄還是可以得到保證的，而州縣的胥吏俸禄則難以得到保證。原本在北宋前期，胥吏是没有俸禄的，王安石變法爲了加强廉政，開始爲胥吏也發放俸禄。這一做法爲南宋所沿用。不過到了南宋後期，由於財政困難等原因，出現了以物代錢，或發放劣錢，甚至是拖欠胥吏俸禄的情況。此外，從十一月丙戌太府少卿葛洪的奏疏，可見南宋皇家藥局賣假藥的内情等等。

(三)有不少經濟史料。如嘉定十一年五月戊寅臣僚關於恢復義倉舊制的奏請；十二月癸亥李安行關於和糴的奏請；盛章關於檢核内帑的奏請；嘉定十二年正月甲中李安行關於糾正根括民田之弊的奏請等。

同時，通過玉牒初草中記載的臣僚論及邊事的奏請，也可以較爲清楚地看到宋代皇帝的態度。嘉定十一年二月甲辰載：「禮部侍郎袁燮奏：『近日邊陲不靖，非朝廷有意用兵。緣被其擾，不得不應。』上曰：『既被侵犯，若不能應，何以爲國？』」六月丁未載：「袁燮進對，奏蜀中不靖。上曰：『秋高馬肥，是他時月，尤當爲備。』」八月戊辰載：「盛章、李安行進對，論敵情詐，願陛下毋以虜退爲可喜，日與二三大臣講明備禦。上曰：『邊備不先，理會却遲。』安行奏：『兵法曰，無恃其不來，恃吾有以待之。』上曰：『極是。』」從寧宗的對策看，他是主張嚴加防範，以守爲主的。這想必是與寧宗爲君的主導思想有關。嘉定十一年七月載：「壬申，右正言李止行奏：『陛下雙隻皆視朝，而廷訪之時不久。早晚皆講讀，而作輟之日不常。聽納雖不倦，而議論之見於施行者無幾。奉養雖有節，而帑藏之耗於侵欺者不察。豈非安於小康而有怠心乘之耶？』」從臣僚的批評看，寧宗似乎是個並不想大有作爲的守成之主。當然，皇帝受到多方面的制約，能否有作爲並不是其主觀願望所能決定的。

此外，玉牒初草中還包括其他的珍貴史料。如附於嘉定十二年之末的兩浙路、福建路該年人口的統計數字：「是歲，兩浙路户二百八十九萬八千七百八十二，口五百八十三萬九千七百八十七。福建路户一百六十八萬六千六百一十五，口三百四十八萬九千六百一十八。斷死刑一百六十八人。」這些統計數字，尚未在玉牒初草以外的史書中看到。今人梁方仲的中國歷代户口、田地、田賦統計，户口數字頗爲詳盡，但嘉定十二年的這兩個數字也未收録。

在玉牒初草中，還有一部分與宋史寧宗紀等書記載相合的内容。這部分内容也自有其重要的價值。

第一，可以補闕。這裏的補闕，是指雖然與宋史寧宗紀等書同記一事，但玉牒初草可補諸書記事未詳之處。如宋史寧宗紀嘉定十一年五月載：「壬辰，申嚴試法官七等之制。」玉牒初草則於此日記載了監察御史盛章的奏疏與寧宗的批答。奏疏中詳細寫明何謂法官七等之制。又如寧宗紀於是年七月載：「乙酉，修孝宗寶訓。」玉牒初草則記載：「乙酉，以袁燮爲編類孝宗皇帝寶訓官。」由此可知孝宗寶訓的修纂人。

第二，可以證誤。如宋史寧宗紀等書於嘉定十一年正月壬午記李全歸附事，有「詔以全爲京東路總管」。然玉牒初草則於是日記載任命李全爲「京東路副總管」。考諸宋史卷四百七十六李全傳，正作「副總管」。又如宋史寧宗紀等書於嘉定十二年四月癸巳記任命崇信軍節度使、開府儀同三司、萬壽觀使安丙爲四川宣撫使，玉牒初草於是年五月記云：「辛亥，以崇信軍節度使、開府儀同三司、萬壽觀使安丙爲保寧軍節度使，依前開府儀同三司、四川宣撫使兼知興元府、利東路安撫使。」按，宋史卷四百二安丙傳載：「五月乙未，丙至果州。是日，賊焚蓬溪縣。己酉，詔起丙爲四川宣撫使，予便宜。尋降制授保寧軍節度使兼知興元府、利東安撫使。」五月己酉早辛亥二日，後二日之辛亥，即當爲宋史本傳所云「尋降制」之日。由此可知宋史本傳所記與玉牒初草所記正合，而宋史寧宗紀等書將此事繫在四月誤。又如宋史寧宗紀等書於嘉定十二年二月戊戌朔載：「太白晝見。」然玉牒初草記載這一天象在二月庚子。考宋史卷五十六天文志於「太白晝見經天」欄，明確記載：「（嘉定）十二年二月庚子晝見。」再如，宋史寧宗紀等書於嘉定十一年二月、十二年正月、二月多次講到「金人圍棗陽軍」。然玉牒初草於嘉定十二年六月下記載：「庚午，以隨州棗陽縣爲棗陽軍，從京湖制置趙方請也。」據此，知棗陽由縣從隨州析出升爲軍在嘉定十二年六月，而宋史寧宗紀等書不當於此前書爲棗陽軍。

第三，可備考異。如嘉定十二年六月「嗣濮王不嫖薨」一事，宋史寧宗紀等書記在「丁亥」，玉牒初草記在「乙亥」。按，是年六月甲子朔，乙亥爲十二日，丁亥爲二十四日。又如董居誼再次奪官之事，宋史寧宗紀等書記在嘉定十二年七月丙申，玉牒初草記在「七月辛亥」。按，是年七月甲午朔，丙申爲三日，辛亥爲十八日。這些史實記載，均未詳孰是，有待確證。

通過以上所述，可知玉牒初草的史料價值十分值得重視。其實早在清代中期，厲鶚等編撰南宋雜事詩就已經在注釋中利用了玉牒初草的史料。

近年以來，一些學者對南宋中後期處於相對承平的嘉定時期，從政治變化到社會轉型，進行的多視角觀察，引起了學界的關注，被歸納爲「嘉定現象」。寧宗嘉定凡十七年，玉牒初草的記事占據了其中的兩年。因此，考察「嘉定現象」，玉牒初草也是一份不可多得的原始史料。

以上簡單介紹過玉牒初草的內容與形式之後，與玉牒初草的版本相關聯，還需要介紹一下其修纂者劉克莊。

劉克莊（一一八七—一二六九）是宋代文人中比較知名的一個，南宋後期號爲文章大家。劉克莊初名灼，字潛夫，號後村居士，莆田（今屬福建）人。寧宗嘉定二年（一二〇九）以父彌正郊恩入仕，補將仕郎，初任靖安主簿、真州録事參軍。嘉定十二年監南嶽廟，十七年知建陽縣，以詠落梅詩得禍，閑廢十年。理宗端平元年（一二三四）爲宗正寺主簿，二年除樞密院編修官，兼權侍右郎官，尋罷。淳祐六年（一二四六），以「文名久著，史學尤精」，賜同進士出身，除秘書少監，兼國史院編修官、實録院檢討官。七年出知漳州，八年遷福建提刑。景定三年（一二六二）權工部尚書、兼侍讀，旋出知建寧府，五年因目疾以焕章閣學士致仕。度宗咸淳四年（一二六八）除龍圖閣學士。翌年卒，年八十三，謚文定。事蹟見同舍生林希逸所撰後村先生劉公行狀、門人洪天錫所撰後村先生墓誌銘。

劉克莊的文集，在其生前便已部分編定，序文爲林希逸所作。繼有後、續、新三集，由其季子山甫匯編爲大全集。因此，劉克莊文集的版本系統並不複雜。海内外現存數部宋刻本的全本或殘本，均爲林希逸淳祐九年所刊五十卷本後村居士集，即所謂的前集。對此本，文淵閣書目、趙定宇書目、脈望館書目、近古堂書目、述古堂書目、天禄琳琅書目後編、鐵琴銅劍樓藏書目録、皕宋樓藏書志等書目皆有著録。四庫全書所收後村集，亦爲五十卷，四庫全書總目卷一百六十三云采自汪如藻家藏「傳鈔足本」，當亦源自宋刻五十卷本的前集。此外，四部叢刊影印清賜硯齋抄本後村先生大全集爲一百九十六卷。此本當是在劉克莊身後其季子山甫將舊刻前集與後集、續集、新集三集匯集而成的全集。玉牒初草在劉克莊文集兩個系統的版本内均有收録。初刻本前集系統的四庫全書本見於卷四十三、四十四；後出全集系統的四部叢刊本見於卷八十二、八十三。較早地發現並認識到價值所在的晚清繆荃孫就將玉牒初草匯入他編輯的叢書藕香零拾之中。藕香零拾於一九九九年由中華書局影印出版，頗便搜檢。然而遺憾的是，大約主要是由於人們對於玉牒作爲史書的認識不足，因而這部篇幅很小的玉牒初草，居然一直沒有施以新式標點的點校本出版。這是我決意將玉牒初草整理出來的主要原因。

長期以來，我一直有一個願望。這就是把存世宋代史料在可能的條件下編年屬月繫日，做一個大型宋史史料庫。如果有這樣的史料庫可資利用，一定會對宋史研究是一個極大的推進。作爲宋史資料編年之嘗試，嘉定十一、十二年之主要編年史料則於本書可見全貌。本書等於是做了三百二十年宋代史料編年之一百六十分之一。無論成功與否，都是爲學界提供了一份樣品、一塊引玉之磚。

王瑞來

丁亥初秋識於日本千葉

玉牒初草集證凡例

一、本書主體爲玉牒初草。

二、以玉牒初草所載嘉定十一、十二年正文爲綱，以月爲單元，先以校勘，次以集證，終以匯編。

三、點校以四部叢刊本爲底本，對校以四庫全書本，並核對宋刻，以正流傳之謬。疑似之處，參校以相關宋代文獻。校勘時，不拘泥於「校誤不校正」之校勘通例，凡底本之四部叢刊本與主校本之四庫全書本有誤，均行出校，以期爲研究者提供一部較爲準確之玉牒初草整理本。

四、爲便於讀者對照，各年之下加附公元紀年，各月干支之下加附數字紀日。

五、集證順序如下：一、宋史寧宗紀；二、宋會要輯稿；三、續編兩朝綱目備要；四、續宋中興編年資治通鑑；五、宋史全文；六、其他。

六、集證於同源史料，雖有内容重複，然亦或可見詳略之别，而於異源史料則可富史實之覽，頗爲寶貴。

七、匯編則首列玉牒，次以集證史籍。以日排列，日期識以干支。以事分段，各事項之前標有數字。數字序號，以月爲計。諸書所記同日異事，依序排列，且綴以「同日」。所記同事，以玉牒爲主。玉牒略者或無者，擇其詳者録之，不録複文。緣前已有集證，匯編不具書名。是年是月之最詳編年，於此燦然可觀。

八、玉牒原文並匯證史料，凡以干支匯編者，均於其下附識數字日期，以便相互比勘，一目瞭然。

九、本書以集證將嘉定十一、十二年之主要編年史料統集爲一編。宋史寧宗紀、續編兩朝綱目備要、續宋中興編年資治通鑑、宋史全文源出於一，而玉牒初草與宋會要輯稿則來源迥異。此一事實之揭示，從史源學角度亦可爲研究者提供啓示。

集證主要援據史籍

元脱脱等宋史，北京中華書局點校本，一九八五年

清徐松輯宋會要輯稿，劉琳、刁忠民、舒大剛、尹波等校點本，上海上海古籍出版社，二〇一四年

宋佚名續編兩朝綱目備要，汝企和點校本，北京中華書局，一九九五年

宋劉時舉續宋中興編年資治通鑑，王瑞來點校本，北京中華書局，二〇一四年

元佚名宋史全文，汪聖鐸點校本，北京中華書局，二〇一六年

上編　集證編

玉牒初草集證卷上

寧宗皇帝嘉定十一年（一二一八）

玉牒

正月癸酉朔（一日），御大慶殿，群臣朝賀。

辛巳（九日），填留守氏距。

壬午（十日），樞密院奏李全、劉全、楊友、季先率先歸附〔一〕，剋復東海、漣水等處。詔李全特補武翼大夫、京路東副總管〔二〕，楊友、季先並修武郎、京東路鈐轄。

癸未（十一日），吏部引見某人等三十九人，詔並改合入官。贈武信軍節度使畢再遇太尉，賜故天章閣侍講胡爰謚曰文昭。

乙酉（十三日），臣僚奏，今後有司議謚，當博采是非之實，不可專據行狀。從之。臨安府奏獄空，詔獎之。

己丑（十七日），朝獻景靈宫。

乙未（二十三日），右諫議大夫黄序奏納諫用人等五箴。臣僚奏，三衙江上諸軍并兩淮忠義、義勇、民兵，令主帥、制置司、郡守各嚴閲習。從之。

丙申（二十四日），雷。殿中侍御史李楠奏，比來朝廷治贓吏失之寬。上曰：「孝宗治贓吏甚嚴，贓吏害民，豈可不治？」

丁酉（二十五日），吏部引見某人等二十四人，詔並改合入官。

校勘

〔一〕季先率先歸附　「率先」，諸本均如此，雖可通，然宋史卷四十寧宗紀、宋會要輯稿兵二〇之二〇、續宋中興編年資治通鑑卷十五、宋史全文卷三十均作「率衆」。作「先」，或係承前「季先」之名，或係因俗字而形誤。

〔二〕詔李全特補武翼大夫京東路副總管　「京東路」，原作「東京路」，四庫本作「京都路」。按二者均不確。據宋史卷四十寧宗紀、宋會要輯稿兵二〇之二〇當作「京東路」。蓋底本誤倒，四庫本音訛。

集　證

宋史卷四十寧宗紀

十一年春正月壬午（十日），京東路忠義李全率衆來歸，詔以全爲京東路總管。戊子（十六日），金人圍皂郊堡。壬辰（二十日），利州將麻仲率忠義人焚秦州永寧砦。乙未（二十三日），以度僧牒千給四川軍費。丁酉（二十五日），詔四川忠義人立功，賞視官軍。金人犯隔芽關，興元都統李貴遁，官軍大潰。

宋會要輯稿

十一年正月一日癸酉，其日正朔，風從西南方坤位上來。（運曆一之三五）

十一年正月六日，殿前司神勇軍統制王琪降兩官，放罷。以臣僚言其專爲剋剥，謀辦己私。（職官七三之五一）

十一年正月六日，楚州言：「城外舊有西北兩廂官，靖康胡騎蹂踐俱廢，紹興復置。逆亮犯淮，兩廂官及教授、山陽簿俱不置。至淳熙二年，始復教官、山陽簿。如城北廂官，則以北神監鎮兼領；若城西廂官，則因循不復。緣其地接連諸湖，向來湖海之叛，群小已並緣劫掠。今雖無他，不可以全

無警邏。合復置城西廂官一員，容本州踏逐經任有材力人選辟一次。」從之。（兵三之一二）

十一年正月十日，詔從義郎沈鐸特轉兩官。以樞密院言鐸統馭歸附人兵防拓勞，故旌賞之。是年四月，以捍禦有勞，特轉武節郎；八月，以淮陰獲捷，特轉武翼大夫。（兵二〇之二〇）

同日，詔李全特補武翼大夫，充京東路兵馬副都總管；劉全特補武翼郎，充京東路兵馬副總管；楊友、季先各特補修武郎，並充京東路兵馬鈐轄。以樞密院言全等率衆歸附，克復東海、漣水等處，備見忠義。故有是命。（兵二〇之二〇）

十一年正月十六日，直徽猷閣、兼知臨安府程覃言本府獄空，詔令學士院降詔獎諭。詔曰：「爾以材被選，典領神皋，馭吏愛民，恩威相濟，詰姦禁暴，犴獄用虛。使朕庶幾成、康錯刑之風，爾尚繼趙、張尹京之政。載披來奏，嘉嘆不忘。」（刑法四之九二）

十一年正月二十二日，起居郎聶子述直前奏事，論邊防利害，不可專爲守禦之謀。上曰：「臨機制變，不當執一，庶幾彼不敢相侮。」子述奏：「聖慮深遠，天下幸甚。」（兵二九之五〇）

十一年正月二十四日，通判嘉定府竇籥放罷。以殿中侍御史李楠言其暫攝州麾，公行貪黷。（職官七五之一七）

十一年正月二十五日，户部言：「左藏東、西庫指定福建市舶司遵依指揮，條具裝發綱運事理下項：一、綱運交裝之初，監官不能皆廉，下逮專庫，各有常例，隱瞞斤兩，以高爲次，弊倖百端。照得本司遞年綱運，並於未支裝前唤上船務合干人等重立罪賞，不得就綱官乞覓，方差官吏監視行人，先次分色額等第。伺交裝日，提舉官同本司官屬公共下庫，再監無干礙行人重驗色額，仍差泉州無干礙官監視。以省降銅陶法物對綱官兩平秤製觔兩，當官封角。每包作封頭兩箇，一係印提舉官階位，小書，用本司銅朱印記；一係監裝官名銜印記。外檀香窊木，並數計條截兩頭，各用提舉官押字雕皮記，責付綱官下船。仍差近上吏人、軍員各一名防察，隨綱前去，責限兩月到行在所屬庫分交納。今準指揮，本司除已遵稟，嚴行約束，日後合干人輒乞綱官錢物，將香貨以高爲次，定行根究決配。或監裝官屬容情隱庇，致因覺察得知，定申朝廷施行。此項，庫司今從本司所申事理，常切遵守，毋致廢弛，務在久遠施行。一、精選畏謹之人，以充部押綱運。照得本司近降指揮，選差見任寄居大使臣堪倚仗畏謹之人，近來本司起發綱運，移文泉州選差。況聚泉州見任、寄居大使臣少，縱有員額，又係歸明不釐務官，委是於條有礙。間差見任官，又復推避，正緣日前管押綱運有冒涉鯨波，而依限到庫者往往不蒙推賞，所以多有不願管押之人。欲今後差官部押，如依程限到庫，委無欺弊少欠，乞與優加推賞。及防綱公吏，亦從本司犒勞，陞補名次。此項，逐庫檢準慶元重修令，諸綱運以本州縣見任合差出官，各籍定姓名，從上輪差，不許辭避；無官可差，即募官管押。竊緣先來本司不與照條差募，或差無藉之官，致有在路故作稽違，交卸又有欠損，其押綱官遂不敢乞賞。今乞下舶司，須管照條選差可倚仗謹畏之人，如所押官物無欠損、違程，即與照條推賞。一、綱官將官給之物換易變賣，沿途商販，經歲滯留。照得本司每遇差官押發綱運，並從條關報本司以至行在，凡所經由州縣及沿海巡尉官迭遞催趕，防護出界。其經由州縣與沿海巡尉官司更不用心差人趕發，是致逗留作弊。緣本司與州縣初無統攝，文牒視爲具文。今乞下綱運所經由郡縣及沿海巡尉官司，如綱運逗留界分之，不即差人起發過界，並許本司移文所屬郡縣根究，如稍有違戾，申取指揮施行。此項乞朝廷行下所隸監司，嚴督催綱巡尉，遇有綱運到界，繼時催趕，防護出界，及於本綱行程分明批鑿起離時日。如有違戾，許從監司、屬郡根究，重作施行。一、交裝綱運，先以色樣申解户部，不許隨綱將帶，以防换易。本司今遵稟，日後起發綱運，只發各色香樣一項，前期專差人齎發赴户部投下，伺綱運到日，照樣交納，更不出給隨綱香樣，庶革侵欺移易之弊。此項欲從本司申請。日後起綱，於所發香貨逐件抽取色樣封角，專人先次齎赴户部投下寄留，候到庫，唤集行衆當官開拆封樣，看驗一同，即與交收。一、起發綱運，除細色香藥物貨遵陸前去不以時月，有可稽考外，其麤色物貨係雇船乘載泛海，直是四五月間支裝，趕趁南風順便發離，庶免颶風海洋阻滯。緣本司逐時遵奉，省部行下催發嚴峻，逐色於秋冬時月裝發，致綱官以阻風爲詞，公然拋泊灣澳，逗留作弊。今準指揮，後起麤色物貨綱運預期支裝，候四月、五月南風順便，方趕趁風信發離，及責日限，到所屬庫分交納。如有違限，即乞根究住滯情弊，重作施行。此項乞下市舶司。應有蕃船到舶，抽收香貨，將合解數目按月具申，遇便起發，照立定程限行運。如所押官物至交卸出違限日，將綱官從條根究，亦不推賞。一、綱運至左帑交卸，牙儈看驗，帑吏經由，莫不歲有定價，幾類執券取償。常例之需既足，則交收指日了辦。今乞嚴行約束左帑合干人等，今後綱運到庫，如有驗委無欺弊，即交秤給鈔，不許多方需索常例。此項逐庫照得綱運到庫交卸，自有元降指揮板榜立定官脚等則例，充雇夫脚剩之費。今來本司所請綱

運，乞指揮下日，重立罪賞，嚴行約束施行。本部今勘當，欲從指定到逐項事理施行。」從之。（食貨四四之一八）

三十日，詔鎮江都統司前軍統制王明特轉一官，差充殿前司神勇軍統制，仍令封樁庫給賜錢一千貫。以樞密院言明在楚州淮陰縣八里莊監督官兵築城，捍禦有勞，故有是命。（兵二〇之二〇）

續編兩朝綱目備要卷十五

嘉定十一年戊寅春正月壬午（十日），李全率衆來歸。全即李鐵槍也。本漣水縣弓手，後充京東路忠義人。開禧邊事興，戚拱嘗結之以焚漣水縣。至是來歸，詔以爲京東路總管。

戊子（十六日），金虜圍皂郊堡。

壬辰（二十日），利州麻仲率忠義人焚秦州永寧寨。

乙未（二十三日），出度牒給軍費，以一千下四川。虜犯隔茅關，興元都統李貴遁去，官軍大潰。

丁酉（二十五日），詔四川忠義人立功其賞視官軍。

續宋中興編年資治通鑑卷十五

春正月，京東忠義人李全率衆來歸，詔以爲京東路總管。

戊子（十六日），金人圍皂郊堡，二月陷皂郊。王師與戰，勝負半之，死者五萬人。四川制置司招忠義復皂郊。三月利州統制王逸等率官軍、忠義人收復。

利州麻仲率忠義人焚秦州永寧寨。

詔四川忠義人立功，其賞視官軍。

金人犯隔茅關，興元都統李貴遁，而軍大潰。

宋史全文卷三十

戊寅嘉定十一年春正月壬午（十日），京東路忠義李全率衆來歸，詔以全爲京東路總管。

戊子（十六日），金人圍皂郊堡。

壬辰（二十日），利州麻仲率忠義人焚秦州永寧寨。

乙未（二十三日），以度僧牒千給四川軍費。

丁酉（二十五日），詔四川忠義人立功，其賞視官軍。金人犯隔芽關，興元都統李貴遁去，官軍大潰。

滙　編

1正月癸酉朔（一日），御大慶殿，群臣朝賀。

2同日，其日正朔，風從西南方坤位上來。

3戊寅（六日），殿前司神勇軍統制王琪降兩官，放罷。以臣僚言其專爲刻剥，謀辦己私。

4同日，楚州言：「城外舊有西北兩廂官，靖康胡騎蹂踐俱廢，紹興復置。逆亮犯淮，兩廂官及教授、山陽簿俱不置。至淳熙二年，始復教官、山陽簿。如城北廂官，則以北神監鎮兼領；若城西廂官，則因循不復。緣其地接連諸湖，向來湖海之叛，群小已並緣劫掠。今雖無他，不可以全無警邏。合復置城西廂官一員，容本州踏逐經任有材力人選辟一次。」從之。

5辛巳（九日），填留守氏距。

6壬午（十日），樞密院奏李全、劉全、楊友、季先率衆歸附，剋復東海、漣水等處。詔李全特補武翼大夫、京東路副總管，楊友、季先並修武郎、京東路鈐轄。備見忠義，故有是命。

7同日，詔從義郎沈鐸特轉兩官。以樞密院言鐸統馭歸附人兵防拓勞，故旌賞之。是年四月，以捍禦有勞，特轉武節郎；八月，以淮陰獲捷，特轉武翼大夫。

8癸未（十一日），吏部引見某人等三十九人，詔並改合入官。贈武信軍節度使畢再遇太尉，賜故天章閣侍講胡爰謚曰文昭。

9乙酉（十三日），臣僚奏，今後有司議謚，當博采是非之實，不可專據行狀。從之。臨安府奏獄空，詔奬之。

10戊子（十六日），金人圍皂郊堡。

11同日，直徽猷閣、兼知臨安府程覃言本府獄空，詔令學士院降詔奬諭。詔曰：「爾以材被選，典領神皋，馭吏愛民，恩威相濟，詰姦禁暴，犴獄用虚。使朕庶幾成、康錯刑之風，爾尚繼趙、張尹京之政。載披來奏，嘉嘆不忘。」

12己丑（十七日），朝獻景靈宫。

13壬辰（二十日），利州將麻仲率忠義人焚秦州永寧砦。

14甲午（二十二日），起居郎聶子述直前奏事，論邊防利害，不可專爲守禦之謀。上曰：「臨機制變，不當執一，庶幾彼不敢相侮。」子述奏：「聖慮深遠，天下幸甚。」

15乙未（二十三日），出度牒給軍費，以一千下四川。

16同日，右諫議大夫黄序奏納諫用人等五箴。臣僚奏，三衙江上諸軍并兩淮忠義、義勇、民兵，令主帥、制置司、郡守各嚴閱習。從之。

17丙申（二十四日），雷。殿中侍御史李楠奏，比來朝廷治贓吏失之寬。上曰：「孝宗治贓吏甚嚴，贓吏害民，豈可不治？」通判嘉定府竇篇放罷。以殿中侍御史李楠言其暫攝州麾，公行貪黷。

18丁酉（二十五日），吏部引見某人等二十四人，詔並改合入官。

19同日，詔四川忠義人立功，賞視官軍。

20同日，金人犯隔芽關，興元都統李貴遁，官軍大潰。

21同日，户部言：「左藏東、西庫指定福建市舶司遵依指揮，條具裝發綱運事理下項：一、綱運交裝之初，監官不能皆廉，下逮專庫，各有常例，隱瞞斤兩，以高爲次，弊倖百端。照得本司遞年綱運，並於未支裝前唤上舶務合干人等重立罪賞，不得就綱官乞覓，方差官吏監視行人，先次分色額等第。伺交裝日，提舉官同本司官屬公共下庫，再監無干礙行人重驗色額，仍差泉州無干礙官監視。以省降銅陶法物對綱官兩平秤製觔兩，當官封角。每包作封頭兩箇，一係印提舉官階位，小書，用本司銅朱印記；一係監裝官名銜印記。外檀香窊木，並數計條截兩頭，各用提舉官押字雕皮記，責付綱官下船。仍差近上吏人、軍員各一名防察，隨綱前去，責限兩月到行在所屬庫分交納。今準指揮，本司除已遵禀，嚴行約束，日後合干人輒乞綱官錢物，將香貨以高爲次，定行根究決配。或監裝官屬容情隱庇，致因覺察得知，定申朝廷施行。此項，庫司今從本司所申事理，常切遵守，毋致廢弛，務在久遠施行。一、精選畏謹之人，以充部押綱運。照得本司近降指揮，選差見任寄居大使臣堪倚仗畏謹之人，近來本司起發綱運，移文泉州選差。況聚泉州見任、寄居大使臣少，縱有員額，又係歸明不釐務官，委是於條有礙。間差見任官，又復推避，正緣日前管押綱運有冒涉鯨波，而依限到庫者往往不蒙推賞，所以多有不願管押之人。欲今後差官部押，如依程限到庫，委無欺弊少欠，乞與優加推賞。及防綱公吏，亦從本司犒勞，陞補名次。此項，逐庫檢準慶元重修令，諸綱運以本州縣見任合差出官，各籍定姓名，從上輪差，不許辭避；無官可差，即募官管押。竊緣先來本司不與照條差募，或差無藉之官，致有在路故作稽違，交卸又有欠損，其押綱官遂不敢乞賞。今乞下舶司，須管照條選差可倚仗謹畏之人，如所押官物無欠損、違程，即與照條推賞。一、綱官將官給之物换易變賣，沿途商販，經歲滯留。照得本司每遇差官押發綱運，並從條關報本司以至行在，凡所經由州縣及沿海巡尉官迭遞催趕，防護出界。其經由州縣與沿海巡尉官司更不用心差人趕發，是致逗留作弊。緣本司與州縣初無統攝，文牒視爲具文。今乞下綱運所經由郡縣及沿海巡尉官司，如綱運逗留界分之，不即差人起發過界，並許本司移文所屬郡縣根究，如稍有違戾，申取指揮施行。此項乞朝廷行下所隸監司，嚴督催綱巡尉，遇有綱運到界，繼時催趕，防護出界，及於本綱行程分明批鑿起離時日。如有違戾，許從監司、屬郡根究，重作施行。一、交裝綱運，先以色樣申解户部，不許隨綱將帶，以防換易。本司今遵稟，日後起發綱運，只發各色香樣一項，前期專差人齎發赴户部投下，伺綱運到日，照樣交納，更不出給隨綱香樣，庶革侵欺移易之弊。此項欲從本司申請。日後起綱，於所發香貨逐件抽取色樣封角，專人先次齎赴户部投下寄留，候到庫，唤集行衆當官開拆封樣，看驗一同，即與交收。一、起發綱運，除細色香藥物貨遵陸前去不以時月，有可稽考外，其麤色物貨係雇船乘載泛海，直是四五月間支裝，趕趁南風順便發離，庶免颶風海洋阻滯。緣本司逐時遵奉，省部行下催發嚴峻，逐色於秋冬時月裝發，致綱官以阻風爲詞，公然拋泊灣澳，逗留作弊。今準指揮，後起麤色物貨綱運預期支裝，候四月、五月南風順便，方赶趁風信發離，及責日限，到所屬庫分交納。如有違限，即乞根究住滯情弊，重作施行。此項乞下市舶司。應有蕃船到舶，抽收香貨，將合解數目按月具申，遇便起發，照立定程限行運。如所押官物至交卸出違限日，將綱官從條根究，亦不推賞。一、綱運至左帑交卸，牙儈看驗，帑吏經由，莫不歲有定價，幾類執券取償。常例之需既足，則交收指日了辦。今乞嚴行約束左帑合干人等，今後綱運到庫，如有驗委無欺弊，即交秤給鈔，不許多方需索常例。此項逐庫照得綱運到庫交卸，自有元降指揮板榜立定官脚等則例，充雇夫脚剩之費。今來本司所請綱運，乞指揮下日，重立罪賞，嚴行約束施行。本部今勘當，欲從指定到逐項事理施行。」從之。

22 壬寅（三十日），詔鎮江都統司前軍統制王明特轉一官，差充殿前司神勇軍統制，仍令封樁庫給賜錢一千貫。以樞密院言明在楚州淮陰縣八里莊監督官兵築城，捍禦有勞，故有是命。

玉牒

二月癸卯朔（一日）。

甲辰（二日），禮部侍郎袁燮奏：「今日邊陲不靖，非朝廷有意用兵。緣被其擾，不得不應。」上曰：「既彼侵犯，若不能應，何以爲國？」

庚戌（八日），月入井。

癸丑（十一日），復李壁元官，與祠。

甲寅（十二日），大風。

丙辰（十四日）〔一〕，白虹貫日。

丁巳（十五日），進武翼大夫不嫖福州觀察使，襲封嗣濮王。

丙寅（二十四日），日有戴氣。臣僚奏，朝士非休務日及公事聚議，不得出謁。黄序奏，史館宜擇專官修帝紀〔二〕，餘官分撰志傳。遇史官闕，不拘資格，或補外，許以藁隨，修畢上之。詔從其議。

校勘

〔一〕丙辰　原誤作「丙戌」。按，是月癸卯朔，無「丙戌」日，據宋刻本、四庫本改。

〔二〕史館宜擇專官修帝紀　「擇」，原誤作「釋」，據四庫本改。

集證

宋史卷四十寧宗紀

二月甲辰（二日），金人焚大散關而去。

乙巳（三日），沔州都統王大才馬蹶，死于河池。

丙午（四日），金人破皂郊，死者五萬人。

丁未（五日），金人破湫池堡。

戊申（六日），金人圍隨州、棗陽軍，遊騎至漢上。均州守臣應謙之棄城走。

丙辰（十四日），白虹貫日。楚州鈐轄梁昭祖焚金人糧舟於大清河，京東忠義副都統沈鐸遣兵助之。

宋會要輯稿

二月二日，李□罷宮觀。以監察御史盛章言其作邑分符，叨除列院，俱遭罷斥。（職官七五之一

七）

同日，新知臨江軍趙不摭罷新任，與宮觀。以監察御史李安行言其所至貪酷聚斂。（職官七五之一七）

五日，劉垕令赴行在奏事指揮寢罷。以監察御史蔡闢言其慘酷貪黷。（職官七五之一七）

十一年二月二十日，宗正寺言：「宗學申，本學公試，已降指揮，照武學例，附太學公試場引試。所有試院合支公使、支供等錢，並雜物油酒等，今比擬下項：一、公使、喫食等錢，今欲比附武學公試合支則例。一、宗正寺長、貳入院陞補並將帶人吏，今欲比附國子監長、貳入院陞補並將帶人吏則例。一、院内主行文字人吏二名食錢、犒設等，并就差諸色祗應人合得引試犒設，今欲比附國子稟手分貼司并武學引試祗應等人合得則例。一、應干合用紙劄、朱紫、柴炭、油酒雜物之類，並乞從諸司官比擬，條具數目，支撥施行。」從之。（崇儒一之二二）

二月二十三日，詔承信郎信陽軍指揮使兼部轄義士輯捕盜賊袁海，更特與轉一官，特添差東南第七將，信陽軍駐劄，仍釐務。請給、人從，並依正例支破。先是，京湖制置司言海嘉定十年節次立功，詔特轉兩官，賜錢二千貫。至是，三省樞密院復以爲言，故有是命。（兵二〇之二〇）

二十四日，知道州龔維蕃、新知道州林至並與祠禄。以右諫議大夫黄序言，維蕃碌碌凡才，至傾險貪婪。（職官七五之一八）

十一年二月二十五日，銓試、公試、類試，命監察御史盛章監試，吏部郎中康仲穎、著作郎張慮、大理寺丞鄭定考試，秘書省校書郎黄桂、宗正寺主簿黄涇、提轄文思院牛斗南、太社令陳畏、大理評事趙善璙、朱憲、葉岌、主管三省樞密院架閣文字淩次英、主管刑工部架閣文字盧祖皋考校。（選舉二一之一五）

十一年二月二十五日，詔省罷太平州城下税務。以知州吴柔勝言：「本州不出八十里間，凡三務場，乞罷其一，却將蕪湖、采石兩處已增税錢填補上項罷免額。」尋下江東轉運司相度，請如其言，故有是命。（食貨一八之二九）

二十六日，前福建運司主管文字韓括特降一官，放罷。以其乘前漕臣魏大中艱棘去官之後，將簽廳擬斷公事僞作大中押字書判，從行名件不一，從漕臣趙彦倓請也。（職官七五之一八）

續編兩朝綱目備要卷十五

二月甲辰（二日），焚大散關而去。

乙巳（三日），王大才馬蹶，死于河池。

丙午（四日），虜陷皂郊，死者五萬人。

丁未（五日），陷湫池堡，三月丁丑，焚之。

戊申（六日），圍隨州、棗陽軍。遊騎至漢上，均州守臣應謙之棄城走。

丙辰（十四日），白虹貫日。梁昭祖焚虜糧舟。昭祖爲楚州鈐轄，焚舟於大清河，京東忠義副都統沈鐸遣兵助之。

續宋中興編年資治通鑑卷十五

二月，金人焚大散關而去。

金人攻陷湫池堡，圍隨州、棗陽軍。游騎至漢上，均州守臣應謙之棄城走。金人粮舟駐大清河，楚州鈐轄梁昭祖焚其舟，京東忠義副都統沈鐸遣兵助之。金副統制完顏賨、包長壽遁去，泗州軍士郭雄追斬賨首而還，長壽僅以身免。

丙辰（十四日），白虹貫日。

宋史全文卷三十

二月甲辰（二日），金人焚大散關而去。

乙巳（三日），泗州都統王大才馬蹶，死於河池。

丙午（四日），皂郊陷，死者五萬人。

丁未（五日），金人陷湫池堡。

戊申（六日），金人圍隨州、棗陽軍。游騎至漢上，均州守臣應謙之棄城走。

辛亥（九日），四川制置司招忠義人復皂郊。

丙辰（十四日），白虹貫日。楚州鈐轄梁昭祖焚金人糧舟於大清河，京東忠義副都統沈鐸遣兵助之。

匯編

1二月癸卯朔（一日）。

2甲辰（二日），禮部侍郎袁燮奏：「今日邊陲不靖，非朝廷有意用兵。緣被其擾，不得不應。」上曰：「既彼侵犯，若不能應，何以爲國？」

3同日，金人焚大散關而去。

4同日，李□罷宫觀。以監察御史盛章言其作邑分符，叨除列院，俱遭罷斥。

5同日，新知臨江軍趙不摭罷新任，與宫觀。以監察御史李安行言其所至貪酷聚斂。

6乙巳（三日），沔州都統王大才馬蹶，死于河池。

7丙午（四日），金人破皂郊，死者五萬人。

8丁未（五日），金人破湫池堡。

9同日，劉垕令赴行在奏事指揮寢罷。以監察御史蔡闢言其慘酷貪黷。

10戊申（六日），金人圍隨州、棗陽軍，遊騎至漢上。均州守臣應謙之棄城走。

11庚戌（八日），月入井。

12辛亥(九日),四川制置司招忠義人復皂郊。

13癸丑(十一日),復李壁元官,與祠。

14甲寅(十二日),大風。

15丙辰(十四日),白虹貫日。

16同日,楚州鈐轄梁昭祖焚金人糧舟於大清河,京東忠義副都統沈鐸遣兵助之。

17丁巳(十五日),進武翼大夫不嫖福州觀察使,襲封嗣濮王。

18壬戌(二十日),宗正寺言:「宗學申,本學公試,已降指揮,照武學例,附太學公試場引試。所有試院合支公使、支供等錢,並雜物油酒等,今比擬下項:一、公使、喫食等錢,今欲比附武學公試合支則例。一、宗正寺長、貳入院陞補並將帶人吏,今欲比附國子監長、貳入院陞補並將帶人吏則例。一、院內主行文字人吏二名食錢、犒設等,并就差諸色祗應人合得引試犒設,今欲比附國子寠手分貼司并武學引試祗應等人合得則例。一、應干合用紙劄、朱紫、柴炭、油酒雜物之類,並乞從諸司官比擬,條具數目,支撥施行。」從之。

19乙丑(二十三日),詔承信郎信陽軍指揮使兼部轄義士輯捕盜賊袁海,更特與轉一官,特添差東南第七將,信陽軍駐劄,仍釐務。請給、人從,並依正例支破。先是,京湖制置司言海嘉定十年節次立功,詔特轉兩官,賜錢二千貫。至是,三省樞密院復以爲言,故有是命。

20丙寅(二十四日),日有戴氣。臣僚奏,朝士非休務日及公事聚議,不得出謁。黄序奏,史館宜擇專官修帝紀，餘官分撰志傳。遇史官闕，不拘資格，或補外，許以藁隨，修畢上之。詔從其議。

21同日，知道州龔維蕃、新知道州林至並與祠禄。以右諫議大夫黄序言，維蕃碌碌凡才，至傾險貪婪。

22丁卯（二十五日），銓試、公試、類試，命監察御史盛章監試，吏部郎中康仲穎、著作郎張處、大理寺丞鄭定考試，秘書省校書郎黄桂、宗正寺主簿黄涇、提轄文思院牛斗南、太社令陳畏、大理評事趙善璙、朱憲、葉岌、主管三省樞密院架閣文字淩次英、主管刑工部架閣文字盧祖皋考校。

23同日，詔省罷太平州城下税務。以知州吴柔勝言：「本州不出八十里間，凡三務場，乞罷其一，却將蕪湖、采石兩處已增税錢填補上項罷免額。」尋下江東轉運司相度，請如其言，故有是命。

24戊辰（二十六日），前福建運司主管文字韓括特降一官，放罷。以其乘前漕臣魏大中艱棘去官之後，將簽廳擬斷公事僞作大中押字書判，從行名件不一，從漕臣趙彦倓請也。

玉牒

三月壬申朔（一日），趙方奏，知均州應謙之因虜犯江，棄郡入山，賴統制馮杞捍禦始定。詔謙之降兩官罷。

庚寅（十九日），詔今歲明堂，惟事神儀物如舊制，其乘輿服御，中外支費，並從省約，有司條具以聞。

壬辰（二十一日），工部尚書兼國史實録院修撰任希夷等奏，乞修孝宗皇帝寶訓。

丙申（二十五日），禮部員外郎李琪奏，乞令太常寺將慶元元年以後典禮編纂成書。

丁酉（二十六日），徐應龍等奏，進讀通鑑徹卷，乞宣付史館。並從之。詔：「法有標撥，爲祖父俱亡而祖母與母有前晚嫡庶之分，設令後應一母所出子孫及祖與父年老抱疾者，並不得抑令標撥。雖出祖父母與父母之命，亦不許用，州縣毋得給據。」從大理丞沈繹請也。

集證

宋史卷四十寧宗紀

三月丁丑（六日），金人焚湫池堡而去。

戊子（十七日），利州統制王逸等率忠義人復皂郊。金副統軍完顏贇、包長壽遁去。沔州軍士郭雄追斬贇首，長壽僅以身免。

己丑（十八日），沔州都統劉昌祖至皂郊。

辛卯（二十日），忠義人十萬餘出攻秦州，官軍繼進，至赤谷口，王逸傳昌祖之命退師，且放散忠義人，軍大潰。

癸巳（二十二日），包長壽合長安、鳳翔之衆復攻皂郊，遂趨西和州。是日，鎮江忠義統制彭惟誠等敗于泗州。

丙申（二十五日），劉昌祖焚西和州遁，守臣楊克家棄城去。

戊戌（二十七日），金人破西和州。

宋會要輯稿

三月四日，詔忠翊郎、前棗陽軍使兼知隨州棗陽縣事、彈壓戍守官兵、總轄忠義大保捷趙觀，從義郎、權鄂州前軍統制、部押棗陽守禦官兵邵彦，各特轉三官。第一等立功官兵張俊等各特轉兩官資，無資人各特補兩資；第二等傅顯等特轉一官資，無資人特補一資，更各特支官會五貫；第三等郝清等各特支犒一十五貫，内兩次立功人添支五貫。以京湖制置司言觀等節次部押人兵出城，在三清岡北八里及五城門外河南泰山廟、劉琪塚等處與虜賊見陣，獲捷立功，故有是命。（兵二〇之二〇）

十一年三月四日，詔武節郎、主管侍衛步軍司公事王斌特轉武翼大夫、帶行遥郡刺史，與在京宫觀。長子庭芝特與補承節郎，次子庭蘭特借補官承信郎。（職官六二之一六）

十一年三月十二日，樞密院言：「諸軍擺鋪官兵及諸路擺鋪兵級，承傳往來軍期遞角，委是不易，理宜支犒。」詔令户部并淮東西、湖廣、四川總領所各隨所隸地分，將見在鋪執役人數，每人特支犒設錢三貫。（兵二〇之四二）

十四日，詔忠義統制劉世興特與轉三官，更特賜二千貫。第一等韓興等各特轉兩官資，無資人各特補兩資；第二等王安國等各特轉一官資，無資人各特補一資；第三等劉康等各特支犒官會一十五貫。以世興等解圍棗陽，於荆蕩落湖陂與虜見陣立功故也。（兵二〇之二一）

十一年三月十六日，知慶元軍府兼沿海制置司公事韓元禮言：「温、台、明、越四郡海道遼闊，盗賊出没不常。州縣各顧其私，不相統一，出彼入此，無由捕獲。於是專立沿海制置一司以統之，假以刺舉之權，故能使沿海州縣戮力一心，不敢私自縱容，盗賊無所隱庇。近歲玩習爲常。盗發某州某縣地分，本司就委推勘，率是淹延，不與結絶。或盗賊供通，合行取會，本司行移，邈然無報。乞行下沿海州縣，同心一體，以奉王事，不得仍前違慢。自後遇本司行下推勘盜賊，其有淹延不早結絶及行移不即報應者，容具奏施行。」從之。（兵一三之四七）

十一年三月二十六日，太中大夫、守尚書吏部侍郎、兼修玉牒官、兼侍讀徐應龍，朝奉大夫、新除尚書禮部侍郎、兼同修國史、實録院同修撰、兼侍讀袁燮，朝請大夫、試右諫議大夫、兼侍讀黄序，朝奉郎、殿中侍御史、兼侍講李楠，朝奉郎、右正言、兼侍講劉棠，中奉大夫、行起居郎、兼中書門下省檢正諸房公事、兼玉牒所檢討官、兼權工部侍郎聶子述，朝散郎、行起居舍人、兼國史院編修官、兼實録院檢討官、兼太子侍讀宣繒言：「仰惟皇帝陛下，天資沖澹，惟性高明。日御講筵，就學不倦。經籍奥義，以次咨訪，罔有逸遺。自慶元戊午，至嘉定丙子，凡十徹章。雖商高宗典於終始，周成王學有緝熙，殆不是過。猗歟懿哉！甚盛德也。厥今通鑑進讀，復告訖篇，非汲汲皇皇，疇克臻此！緬惟是書之作，昉我英宗，命司馬光論次於中秘，起周威烈，下竟五代，研精極慮，窮竭日力，久迺克就，卷帙盿分，綱目井列，不但稡擷故實而已，蓋將便清燕之觀，示元龜之鑑也。裕陵欽承先志，寵以序文，謂『天人相與之際，休咎庶證之原，威福盛衰之本，規摹利害之效，良將之方略，循吏之教條，於是悉備』。顯謨大訓，炳若日星。詔燕後人，永永無斁。陛下篤意此書，肆命勸誦，其聞善可爲法、惡可爲戒者，或關宸聽，有悟聖心，涣發玉音，動與理會。前後侍臣之言，欽聆敬歎，不一而足。維慶元乙卯二月，實始啓帙，除東西魏、陳、隋及五季瀆亂之事，有旨不讀，自餘紀載，弗怠幡閱。逮嘉定戊寅季春，遂底終篇。陛下稽古之懋、典學之勤，可謂同符祖宗，有光帝王矣。昔唐開元中，日選耆儒侍讀，以質史籍疑義，然而鋭始怠終，徒文亡實。秉史筆者猶且特書，以爲美談。矧陛下歷覽前代興亡理亂之故，尊所聞，行所知，首末惟一，顧可不登之汗簡，以詔萬世？欲望睿慈宣付史館。」詔從之。（崇儒七之三四）

續編兩朝綱目備要卷十五

三月戊子（十七日），復皂郊。先是，二月辛亥，四川制置司招忠義人復皂郊。至是，利州統制王逸等率官軍及忠義人收復。

己丑（十八日），沔州都統劉昌祖至皂郊。郭雄斬虜將完顏贇。金副都統制完顏贇、包長壽遁去，沔州軍士郭雄追斬贇首而還，長壽僅以身免。

辛卯（二十日），官軍大潰於赤谷口。忠義十餘萬人出攻秦州，官軍繼進，至赤谷口，王逸傳劉昌祖之命退師，且放散忠義人，軍大潰。

癸巳（二十二日），虜復攻皂郊。包長壽合長安、鳳翔之衆復攻皂郊，遂趨西和州。

丙申（二十五日），劉昌祖焚西和州而遁，守臣楊克家棄城去。昌祖又焚成州，守臣羅仲甲亦棄城去。四月戊申，虜去成州。彭惟城等敗於泗州。惟城，鎮江忠義統制。

戊戌（二十七日），虜陷西和州。

續宋中興編年資治通鑑卷十五

三月，忠義人十萬出攻秦州，官軍繼進，至赤谷口，忽王逸傳劉昌祖之命退師，而忠義軍遂潰。

癸巳（二十二日），金統制包長壽合長安、鳳翔之衆復攻皁郊。不克，引兵趨西和州。劉昌祖焚西和州而遁，守臣楊克家棄城去。昌祖又焚成州，守臣羅仲甲亦棄城去。

戊戌（二十七日），金人陷西和州。至四月，金人去成州，又去西和州。

宋史全文卷三十

三月丁丑（六日），金人焚湫池堡而去。

戊子（十七日），利州統制王逸等率官軍、忠義復皁郊，金副統軍完顏贇、包長壽遁去。沔州軍士郭雄追斬贇首而還，長壽僅以身免。

己丑（十八日），沔州都統劉昌祖至皁郊。

辛卯（二十日），忠義人十餘萬出秦州，官軍繼進，至赤谷口，王逸傳昌祖之命退師，且放散忠義人，軍大潰。

癸巳（二十二日），包長壽合長安、鳳翔之衆復攻皁郊，遂移西和州。是日，鎮江忠義統制彭惟誠等敗於泗州。

丙申（二十五日），劉昌祖焚西和州而遁，守臣楊克家棄城去。

戊戌(二十七日),金人陷西和州。

匯編

1三月壬申朔(一日),趙方奏,知均州應謙之因虜犯江,棄郡入山,賴統制馮杞捍禦始定。詔謙之降兩官罷。

2乙亥(四日),詔忠翊郎、前棗陽軍使兼知隨州棗陽縣事、彈壓戍守官兵、總轄忠義大保捷趙觀,從義郎、權鄂州前軍統制、部押棗陽守禦官兵邵彥,各特轉三官。第一等立功官兵張俊等各特轉兩官資,無資人各特補兩資;第二等傅顯等特轉一官資,無資人特補一資,更各特支官會五貫;第三等郝清等各特支犒一十五貫,内兩次立功人添支五貫。以京湖制置司言觀等節次部押人兵出城,在三清岡北八里及五城門外河南泰山廟、劉琪塚等處與虜賊見陣,獲捷立功,故有是命。

3同日,詔武節郎、主管侍衛步軍司公事王斌特轉武翼大夫、帶行遥郡刺史,與在京宫觀。長子庭芝特與補承節郎,次子庭蘭特借補官承信郎。

4丁丑(六日),金人焚湫池堡而去。

5癸未(十二日),樞密院言:「諸軍擺鋪官兵及諸路擺鋪兵級,承傳往來軍期遞角,委是不易,理宜支犒。」詔令户部并淮東西、湖廣、四川總領所各隨所隸地分,將見在鋪執役人數,每人特支犒設錢三貫。

6乙酉（十四日），詔忠義統制劉世興特與轉三官，更特賜二千貫。第一等韓興等各特轉兩官資，無資人各特補兩資；第二等王安國等各特轉一官資，無資人各特補一資；第三等劉康等各特支犒官會一十五貫。以世興等解圍棗陽，於荆蕩落湖陂與虜見陣立功故也。

7丁亥（十六日），知慶元軍府兼沿海制置司公事韓元禮言：「温、台、明、越四郡海道遼闊，盜賊出没不常。州縣各顧其私，不相統一，出彼入此，無由捕獲。於是專立沿海制置一司以統之，假以刺舉之權，故能使沿海州縣戮力一心，不敢私自縱容，盜賊無所隱庇。近歲玩習爲常。盜發某州某縣地分，本司就委推勘，率是淹延，不與結絶。或盜賊供通，合行取會，本司行移，邈然無報。乞行下沿海州縣，同心一體，以奉王事，不得仍前違慢。自後遇本司行下推勘盜賊，其有淹延不早結絶及行移不即報應者，容具奏施行。」從之。

8戊子（十七日），利州統制王逸等率忠義人復皂郊。金副統軍完顏贇、包長壽遁去。沔州軍士郭雄追斬贇首，長壽僅以身免。

9己丑（十八日），沔州都統劉昌祖至皂郊。

10庚寅（十九日），詔今歲明堂，惟事神儀物如舊制，其乘輿服御，中外支費，並從省約，有司條具以聞。

11辛卯（二十日），忠義人十萬餘出攻秦州，官軍繼進，至赤谷口，王逸傳昌祖之命退師，且放散忠義人，軍大潰。

12壬辰(二十一日),工部尚書兼國史實録院修撰任希夷等奏,乞修孝宗皇帝寶訓。

13癸巳(二十二日),包長壽合長安、鳳翔之衆復攻皂郊,遂趨西和州。是日,鎮江忠義統制彭惟誠等敗于泗州。

14丙申(二十五日),禮部員外郎李琪奏,乞令太常寺將慶元元年以後典禮編纂成書。

15同日,劉昌祖焚西和州遁,守臣楊克家棄城去。

16丁酉(二十六日),徐應龍等奏,進讀通鑑徹卷,乞宣付史館。並從之。詔:「法有標撥,爲祖父俱亡而祖母與母有前晚嫡庶之分,設令後應一母所出子孫及祖與父年老抱疾者,並不得抑令標撥。雖出祖父母與父母之命,亦不許用,州縣毋得給據。」從大理丞沈繹請也。

17同日,太中大夫、守尚書吏部侍郎、兼修玉牒官、兼侍讀徐應龍,朝奉大夫、新除尚書禮部侍郎、兼同修國史、實録院同修撰、兼侍讀袁燮,朝請大夫、試右諫議大夫、兼侍讀黄序,朝奉郎、殿中侍御史、兼侍講李楠,朝奉郎、右正言、兼侍講劉棠,中奉大夫、行起居郎、兼中書門下省檢正諸房公事、兼玉牒所檢討官、兼權工部侍郎聶子述,朝散郎、行起居舍人、兼國史院編修官、兼實録院檢討官、兼太子侍讀宣繒言:「仰惟皇帝陛下,天資沖澹,惟性高明。日御講筵,就學不倦。經籍奥義,以次咨訪,罔有逸遺。自慶元戊午,至嘉定丙子,凡十徹章。雖商高宗典於終始,周成王學有緝熙,殆不是過。猗歟懿哉! 甚盛德也。厥今通鑑進讀,復告訖篇,非汲汲皇皇,疇克臻此! 緬惟是書之作,昉我英宗,命司馬光論次於中秘,起周威烈,下竟五代,研精極慮,窮竭日力,久迺克就,卷帙旿分,綱目井列，不但稡擷故實而已，蓋將便清燕之觀，示元龜之鑑也。裕陵欽承先志，寵以序文，謂『天人相與之際，休咎庶證之原，威福盛衰之本，規摹利害之效，良將之方略，循吏之教條，於是悉備』。顯謨大訓，炳若日星。詔燕後人，永永無斁。陛下篤意此書，肆命勸誦，其聞善可爲法、惡可爲戒者，或闢宸聽，有悟聖心，渙發玉音，動與理會。前後侍臣之言，欽聆敬歎，不一而足。維慶元乙卯二月，實始啓帙，除東西魏、陳、隋及五季瀆亂之事，有旨不讀，自餘紀載，弗怠幡閱。逮嘉定戊寅季春，遂底終篇。陛下稽古之懋、典學之勤，可謂同符祖宗，有光帝王矣。昔唐開元中，日選耆儒侍讀，以質史籍疑義，然而鋭始怠終，徒文亡實。秉史筆者猶且特書，以爲美談。矧陛下歷覽前代興亡理亂之故，尊所聞，行所知，首末惟一，顧可不登之汗簡，以詔萬世？欲望睿慈宣付史館。」詔從之。

18戊戌（二十七日），金人破西和州。

玉牒

四月壬寅朔（一日）。

癸卯（二日），朝獻景靈宫。

乙巳（四日），監察御史盛章奏：「洩米外國之弊，乞下淮東漕司、沿海州郡措置關防，犯者處以軍法。」又奏：「撫州歲起米綱，守臣移易水脚之費，抑進納富民部餫。乞下江西漕臣，考覈水脚錢出入之數，今後輪差見任官。」從之。

辛亥（十日），月入太微垣。

甲寅（十三日），以禱晴，舉行寬恤之政。

己未（十八日），以經筵進讀資治通鑑終篇，賜宰執、講讀、修注官燕於秘書省〔一〕。

癸亥（二十二日），閤門舍人熊武輪對。上謂武曰：「卿是東宫官，太子如何？」武奏云：「殿下賢明仁孝，勤儉節用，人之才否，事之是非，無不盡知。每日講論之暇，無他嗜好，手不擇卷。且動如節度，又不喜飲酒。臣每輪當宿直，絶不聞宴飲之樂。」上曰：「此天賦也。」

丁卯（二十六日），以今年九月有事於明堂。

戊辰（二十七日），黄序奏：「兩淮、湖北、京西守倅之俸，悉取銅會，州縣小吏，或折酸酒，或以鐵錢，而又積壓不支。乞委逐路運司下所部，增小吏俸，將鐵錢并交子、銅會作三色，按月支給。」從之。

校勘

〔一〕賜宰執講讀修注官燕於秘書省　四庫本於「官」前有一「等」字，於義爲長。

集證

宋史卷四十寧宗紀

夏四月甲辰（三日），劉昌祖焚成州遁，守臣羅仲甲棄城去。是日，金人去西和州。

戊申（七日），命四川增印錢引五百萬，以給軍費。階州守臣侯頤棄城去。是日，金人去成州。

戊午（十七日），金人復犯大散關，守將王立遁。

己未（十八日），金人犯黄牛堡，興元都統吴政拒退之。

癸亥（二十二日），政至大散關，執王立斬之。

四月三日，守闕進義副尉、忠義軍統領夏端仁特與承信郎，仍賜錢五百貫；民兵統制王雲、歸正統領周虎各特與補下班祗應，仍賜錢三百貫，並令江淮制置司椿管會子内支撥。以光州言端仁等設伏剿賊，斫到番官統軍首級，及過淮燒毁彼界黄崗等處寨栅，前後出戰忠勇，乞行推賞。故有是命。（兵二〇之二一）

十一年四月四日，臣僚言：「朝廷以浙左諸郡去歲小歉，民生艱食，權宜通變，從商販運米過江，救災恤民，不容不爾。夫何乘隙好利之徒，抵冒法禁，一離江岸，蕩無禁止，遵海而往，透入虜界者不一。邇者浙右如華亭、海鹽、江陰、顧逕等處，其爲漏泄米斛不可勝計。且天禍彼國，連年飢饉，猶且逞其兇暴，而吾之姦民趨利玩法以資盗糧，利害豈小！乞行下淮浙漕司及沿海州郡，各飭所屬措置關防。如獲到違戾之人，研窮勘鞫，處以軍法。其能告捕者，官司給賞之外，盡以所載之物與之。斷在必行，期以無犯。」從之。（刑法二之一四二）

四月七日，臣僚言：「訪聞撫州每年受納苗米，自有合收水脚等錢，以備起綱之費。十數年來，守臣移用，抑勒富民之進納者認押米綱，責令自備水脚，間有違拒，即帖巡尉圍屋追捉，如捕盜然。一部内進納者凡十七家，若已經部押之人與免再追，猶云可也，今乃籍定其人，歲歲舉行，吏胥賣弄，一概追擾，有賂者脱免，無力者脇從。本州每歲五綱，其實止用五人部押，而十七家皆受其苦，豈不可念？乞下江西轉運司，追當行人吏根勘逐年所取上户情囑財物，計贓定罪，從條施行。仍戒約本州，今後將見任官輪差管押，仍將上五名都吏、典級，每綱差一人同管押交卸，併乞下諸路漕司考劾所部，如有違戾去處，亦仰一體施行。」從之。（食貨四四之一九）

四月二十七日，廖視再與祠禄。以殿中侍御史李楠言其好賄淫刑，視鼇周歲，亟造京畿，以僥膴仕。（職官七五之一八）

續編兩朝綱目備要卷十五

夏四月戊申（七日），命四川增印錢引五百萬，以給軍費。侯頤棄階州。頤，本州守。

戊午（十七日），虜復犯大散關，守將王立遁去。興元都統吳政至大散關，執立斬之。

己未（十八日），犯黄牛堡，吳政拒退之，軍聲大振。

夏四月，鎮江忠義統制彭惟城等敗於泗州。

命四川增印錢引五百萬，以給軍費。

階州守臣侯頤遁。

戊午（十七日），金人犯大散關，守將王立遁。興元都統吳政至大散關，執立斬之。

己未（十八日），犯黄牛堡，吳政引兵與戰，金人遁，軍聲大振。是冬，賞吳政、張威功，各進三官，竄劉昌祖、羅仲甲、楊克家，以正棄城之罪。

宋史全文卷三十

夏四月甲辰(三日),劉昌祖焚成州而遁,守臣羅仲甲棄城去。是日,金人去西和州。

戊申(七日),命四川增印錢引五百萬,以給軍費。階州守臣侯頤棄城去。是日,金人去成州。

戊午(十七日),金人復犯大散關,守將王立遁去。

己未(十八日),金人犯黄牛堡,興元都統吴政拒退之。

癸亥(二十二日),政至大散關,執王立斬之,軍聲大振。

匯編

1四月壬寅朔(一日)。

2癸卯(二日),朝獻景靈宫。

3甲辰(三日),劉昌祖焚成州遁,守臣羅仲甲棄城去。是日,金人去西和州。

4同日,守闕進義副尉、忠義軍統領夏端仁特與承信郎,仍賜錢五百貫;民兵統制王雲、歸正統領周虎各特與補下班祗應,仍賜錢三百貫,並令江淮制置司椿管會子内支撥。以光州言端仁等設伏剿賊,斫到番官統軍首級,及過淮燒毁彼界黄崗等處寨栅,前後出戰忠勇,乞行推賞。故有是命。

5乙巳(四日),監察御史盛章奏:「洩米外國之弊,乞下淮東漕司、沿海州郡措置關防,犯者處以軍法。」又奏:「撫州歲起米綱,守臣移易水脚之費,抑進納富民部餫。乞下江西漕臣,考覈水脚錢出入之數，今後輪差見任官。」從之。

6同日，臣僚言：「朝廷以浙左諸郡去歲小歉，民生艱食，權宜通變，從商販運米過江，救災恤民，不容不爾。夫何乘隙好利之徒，抵冒法禁，一離江岸，蕩無禁止，遵海而往，透入虜界者不一。邇者浙右如華亭、海鹽、江陰、顧逕等處，其爲漏泄米斛不可勝計。且天禍彼國，連年飢饉，猶且逞其兇暴，而吾之姦民趨利玩法以資盜糧，利害豈小！乞行下淮浙漕司及沿海州郡，各飭所屬措置關防。如獲到違戾之人，研窮勘鞫，處以軍法。其能告捕者，官司給賞之外，盡以所載之物與之。斷在必行，期以無犯。」從之。

7戊申（七日），命四川增印錢引五百萬，以給軍費。階州守臣侯頤棄城去。是日，金人去成州。

8同日，臣僚言：「訪聞撫州每年受納苗米，自有合收水脚等錢，以備起綱之費。十數年來，守臣移用，抑勒富民之進納者認押米綱，責令自備水脚，間有違拒，即帖巡尉圍屋追捉，如捕盜然。部內進納者凡十七家，若已經部押之人與免再追，猶云可也，今乃籍定其人，歲歲舉行，吏胥賣弄，一概追擾，有賂者脱免，無力者脇從。本州每歲五綱，其實止用五人部押，而十七家皆受其苦，豈不可念？乞下江西轉運司，追當行人吏根勘逐年所取上户情囑財物，計贓定罪，從條施行。仍戒約本州，今後將見任官輪差管押，仍將上五名都吏、典級，每綱差一人同管押交卸，併乞下諸路漕司考劾所部，如有違戾去處，亦仰一體施行。」從之。

9辛亥（十日），月入太微垣。

10甲寅（十三日），以禱晴，舉行寬恤之政。

11戊午（十七日），金人復犯大散關，守將王立遁。

12己未（十八日），以經筵進讀資治通鑑終篇，賜宰執、講讀、修注官燕於秘書省。

13同日，金人犯黃牛堡，興元都統吳政拒退之。軍聲大振。

14癸亥（二十二日），閤門舍人熊武輪對。上謂武曰：「卿是東宮官，太子如何？」武奏云：「殿下賢明仁孝，勤儉節用，人之才否，事之是非，無不盡知。每日講論之暇，無他嗜好，手不擇卷。且動如節度，又不喜飲酒。臣每輪當宿直，絕不聞宴飲之樂。」上曰：「此天賦也。」

15同日，興元都統吳政至大散關，執王立斬之。

16丁卯（二十六日），以今年九月有事於明堂。

17戊辰（二十七日），黃序奏：「兩淮、湖北、京西守倅之俸，悉取銅會，州縣小吏，或折酸酒，或以鐵錢，而又積壓不支。乞委逐路運司下所部，增小吏俸，將鐵錢并交子、銅會作三色，按月支給。」從之。

18同日，廖視再與祠禄。以殿中侍御史李楠言其好賄淫刑，祝鼇周歲，亟造京畿，以僥膴仕。

玉　牒

五月辛未朔（一日）。

丁丑（七日），以明堂有期，告於天地、宗廟、社稷、宫觀。

戊寅（八日），臣僚奏乞修復義倉舊制，歲終令、丞合一縣所入數上之守貳，守貳合諸縣所入數上之常平，常平合一道數上之朝廷。令、丞替移，必批印紙，攷其盈虧，議其殿最。從之。

壬午（十二日），潼川路提刑兼提舉丁必稱奏：「知資州李耆崗、磐石縣令宇文之寅輒移城外南津浮橋於西津，竹木纖弱，溺死十有四人，乞並罷黜。」從之。

丙戌（十六日），臣僚奏知天水軍黄炎孫偷生誤事。詔炎孫鐫二秩罷。

壬辰（二十二日），御射殿，閲新舊行門射藝有差。

盛章奏〔一〕：「法科鋪陳斷案，舊以五十五通爲十分。以所通定分數，以分數辨等級、别恩例。凡七等，上四等除評事，餘三等循資占射〔二〕。比年偶一中選，不問等級，皆可入寺。有司以其仕進太優，遂難其題。在下者病取放之數窄，在上者患精通之士少。乞復七等之制，上四等除評事，餘三等初任注司法，經任注檢法。取之寛則習者必衆，用之精則濫者不容。」從之。

甲午（二十四日），詔前淮南轉運判官方信孺特鐫三秩。以給事中任希夷言其鼓倡儀真官民，聽其奔迸，私賂山東首領，意在邀功故也。

丙申（二十六日），大理寺丞趙彦恢輪對，乞擇守令。上曰：「守令難擇，監司則每路只消擇三兩人。」

丁酉（二十七日），命從臣日一人禱雨於天竺山〔三〕。

戊戌（二十八日），黄序奏，前知江陵府、直秘閣趙善培昨以憲節兼帥襄陽，虜兵犯塞，驚畏成疾。易鎮江陵，不聞有一施設，乃帶職名奉祠而歸。詔善培落職。

校勘

〔一〕盛章奏　此上原衍「壬辰」二字，與前條記事重複，據四庫本删除。

〔二〕餘三等循資占射　「循」原作「揗」，據宋刻本、四庫本改。

〔三〕命從臣日一人禱雨於天竺山　「雨」，原誤作「臣」，據四庫本改。

集證

宋史卷四十寧宗紀

五月乙亥（五日），命四川制置司招集忠義人。

癸未（十三日），蚩尤旗見，其長竟天。

丁亥（十七日），詔侍從、臺諫、兩省官集議平戎、禦戎、和戎三策。

壬辰（二十二日），申嚴試法官七等之制。

宋會要輯稿

十一年五月二日，臣僚言：「鄱陽之爲邑，延袤近二百里，上、下各一十鄉，經界之初，税錢額管八千六百四十二貫五百有畸。從經界條例，每税錢百文，合敷和買六尺四寸八分有畸。胥吏爲姦，歲歲增益。然猶止以分計，不使及寸，積歲已久，至嘉定九年，遂及七尺五寸六分，又且見寸收尺，謂之合零就整。逮至去年，復於所敷頓增三寸，總一邑之爲絹一千二百餘匹。且以崇德一鄉最小者言之，嘉定九年分税額元管五百貫文有畸，敷和買絹九百三十餘匹，去年造簿，本鄉税錢止管四百九十貫有畸，邑吏縱欲以所虧税錢十貫均於民户，亦止合照前年所敷之數催理，今乃增敷九百五十五匹，計多二十五匹。舉此一鄉，其他可知。且鄱陽之民連遭蝗旱，已不聊生，而貪吏姦胥又陰肆推剥，如

此其極，自非上官推本尋源，痛爲革絶，雖朝罷一宰，暮黜一吏，而鄙民未有安居樂業之望也。」從之。（食貨七〇之一一三）

十一年五月六日，臣僚言：「頃歲議臣有請計義倉所入之數，除負郭縣就州輸送外，餘令逐縣置敖，自行收受。非惟革州郡侵移之弊，抑以省凶年轉般之勞，是可行也。曩時州倉隨苗帶納，鈔同一鈔，輸同一輸也。今正税輸之州，義倉輸之縣，則鈔爲二鈔，輸爲兩輸矣。曩時雀鼠之耗蠹，吏卒之須求，一切倚辦於正税，而義倉不預焉。今付之於縣，既無正税，獨有此色，則雀鼠之耗蠹，吏卒之須求，所不能免矣。於是議臣有請，令人户義倉仍舊隨正税從便就州作一鈔輸納，而州郡復有侵移之弊。臣聞紹興初，臺臣嘗請申嚴義倉之法，通計一縣合收之數，截留下户苗米於本縣送納。開禧初，議臣復請倣紹興之意，令本州遇收受之時，計一縣合納義倉之數相當，聽從本縣收受，其餘則仍令隨苗赴州輸納。蓋截留下户之税米，以補一縣之義倉，則輸同一輸，鈔同一鈔，雀鼠之耗蠹，吏卒之須求，一切倚辦於正税，而義倉不預焉，與輸之州無以異也。其餘上户之義倉，則隨正税而輸之州，州得以補償其截留下户之數也，則州不以爲怨。縣得此米别項儲之，以備水旱賑濟之須，使窮民不至於艱食，則縣不以爲撓。一舉而三利獲，此上策也。惟是負郭之義倉，則就州輸送，自如舊制。至於屬縣之義倉，則令、丞同主之。每歲之終，令、丞合諸鄉所入之數，上之守貳；守貳合諸縣所入之數，上之提舉常平；提舉常平合一道所入之數，上之朝廷。令、丞替移，必批印紙，考其盈虧，以議其殿最。庶乎寔惠及民，不致爲州縣之所侵移，而徒爲虚文也。」從之。（食貨六二之五〇）

五月六日，方信孺別與州郡差遣指揮寢罷，仍降兩官。以兼給事中任希夷言其舉措乖方，輕率妄作。（職官七五之一八）

十一年五月六日，詔登仕郎蔡允成特補進武校尉。允成先以賑濟推賞，補授文資。嘉定八年，復能自備米穀，濟糶鄱陽六鄉饑民。江東提刑司保明來上，故有是命。（職官六二之三七）

八日，知南恩州翟昀放罷。以其賄賂公行，公帑赤立，從廣東運判楊宜中請也。（職官七五之一八）

十二日，知資州李耆崗、盤石縣令宇文之寅並放罷。皆坐造橋鹵莽，以致溺死人命，從成都提刑丁必稱請也。（職官七五之一八）

十三日，新知蓬州費昌運罷新任。以其昨守大安軍，盜用錢米，掩爲已有，從利路運判鄒孟卿請也。（職官七五之一八）

十六日，辟差知天水軍黃炎孫降兩官，放罷。以臣僚言其捐棄官守，偷生誤事。先有是命，既而中書舍人黃宜又言，乞將炎孫重賜追奪，屏之遠方，復詔特追三官，送辰州居住。（職官七五之一八）

十七日，劉先差宮觀指揮寢罷。以中書舍人莊夏言其當官貪暴，居鄉恣横。（職官七五之一八）

十一年五月十九日，詔：「前僞地白身宗子趙善周特補保義郎，監潭州南嶽廟、常州居住，放行合得請給。其家口押往常州，照北來人體例，支給錢米養贍。」以江、淮制置司言：「淮東安撫司據高郵軍申，解到北人趙善周等。本司未委緣何北來，據善周稱，係大宋太宗第七位從孫，東京睦親北宅漢王宫長子平陽郡王位下子孫。宣和年間，親祖士輗，任京東淄州兵馬鈐轄。曾祖仲集，帶開府儀同三司，追封魯國公，謚恭安，係哲宗、徽宗皇伯，士輗係神宗皇兄。金賊攻取京東，知州孫立順蕃，其祖在後，例換僞官誥命。父不鄙并善周只在淄州居。蕃國爲見善周是大宋皇親，拘收在官，不令出入。緣韃靼人馬再打淄州，善周將老小出城，入濟南、東平府、邳、海州，至沭陽縣宋經家住坐。今知本朝軍馬進發，迎沈將軍帳前歸正了當。今晝宗枝圖并齎到本朝誥敕明白，本司已收管贍養。」故有是命。（兵一六之一五）

十一年五月二十日，詔高郵軍判官改作京官簽判闕，注已作縣任滿人。仍專置軍事推官一員，並堂差一次，日後令吏部使闕。以都省言，兩淮州軍並置通判員闕，獨本軍只置判官一員，其推官又以録參兼行，慮恐乏事，故有是命。（職官四八之一六）

二十八日，趙善培褫職，依舊宫觀，以右諫議大夫黄序言其分閫既無勳業之著聞，易地又乏方略之展布。（職官七五之一八）

續編兩朝綱目備要卷十五

五月乙亥（五日），招集忠義人。命四川制置司。

癸未（十三日），蚩尤旗見，其長竟天。

丁亥（十七日），集議邊事。詔侍從、兩省、臺諫官集議平戎、禦戎、和戎三策。

壬辰(二十二日),嚴試法官七等之制。

續宋中興編年資治通鑑

五月乙亥(五日),命四川制置司招集忠義人。

癸未(十三日),蚩尤旗見,其長竟天。

壬辰(二十二日),嚴試法官七等之制。

宋史全文卷三十

五月乙亥(五日),命四川制置司招集忠義人。

癸亥(按,當爲十三日「癸未」之誤),蚩尤旗見,其長竟天。

丁亥(十七日),詔侍從、臺諫、兩省官集議平戎、禦戎、和戎三策。

壬辰(二十二日),嚴試法官七等之制。

匯編

1五月辛未朔(一日)。

2壬申(二日),臣僚言:「鄱陽之爲邑,延袤近二百里,上、下各一十鄉,經界之初,税錢額管八千六百四十二貫五百有畸。從經界條例，每税錢百文，合敷和買六尺四寸八分有畸。胥吏爲姦，歲歲增益。然猶止以分計，不使及寸，積歲已久，至嘉定九年，遂及七尺五寸六分，又且見寸收尺，謂之合零就整。逮至去年，復於所敷頓增三寸，總一邑之爲絹一千二百餘匹。且以崇德一鄉最小者言之，嘉定九年分税額元管五百貫文有畸，敷和買絹九百三十餘匹，去年造簿，本鄉税錢止管四百九十貫有畸，邑吏縱欲以所虧税錢十貫均於民户，亦止合照前年所敷之數催理，今乃增敷九百五十五匹，計多二十五匹。舉此一鄉，其他可知。且鄱陽之民連遭蝗旱，已不聊生，而貪吏姦胥又陰肆推剥，如此其極，自非上官推本尋源，痛爲革絶，雖朝罷一宰，暮黜一吏，而鄱民未有安居樂業之望也。」從之。

3乙亥（五日），命四川制置司招集忠義人。

4丙子（六日），臣僚言：「頃歲議臣有請計義倉所入之數，除負郭縣就州輸送外，餘令逐縣置敖，自行收受。非惟革州郡侵移之弊，抑以省凶年轉般之勞，是可行也。曩時州倉隨苗帶納，鈔同一鈔，輸同一輸也。今正税輸之州，義倉輸之縣，則鈔爲二鈔，輸爲兩輸矣。曩時雀鼠之耗蠹，吏卒之須求，一切倚辦於正税，而義倉不預焉。今付之於縣，既無正税，獨有此色，則雀鼠之耗蠹，吏卒之須求，所不能免矣。於是議臣有請，令人户義倉仍舊隨正税從便就州作一鈔輸納，而州郡復有侵移之弊。臣聞紹興初，臺臣嘗請申嚴義倉之法，通計一縣合收之數，截留下户苗米於本縣送納。開禧初，議臣復請倣紹興之意，令本州遇收受之時，計一縣合納義倉之數相當，聽從本縣收受，其餘則仍令隨苗赴州輸納。蓋截留下户之税米，以補一縣之義倉，則輸同一輸，鈔同一鈔，雀鼠之耗蠹，吏卒之須求，一切倚辦於正税，而義倉不預焉，與輸之州無以異也。其餘上户之義倉，則隨正税而輸之州，州得以補償其截留下户之數也，則州不以爲怨。縣得此米别項儲之，以備水旱賑濟之須，使窮民不至於艱食，則縣不以爲撓。一舉而三利獲，此上策也。惟是負郭之義倉，則就州輸送，自如舊制。至於屬縣之義倉，則令、丞同主之。每歲之終，令、丞合諸鄉所入之數，上之守貳；守貳合諸縣所入之數，上之提舉常平；提舉常平合一道所入之數，上之朝廷。令、丞替移，必批印紙，考其盈虧，以議其殿最。庶乎寔惠及民，不致爲州縣之所侵移，而徒爲虚文也。」從之。

5同日，方信孺别與州郡差遣指揮寢罷，仍降兩官。以兼給事中任希夷言其舉措乖方，輕率妄作。

6同日，詔登仕郎蔡允成特補進武校尉。允成先以賑濟推賞，補授文資。嘉定八年，復能自備米穀，濟糶鄱陽六鄉饑民。江東提刑司保明來上，故有是命。

7丁丑（七日），以明堂有期，告於天地、宗廟、社稷、宫觀。

8戊寅（八日），臣僚奏乞修復義倉舊制，歲終令、丞合一縣所入數上之守貳。守貳合諸縣所入數上之常平，常平合一道數上之朝廷。令、丞替移，必批印紙，攷其盈虧，議其殿最。從之。

9同日，知南恩州翟畇放罷。以其賄賂公行，公帑赤立，從廣東運判楊宜中請也。

10壬午（十二日），潼川路提刑兼提舉丁必稱奏：「知資州李耆崗、磐石縣令宇文之寅輒移城外南津浮橋於西津，竹木纖弱，溺死十有四人，乞並罷黜。」從之。

11癸未（十三日），蚩尤旗見，其長竟天。

12同日，新知蓬州費昌運罷新任。以其昨守大安軍，盜用錢米，掩爲己有，從利路運判鄒孟卿請也。

13丙戌(十六日)，臣僚奏知天水軍黄炎孫偷生誤事。詔炎孫鐫二秩罷。

14同日，辟差知天水軍黄炎孫降兩官，放罷。以臣僚言其捐棄官守，偷生誤事。先有是命，既而中書舍人黄宜又言，乞將炎孫重賜追奪，屏之遠方，復詔特追三官，送辰州居住。

15丁亥(十七日)，詔侍從、臺諫、兩省官集議平戎、禦戎、和戎三策。

16同日，劉先差宫觀指揮寢罷。以中書舍人莊夏言其當官貪暴，居鄉恣横。

17己丑(十九日)，詔：「前僞地白身宗子趙善周特補保義郎、監潭州南嶽廟，常州居住，放行合得請給。其家口押往常州，照北來人體例，支給錢米養贍。」以江淮制置司言：「淮東安撫司據高郵軍申，解到北人趙善周等。本司未委緣何北來，據善周稱，係大宋太宗第七位從孫，東京睦親北宅漢王宫長子平陽郡王位下子孫。宣和年間，親祖士軷，任京東淄州兵馬鈐轄。曾祖仲集，帶開府儀同三司、追封魯國公，謚恭安，係哲宗、徽宗皇伯，士軷係神宗皇兄。金賊攻取京東，知州孫立順蕃，其祖在後，例换僞官誥命。父不鄙并善周只在淄州居。蕃國爲見善周是大宋皇親，拘收在官，不令出入。緣韃靼人馬再打淄州，善周將老小出城，入濟南、東平府、邳、海州，至沭陽縣宋經家住坐。今知本朝軍馬進發，迎沈將軍帳前歸正了當。今畫宗枝圖并齎到本朝誥敕明白，本司已收管贍養。」故有是命。

18庚寅(二十日)，詔高郵軍判官改作京官簽判闕，注已作縣任滿人。仍專置軍事推官一員，並堂差一次，日後令吏部使闕。以都省言，兩淮州軍並置通判員闕，獨本軍只置判官一員，其推官又以録参兼行，慮恐乏事，故有是命。

19壬辰（二十二日），御射殿，閲新舊行門射藝有差。

20同日，盛章奏：「法科鋪陳斷案，舊以五十五通爲十分。以所通定分數，以分數辨等級、别恩例。凡七等，上四等除評事，餘三等循資占射。比年偶一中選，不問等級，皆可入寺。有司以其仕進太優，遂難其題。在下者病取放之數窄，在上者患精通之士少。乞復七等之制，上四等除評事，餘三等初任注司法，經任注檢法。取之寬則習者必衆，用之精則濫者不容。」從之。申嚴試法官七等之制。

21甲午（二十四日），詔前淮南轉運判官方信孺特鐫三秩。以給事中任希夷言其鼓倡儀真官民，聽其奔迸，私賂山東首領，意在邀功故也。

22丙申（二十六日），大理寺丞趙彦悈輪對，乞擇守令。上曰：「守令難擇，監司則每路只消擇三兩人。」

23丁酉（二十七日），命從臣日一人禱雨於天竺山。

24戊戌（二十八日），右諫議大夫黄序奏，前知江陵府、直秘閣趙善培昨以憲節兼帥襄陽，虜兵犯塞，驚畏成疾。易鎮江陵，不聞有一施設，乃帶職名奉祠而歸。分閫既無勳業之著聞，易地又乏方略之展布。詔善培落職，依舊宫觀。

玉牒

六月辛丑朔（一日）。

癸卯（三日），盛章奏：「乞令諸路憲司，歲終比較州縣獄，瘐死尤多者痛懲一二。」從之。

乙巳（五日），臣僚奏新知處州呂祖平，頃以珍玩取媚權姦。祖儉乃其堂兄，祖平恐爲所累，圖寫宗枝，指爲疏族，用以自解。守江陰無善狀，乞罷括蒼新命。從之。

丁未（七日），李安行奏遴選愛民奉法者爲郡守，老成有風力者爲監司。從之。袁燮進對，奏蜀中不靖。上曰：「秋高馬肥，是他時月，尤當爲備。」燮奏云：「今日事勢迫切，不容少緩〔一〕。」上曰〔二〕：「蜀帥不可不易。」又奏：「兩淮、荆襄間，近雖稍静，然不可忽。」上曰：「夷狄姦詐，何可輕信？」燮奏云：「講和却是省事，但虜人之意，不專在歲幣，難與通和。」上曰：「他擄掠所得，已數倍於歲幣。」燮奏云：「誠如聖諭。虜既不通和，中國尤當嚴備。」

庚戌（十日），月入氐。

辛亥（十一日），填星晉守亢。

乙卯（十五日），有流星大如太白。

辛酉（二十一日），詔湖州賑恤安吉縣被水之民。

丙寅（二十六日），録行在繫囚。

校勘

〔一〕不容少緩　「緩」，原誤作「繳」，據四庫本改。

〔二〕上曰　「曰」，原誤作「四」，據四庫本改。

集證

宋史卷四十寧宗紀

六月辛酉（二十一日），詔湖州振恤被水貧民。

宋會要輯稿

六月二日，右領衛將軍、時暫管幹殿前司職事張茂放罷。以臣僚言其撫軍則殊無紀律，處事則頓乏精神，無統禦之術，不足倚仗。（職官七三之五一）

六月五日，新改知處州吕祖平與祠禄。以監察御史盛章言其屢試郡符，益無善狀。（職官七五

之一八）

十一年六月二十一日，兩浙轉運司言：「本司據武康、安吉縣申『被洪水泛漲，衝損鄉村、橋道，漂蕩人口及官廨、民居、農具、什物等』事，即分委縣官親往鄉都，括責被水之家所失人口，一面關支常平錢米分付諸廳，委各就鄉村量其存没多寡支與，養生送死。及有全家被水渰死之人，漂流溪河之間，或堆閣沙灘之上，本縣亦同縣官將錢雇人打撈，收拾埋殯，及差簿尉分頭前去逐一抄具被水之家外，所有鄉村被水衝壞田桑，候各官申到見數，別具申聞。」詔令湖州將被水之家更切多方措置賑恤，務要實惠及民，毋致失所，具已賑恤過人數申尚書省。（食貨五八之三二）

續編兩朝綱目備要卷十五

六月，湖州水。辛酉，詔賑恤被水貧民。

續宋中興編年資治通鑑卷十五

六月，湖州水，詔恤貧民。

宋史全文卷三十

六月辛酉，詔湖州賑恤被水貧民。

匯編

1六月辛丑朔（一日）。

2壬寅（二日），右領衛將軍、時暫管幹殿前司職事張茂放罷。以臣僚言其撫軍則殊無紀律，處事則頓乏精神，無統禦之術，不足倚仗。

3癸卯（三日），盛章奏：「乞令諸路憲司，歲終比較州縣獄，瘐死尤多者痛懲一二。」從之。

4乙巳（五日），臣僚奏新知處州吕祖平，頃以珍玩取媚權姦。祖儉乃其堂兄，祖平恐爲所累，圖寫宗枝，指爲疏族，用以自解。守江陰無善狀，乞罷括蒼新命。從之，與祠禄。

5丁未（七日），李安行奏遴選愛民奉法者爲郡守，老成有風力者爲監司。從之。袁燮進對，奏蜀中不靖。上曰：「秋高馬肥，是他時月，尤當爲備。」燮奏云：「今日事勢迫切，不容少緩。」上曰：「蜀帥不可不易。」又奏：「兩淮、荆襄間，近雖稍静，然不可忽。」上曰：「夷狄姦詐，何可輕信？」燮奏云：「講和却是省事，但虜人之意，不專在歲幣，難與通和。」上曰：「他擄掠所得，已數倍於歲幣。」燮奏云：「誠如聖諭。虜既不通和，中國尤當嚴備。」

6庚戌（十日），月入氐。

7辛亥（十一日），填星晉守亢。

8乙卯（十五日），有流星大如太白。

9辛酉(二十一日),兩浙轉運司言:「本司據武康、安吉縣申『被洪水泛漲,衝損鄉村、橋道,漂蕩人口及官廨、民居、農具、什物等』事,即分委縣官親往鄉都,括責被水之家所失人口,一面關支常平錢米分付諸廳,委各就鄉村量其存没多寡支與,養生送死。及有全家被水渰死之人,漂流溪河之間,或堆閣沙灘之上,本縣亦同縣官將錢雇人打撈,收拾埋殯,及差簿尉分頭前去逐一抄具被水之家外,所有鄉村被水衝壞田桑,候各官申到見數,别具申聞。」詔令湖州將被水之家更切多方措置賑恤,務要實惠及民,毋致失所,具已賑恤過人數申尚書省。

10丙寅(二十六日),録行在繫囚。

七月庚午朔（一日），日有食之。

壬申（三日），右正言李止行奏：「陛下雙隻皆視朝，而延訪之時不久。早晚皆講讀，而作輟之日不常。聽納雖不倦，而議論之見於施行者無幾。奉養雖有節，而帑藏之耗於侵欺者不察。豈非安於小康而有怠心乘之耶？願陛下謹終如始，以興治功。」從之。給事中任希夷繳奏成都路運判梁綸輕信浮言驚擾〔一〕。中書舍人黄宜奏知天水軍黄炎孫負印先遁。詔綸奪兩秩罷，炎孫追三秩〔二〕，居於辰州。以集英殿修撰、知平江府趙彦橚爲寶謨閣待制，旌其職事修舉也〔三〕。

甲戌（五日），監察御史蔡闢奏兵部侍郎黄序遍歷臺諫，嗜利無厭。詔與祠禄。監察御史王夢龍奏國子司業林埛巽懦貪鄙〔四〕，乞行黜罷。從之。歲星入井。

辛巳（十二日），詔知潼川府許奕與祠，提刑丁必稱罷。以侍御史李楠言其皂郊之擾〔五〕，妄奏失實故也。

乙酉（十六日），以袁燮爲編類孝宗皇帝寶訓官。

壬辰（二十三日），詔進知泉州真德秀官一等〔六〕，旌其擒捕海寇之功也。

丁酉（二十八日），詔諸以贓罷，毋得輕受文狀遽改正。必檢會元刻罪犯輕重，爲之處分。從李楠請也。

戊戌（二十九日），左司諫盛章奏，乞戒飭監司、帥守，凡日前差入僉廳之人，並令回任，違者御史臺覺察。受差人罷黜，所差官例責罰。從之。

校勘

〔一〕給事中任希夷繳奏成都路運判梁綸輕信浮言驚擾　「梁綸」，原作「梁給」，四庫本作「梁綸」。檢魏了翁鶴山集卷六十九顯謨閣直學士提舉西京嵩山崇福宫許公奕神道碑載：「會成都路漕臣梁綸以邊遽關移，公頓足呼曰：事急矣，吾不言而誰言。乃具録以聞。」按，此處所云人與事俱同，可知四庫本作「梁綸」是，據改。

〔二〕炎孫追三秩　「追」，原誤作「迫」，據四庫本改。

〔三〕旃其職事修舉也　「職」，原作「集」，據宋刻本、四庫本改。

〔四〕國子司業林垌巽懦貪鄙　「懦」，原誤作「儒」，據四庫本改。

〔五〕以侍御史李楠言其皂郊之擾　「皂」，四庫本作「卓」。

〔六〕詔進知泉州真德秀官一等　「泉」字原脱，據四庫本補。

集證

宋史卷四十寧宗紀

秋七月癸酉(四日),奪知天水軍黄炎孫三官,辰州居住。

乙酉(十六日),修孝宗寶訓。

辛卯(二十二日),蠲四川關外諸州税役。

甲午(二十五日),蠲光州民兵戰死之家税役。

宋會要輯稿

七月三日,成都運判梁綸特降兩官,昨降與待闕州郡差遣指揮寢罷。以兼給事中任希夷言其輕信浮言,妄自驚擾。(職官七五之一九)

十一年七月五日,臣僚言:「恭惟陛下純誠篤實,生於内心;嚴恭寅畏,俱非外飾。臨御以來,於今二紀,一歲常祀,三歲大祀,靡神不舉,靡祀或闕。四孟朝饗,拜跪煩勞,而不以爲憚;烈風驟雨,而不爲少止。或慶雲翔飛於壇壝之次,或陰霾頓散於默禱之餘。聖君在上,一誠對越,如此其至,在位百辟,奚忍負之? 乃今有未胥應者,可不有以戒敬之! 已受誓戒,或預宴樂;齋宿祠宫,或至聚飲。諠譁笑語,無所裁制,怠惰偃蹇,見於動容。以至胥贊樂工之徒,習於褻慢。升歌方作,而罇俎之間或竊酒饌；燎瘞未終，而禮器燈燭爲之一空。似此不虔，何以上答陛下格於神明之誠？欲望下臣此章，頒示百司，各令遵守。自今已後，受誓戒不得輒預宴樂，齋宿祠宫不得聚飲諠譁，隸使不得竊取酒饌，瘞燎未畢不得遽撤禮器燈燭。如或違戾，許御史臺一一彈奏，寘之典憲。」從之。（禮二七之一六）

七月五日，兵部侍郎黄序與宫觀，理作自陳。以監察御史蔡闢言其浸被超遷，遍歷臺諫，專於嗜利，不顧廉恥。（職官七三之五一）

七月七日，詔：「知通州林介特與轉一官，兵馬監押賴嘉言、進武校尉陳源、録事參軍胡慶祖各特與轉一官資；隅官張邦權、許桂各特與補一資。」以淮東安撫司言介等廣設方略，發蹤指授，招收海洋賊首倪珍等受降旌賞，故有是命。（兵一三之四八）

七月八日丁丑，其日立秋，風從東南方巽位上來。（運曆二之三五）

七月十一日，詔：「忠義統制吴彦特與補承信郎，令四川安撫制置司於降下空名告命内書填給付。其統領杜孝忠等一百一十一人各特轉兩官資，無資人特補兩資；李顯等三百二十八人各特轉一官資，無資人各特補一資。」以金州副都統制吴政言彦等部領忠義，深入北境，殺獲虜賊，燒毁寨栅，乞行推賞。故有是命。（兵二十之二二）

十二日，知潼川府許奕與宫觀，成都提刑丁必稱放罷。以侍御史李楠言薦闢、大散、皂郊之擾，西和、成州之變，不究虚實，輒以上聞。（職官七五之一九）

二十二日，詔：「知泉州真德秀特轉一官。」以德秀遣發兵船，出海擒捕賊首及徒黨百餘人，海道

寧静。密院言其功，故有是命。（兵二十之二一）

二十八日，新除大理寺丞黄幹、新除閤門舍人薛伯虎並與祠禄。以侍御史李楠言：「幹之欺謾，已形於倅安豐之日；伯虎之貪墨，已見於守合淝，無爲兩任之内。」（職官七三之五一）

二十九日，知雷州毛當時放罷。以右正言李安行言其禀性無常，奉道行法；淫刑濫罰，所不忍聞；海商得志，劫盗紛然。（職官七五之一九）

同日，知吉州鄭寅與祠禄。以左司諫盛章言其氣習膏粱，政由内出，訟之黑白，以賄變遷。（職官七五之一九）

七月，左司諫盛章、右正言李安行兼侍講。（職官六之七三）

續編兩朝綱目備要卷十五

秋七月乙酉，修孝宗寶訓。

辛卯，蠲税役。蠲四川、關外諸州税役。

甲午，蠲光州民兵戰死之家税役。

續宋中興編年資治通鑑卷十五

秋七月乙酉，修孝宗寶訓。

辛卯，蠲四川、關外諸州稅役。

甲午，蠲光州民兵戰死之家稅役。

宋史全文卷三十

秋七月癸酉(四日)，知天水軍黄炎孫追三官，辰州居住。

乙酉(十六日)，修孝宗皇帝寶訓。

辛卯(二十二日)，蠲四川、關外諸州稅役。

甲午(二十五日)，蠲光州民兵戰死之家稅役。

匯編

1七月庚午朔(一日)，日有食之。

2壬申(三日)，右正言李止行奏：「陛下雙隻皆視朝，而延訪之時不久。早晚皆講讀，而作輟之日不常。聽納雖不倦，而議論之見於施行者無幾。奉養雖有節，而帑藏之耗於侵欺者不察。豈非安於小康而有怠心乘之耶？願陛下謹終如始，以興治功。」從之。

3同日，給事中任希夷繳奏成都路運判梁綸輕信浮言驚擾。中書舍人黄宜奏，知天水軍黄炎孫負印先遁。詔綸奪兩秩罷，炎孫追三秩，居於辰州。

4同日，以集英殿修撰、知平江府趙彦橚爲寶謨閣待制，旌其職事修舉也。

5甲戌（五日），監察御史蔡闢奏兵部侍郎黄序遍歷臺諫，嗜利無厭。詔與祠禄。監察御史王夢龍奏國子司業林岊巽懦貪鄙，乞行黜罷。從之。

6同日，歲星入井。

7同日，臣僚言：「恭惟陛下純誠篤實，生於内心；嚴恭寅畏，俱非外飾。臨御以來，於今二紀，一歲常祀，三歲大祀，靡神不舉，靡祀或闕。四孟朝饗，拜跪煩勞，而不以爲憚；烈風驟雨，而不爲少止。或慶雲翔飛於壇壝之次，或陰霾頓散於默禱之餘。聖君在上，一誠對越，如此其至，在位百辟，奚忍負之？乃今有未胥應者，可不有以戒敬之！已受誓戒，或預宴樂；齋宿祠宫，或至聚飲。諠譁笑語，無所裁制，怠惰偃蹇，見於動容。以至胥贊樂工之徒，習於褻慢。升歌方作，而罇俎之間或竊酒饌；燎瘞未終，而禮器燈燭爲之一空。似此不虔，何以上答陛下格於神明之誠？欲望下臣此章，頒示百司，各令遵守。自今已後，受誓戒不得輒預宴樂，齋宿祠宫不得聚飲諠譁，隸使不得竊取酒饌，瘞燎未畢不得遽撤禮器燈燭。如或違戾，許御史臺一一彈奏，寘之典憲。」從之。

8丙子（七日），詔：「知通州林介特與轉一官，兵馬監押賴嘉言、進武校尉陳源、録事參軍胡慶祖各特與轉一官資；隅官張邦權、許桂各特與補一資。」以淮東安撫司言介等廣設方略，發蹤指授，招收海洋賊首倪珍等受降旌賞，故有是命。（兵一三之四八）

9庚辰（十一日），詔：「忠義統制吴彦特與補承信郎，令四川安撫制置司於降下空名告命内書填給付。其統領杜孝忠等一百一十一人各特轉兩官資，無資人特補兩資；李顯等三百二十八人各特轉一官資，無資人各特補一資。」以金州副都統制吴政言彦等部領忠義，深入北境，殺獲虜賊，燒毁寨栅，乞行推賞。故有是命。（兵二十之二一）

10辛巳（十二日），詔知潼川府許奕與祠，提刑丁必稱罷。以侍御史李楠言蕎關、大散、皂郊之擾，西和、成州之變，不究虚實，輒以上聞。

11乙酉（十六日），以袁燮爲編類孝宗皇帝寶訓官。

12辛卯（二十二日），蠲四川關外諸州税役。

13同日，詔：「知泉州真德秀特轉一官。」以德秀遣發兵船，出海擒捕賊首及徒黨百餘人，海道寧静。密院言其功，故有是命。

14壬辰（二十三日），詔進知泉州真德秀官一等，旌其擒捕海寇之功也。

15甲午（二十五日），蠲光州民兵戰死之家税役。

16丁酉（二十八日），詔諸以贓罷，毋得輕受文狀遽改正。必檢會元劾罪犯輕重，爲之處分。從李楠請也。

17同日，新除大理寺丞黄幹、新除閤門舍人薛伯虎並與祠禄。以侍御史李楠言：「幹之欺謾，已形於倅安豐之日；伯虎之貪墨，已見於守合淝、無爲兩任之内。」

18戊戌（二十九日），左司諫盛章奏，乞戒飭監司、帥守，凡日前差入僉廳之人，並令回任，違者御史臺覺察。受差人罷黜，所差官例責罰。從之。

19同日，知雷州毛當時放罷。以右正言李安行言其禀性無常，奉道行法；淫刑濫罰，所不忍聞；海商得志，刼盜紛然。

20同日，知吉州鄭寅與祠禄。以左司諫盛章言其氣習膏粱，政由内出，訟之黑白，以賄變遷。

21同日，臣僚言：「設官分職，以爲民極。尊卑職守，截然一定。縣有佐官，郡有職曹，所以上下相維而聯事合治者也。而今之仕于縣者，則以貳令、簿、尉爲卑賤，而必欲入郡之簽廳。仕于州者，則以職曹、監當爲塵冗，而必欲攝路之幕屬。經營結托，無所不至。乞下臣此章，戒飭監司、帥守，凡日前差入簽廳之人，並仰日下發回本任。今後敢有違戾，委自御史臺覺察，受差之人並行罷黜，所差之官一例責罰。如見得受差者委係權貴子弟親戚輒爲囑托者，即與並行按治，重錫鐫斥，或與在外差遣。仍乞備牓臺諫、侍從客次，各令遵奉，斷在必行。」從之。

22七月，左司諫盛章、右正言李安行兼侍講。

玉牒

八月庚子朔（一日）。

辛丑（二日），臣僚奏，年來贓吏罰輕，自今罷免者勿與祠〔一〕，鐫褫者勿叙復，竄斥者勿近徙，永不親民者勿改正，已甚則施杖配、估籍之法〔二〕，乞下有司，著爲令甲。從之。

癸卯（四日），權工部尚書胡榘奏事云：「殘虜本無能〔三〕，爲陛下愛兼南北，初未有征伐意。内因廷臣横議，外而邊臣邀功，使邊境久未安。」上曰：「皆邊吏希望爵賞，爲國生事，不可不戒。」以右丞相兼樞密使史彌遠爲明堂大禮使，參知政事鄭昭先爲禮儀使，簽書樞密院事曾從龍爲儀仗使，吏部尚書李大性爲鹵簿使，户部尚書薛極爲橋道頓遞使。

甲辰（五日），以安德軍節度使師嵒提舉萬壽觀。詔平江府新刱嘉定縣分置五鄉，可易以依仁、循義、服禮、樂智、守信爲名，從守臣所請也。

丙午（七日），歲星入井。臣僚奏新除起居舍人留元綱立朝傾險，治郡荒淫，乞寢新命。詔與宫觀。

壬戌(二十三日),寶謨閣待制、新知興元府充利州路安撫使聶子述内引朝辭,上曰:「朕將付卿全蜀[四]。」子述奏:「臣材識凡下,深懼無以稱塞陛下使令之意。」

乙丑(二十六日),臣僚奏前知黄州謝汲古識淺行污,乞寢召命。詔與宫觀。

戊辰(二十九日),盛章、李安行進對,論敵情詐,願陛下毋以虜退爲可喜,日與二三大臣講明備禦。上曰:「邊備不先,理會却遲。」安行奏:「兵法曰,無恃其不來,恃吾有以待之。」上曰:「極是。」臣僚言:「二廣大州,城池甲兵,僅足自保。至於小州城低池淺[五],兵或不及百人。南俗易動,中州姦盜率多配隸於此,猝有竊發,何以待之? 今世言武備者,類於兩淮、荆襄介意,而置嶺南於度外。臣恐如唐人每備西北,不知其禍在於東南。欲望朝廷不惜小費,於二廣要害去處,葺浚城池,練習武兵[六],以備緩急。」上從之[七]。

校勘

〔一〕自今罷免者勿與祠　「今罷」二字原脱,據四庫本補。

〔二〕估籍之法　「估」,原形誤作「佑」,據四庫本并宋會要輯稿職官七五之四一改。

〔三〕殘虜本無能　「殘」字原脱,據宋刻本、四庫本補。

〔四〕朕將付卿全蜀　「蜀」字原脱，據四庫本補。

〔五〕至於小州城低池淺　「於小州城低」原脱，義不可通，據四庫本補。

〔六〕練習武兵　「武兵」，四庫本作「兵民」。

〔七〕上從之　「上」字原脱，據四庫本補。

集證

宋會要輯稿

十一年八月二日，臣僚言：「嘗閲近日彈劾之疏，其間巧於誅求，情狀百出，不復縷數。且繩貪之禁，昭如日星，而盜臣弗戢，無他，麗於罪罟者僅一二，而網漏吞舟者皆是也。臣觀年來贓吏之罰，小則不過罷黜，甚則祇從鐫降，未幾受引赦原，率復如故。欲乞申嚴國憲，繼自今始，其有已從罷免者不必姑畀祠廩，既從鐫褫者不必例與敘復，見行竄斥者不必遽令近徙，永不許與親民者不必與之改正，已甚則施杖配之嚴刑、估籍之法。至於所該保任恩命，並與寢閣，斷在必行，不以赦免。自今贓汙狼籍之人，監司、郡守不察，致爲臺諫論列，併坐其失職之罪。庶使中外相維，紀綱振舉，大小之吏咸知所儆。」從之。（職官七五之四一）

十一年八月四日，以明堂大禮，命右丞相、兼樞密使史彌遠爲大禮使，參知政事鄭昭先爲禮儀使，簽書樞密院事曾從龍爲儀仗使，吏部尚書李大性爲鹵簿使，户部尚書薛極爲橋道頓遞使。（禮二

七之一六）

八月七日，新除起居舍人留元剛放罷，與宫觀，理作自陳。以監察御史蔡闢言其出守温、贛，專務苛刻，傲視名德，旁若無人。（職官七三之五一）

八月七日，前知濠州趙伯熊赴行在奏事指揮寢罷。以監察御史王夢龍言其宴安自封，沈湎無度。（職官七五之一九）

八月九日，樞密院言：「故武德郎、浙西路副總管蒲察鈞男端仁言：臣故祖久安，隆興二年蒙孝宗皇帝命魏王親書招，祖久安奮發忠義，糾率大周仁等，將全軍人馬及倉庫等歸朝。宣賜臣家恩數，係是特旨，不經銓選。祖久安身故，伯鉞臨危陳乞贍家等錢，蒙恩月給二百貫、春冬衣絹，續後月支錢一百貫、米一十石。緣伯鉞父鈞，生前各居煙爨，所有月支錢米，係鉞男居仁支請，臣兄弟并不得顆粒分文，獨不霑被聖澤。乞付樞密院劄下户部及堂兄居仁位，將逐月支破贍家錢米等分與臣位，均養孤幼，庶免失所。」詔依所乞。（兵一六之一五）

八月十二日，詔武經郎、京東路兵馬鈐轄季先特與轉修武郎。以樞密院言先奮勇獲捷，故有是命。（兵二〇之二一）

同日，樞密院言楚州申忠義等人剿退虜賊，解圍淮陽縣得功人數，乞賜推賞。詔陳秀等三千八百二十八人各特轉三資，無資人各特補三資。內重傷、輕傷人更各與等第優加犒賞。所有合支犒錢銀，亦仰於朝廷降下樁管錢銀內，斟酌支撥給散。（兵二〇之二二）

八月二十三日壬戌，其日秋分，風從東北方艮位上來。（運曆二之三五）

二十六日，前知黄州謝汲古令赴行在奏事指揮寢罷。以侍御史李楠言其行汙姦淫，苟賤無恥。（職官七五之一九）

二十九日，新除廣東提刑趙伯鳳與宫觀，理作自陳。以中書舍人莊夏言其一意聚斂，不恤民怨。（職官七五之一九）

十一年八月二十九日，臣僚言：「嘗觀仁宗慶曆六年張方平言：『西、北二虜爲患，故於守禦用心，至於蠻、猺作梗，衝突嶺外，而交趾路接谿峒，理須經略。』且言：『唐室蕃戎之變，尋復寧定，其後安南蠻寇侵擾，因有龐勛之禍。』則知事起細徹，禍生所忽。今言武備者，類於兩淮、荆襄介意，若夫二廣，土曠人稀，州之大者，城池、甲兵僅足自保，小州荒僻，兵力單微，孰與爲守？況嶺南山高海闊，盜賊、民猺雜處，中州姦民貸刑配隸於此，萬一饑荒相煽，州郡胡以待之？臣恐唐人每備西北，不知禍起東南；國朝以契丹、元昊爲憂，不知儂賊猖獗。臣近見淮甸版築荐興，更戍日增，北虜垂亡，淮漢義勇民兵嘗收制虜之功，獨廣南城隍摧圮不修，諸兵逃死不填，春秋教閱，一郡不及百人，皆平時役使奔走之人，設遇送迎押綱，所存無幾，雖有鄉兵、義丁、土丁，實不足用。若城内外赤民，未嘗以義丁、土丁法繩之，城不足守，民不知兵，緩急豈不誤事？乞於嶺南要害城當修者，葺理鄉井，民兵置籍，委官春秋教之，内外之民，或季或月點集，賞其能，罰其怠，使倉卒可以相衛。郡有城池，民兵又皆練習，可以息蠻猺侵掠之患，措四十州民於久安之域。」從之。（蕃夷五之七一）

匯編

1八月庚子朔(一日)。

2辛丑(二日),臣僚言:「嘗閱近日彈劾之疏,其間巧於誅求,情狀百出,不復縷數。且繩貪之禁,昭如日星,而盜臣弗戢,無他,罹於罪罟者僅一二,而網漏吞舟者皆是也。臣觀年來贓吏之罰,小則不過罷黜,甚則祇從鐫降,未幾受引赦原,率復如故。欲乞申嚴國憲,繼自今始,其有已從罷免者不必姑畀祠廩,既從鐫褫者不必例與敘復,見行竄斥者不必遽令近徙,永不許與親民者不必與之改正,已甚則施杖配之嚴刑、估籍之法。至於所該保任恩命,並與寢閣,斷在必行,不以赦免。自今贓汙狼籍之人,監司、郡守不察,致爲臺諫論列,併坐其失職之罪。庶使中外相維,紀綱振舉,大小之吏咸知所儆。」從之。

3癸卯(四日),權工部尚書胡榘奏事云:「殘虜本無能,爲陛下愛兼南北,初未有征伐意。內因廷臣橫議,外而邊臣邀功,使邊境久未安。」上曰:「皆邊吏希望爵賞,爲國生事,不可不戒。」

4同日,以右丞相兼樞密使史彌遠爲明堂大禮使,參知政事鄭昭先爲禮儀使,簽書樞密院事曾從龍爲儀仗使,吏部尚書李大性爲鹵簿使,户部尚書薛極爲橋道頓遞使。

5甲辰(五日),以安德軍節度使師嵒提舉萬壽觀。詔平江府新刱嘉定縣分置五鄉,可易以依仁、循義、服禮、樂智、守信爲名,從守臣所請也。

6丙午(七日),歲星入井。

7同日,新除起居舍人留元剛放罷,與宮觀,理作自陳。以監察御史蔡闢言其出守温、贛,專務苛刻,傲視名德,旁若無人。

8同日,前知濠州趙伯熊赴行在奏事指揮寢罷。以監察御史王夢龍言其宴安自封,沈湎無度。

9戊申(九日),樞密院言:「故武德郎、浙西路副總管蒲察鈞男端仁言:臣故祖久安,隆興二年蒙孝宗皇帝命魏王親書招,祖久安奮發忠義,糾率大周仁等,將全軍人馬及倉庫等歸朝。宣賜臣家恩數,係是特旨,不經銓選。祖久安身故,伯鉞臨危陳乞贍家等錢,蒙恩月給二百貫、春冬衣絹,續後月支錢一百貫、米一十石。緣伯鉞父鈞,生前各居煙爨,所有月支錢米,係鉞男居仁支請,臣兄弟并不得顆粒分文,獨不霑被聖澤。乞付樞密院劄下户部及堂兄居仁位,將逐月支破贍家錢米等分與臣位,均養孤幼,庶免失所。」詔依所乞。

10辛亥(十二日),詔武經郎、京東路兵馬鈐轄季先特與轉修武郎。以樞密院言先奮勇獲捷,故有是命。

11同日,樞密院言楚州申忠義等人剿退虜賊,解圍淮陽縣得功人數,乞賜推賞。詔陳秀等三千八百二十八人各特轉三資,無資人各特補三資。内重傷、輕傷人更各與等第優加犒賞。所有合支犒錢銀,亦仰於朝廷降下椿管錢銀内,斟酌支撥給散。

12壬戌(二十三日),其日秋分,風從東北方艮位上來。

13同日，寶謨閣待制、新知興元府充利州路安撫使聶子述内引朝辭，上曰：「朕將付卿全蜀。」子述奏：「臣材識凡下，深懼無以稱塞陛下使令之意。」

14乙丑（二十六日），前知黄州謝汲古令赴行在奏事指揮寢罷，詔與宫觀。以侍御史李楠言其行汙姦淫，苟賤無恥。臣僚奏前知黄州謝汲古識淺行污，乞寢召命。

15戊辰（二十九日），盛章、李安行進對，論敵情詐，願陛下毋以虜退爲可喜，日與二三大臣講明備禦。上曰：「邊備不先，理會却遲。」安行奏：「兵法曰，無恃其不來，恃吾有以待之。」上曰：「極是。」

16同日，臣僚言：「嘗觀仁宗慶曆六年張方平言：『西、北二虜爲患，故於守禦用心，至於蠻、猺作梗，衝突嶺外，而交趾路接谿峒，理須經略。』且言：『唐室蕃戎之變，尋復寧定，其後安南蠻寇侵擾，因有龐勛之禍。』則知事起細徹，禍生所忽。今言武備者，類於兩淮、荆襄介意，若夫二廣，土曠人稀，州之大者，城池、甲兵僅足自保，小州荒僻，兵力單微，孰與爲守？況嶺南山高海闊，盗賊、民猺雜處，中州姦民貸刑配隸於此，萬一饑荒相煽，州郡胡以待之？臣恐唐人每備西北，不知禍起東南；國朝以契丹、元昊爲憂，不知儂賊猖獗。臣近見淮甸版築荐興，更戍日增，北虜垂亡，淮漢義勇民兵嘗收制虜之功，獨廣南城隍摧圮不修，諸兵逃死不填，春秋教閲，一郡不及百人，皆平時役使奔走之人，設遇送迎押綱，所存無幾，雖有鄉兵、義丁、土丁，實不足用。若城内外赤民，未嘗以義丁、土丁法繩之，城不足守，民不知兵，緩急豈不誤事？乞於嶺南要害城當修者，葺理鄉井，民兵置籍，委官春秋教之，内外之民，或季或月點集，賞其能，罰其怠，使倉卒可以相衛。郡有城池，民兵又皆練習，可以息蠻猺侵掠之患，措四十州民於久安之域。」從之。

17同日，新除廣東提刑趙伯鳳與宮觀，理作自陳。以中書舍人莊夏言其一意聚斂，不恤民怨。

玉牒

九月庚午朔(一日)。

癸酉(四日),蔡鬭奏:「今後聚斂之臣[一],永不列於親民[二];刻剥之將,永不使之馭軍。」從之。

己卯(十日),朝獻景靈宫[三]。

庚辰(十一日),朝享太廟。

辛巳(十二日),大饗於明堂。赦天下[四]。雷。

丙戌(十七日),日入畢。

戊子(十九日),月入井。

己丑(二十日),歲星守井[五]。

壬辰(二十三日),監察御史王夢龍奏三邊移運之苦,謂:「如某州點夫,某州運米,又指某州出卸,涉歷三州[六],所運不過捌斗。計其資糧扉履點摘誅求之費,常十倍於八斗之直。中産之家雇替一夫,爲錢四五十千。下户一夫受役,一家離散。乞責諸路漕臣,增價就近和糴,以省陸運。」又奏:「朝廷近科降官錢,委淮西漕司雇夫移運〔七〕，而官吏奉行不虔，所給不敷，樂就者鮮，未免驅迫。乞嚴飭典餫之官，凡所募雇必須寬計其程，給卸以時。」從之。

丙申（二十七日），李楠奏二廣四弊。一，右選不問有無出身，不顧格法違礙，皆睥睨符竹〔八〕。二，武弁雜流，冒辟縣令。三，選人入嶺，例求速化。既就此得一削，又改辟它州。四，嶺右獨桂林似中州，官游來者〔九〕，往往職隸諸州，身留八桂。乞令各路帥臣、監司，有右列求辟守令與夫改辟選人，苟圖薦削不安本任者〔一〇〕，按奏鐫斥〔一一〕。帥臣監司自違戾者降責。從之。

校勘

〔一〕今後聚斂之臣　「後」，原形誤作「從」，據四庫本改。

〔二〕永不列於親民　「列」，原誤作「例」，據宋刻本、四庫本改。

〔三〕朝獻景靈宮　「景」字原脱，據四庫本補。

〔四〕赦天下　「下」字原脱，據宋刻本、四庫本補。

〔五〕歲星守井　「井」字原脱，據四庫本補。

〔六〕涉歷三州　「州」，原誤作「洲」，據四庫本改。

〔七〕委淮西漕司雇夫移運　「移」，四庫本作「就」，均可通。

〔八〕皆睥睨符竹　「竹」，原形誤作「所」，據宋刻本、四庫本改。

〔九〕官游來者　四庫本於「官」下有一「宦」字。

〔一〇〕苟圖薦削不安本任者　四庫本於此句無「削」字。按，當有，「削」指舉狀。

〔一一〕按奏鐫斥　「鐫」，四庫本作「鎮」。

集　證

宋史卷四十寧宗紀

九月己卯（十日），朝獻于景靈宮。

庚辰（十一日），朝饗于太廟。

辛巳（十二日），合祭天地于明堂，大赦。

辛卯（二十二日），安定郡王伯澤薨。

丙申（二十七日），興元都統吳政、利州副都統張威各進三官。劉昌祖奪五官，韶州安置。

宋會要輯稿

十一年九月十二日，明堂赦文：「宗室小使臣依條須實歷釐務一任，通不釐務四考，方許關陞。

緣從來宗室並作四年出闕，是致艱得釐務窠闕可入，多有在部守待，動經年歲。竊慮淹留旅邸，可將宗室釐務監當窠缺權展作四年半，刷具使闕，出榜許令指射一次。」（選舉二五之三一）

同日，赦：「小使臣校尉陳乞戚里添差，初任合召陞朝官二員委保，所供宗枝圖本即無節略隱漏，關送禮部，行下太常寺，定奪服紀，畫降指揮下部，與注授添差差遣。內有任滿再陳乞添差人，又令召保，委是重疊。可將似此添差經任已曾召保之人，照前任已承指揮，與免再召保，放行添差。」（選舉二五之三二）

同日，赦：「小使臣校尉任滿到部，合繳印紙陳乞覆校。其間或有已成考任，批書替罷，本官任內別無不了事件，及無諸般過犯，止緣州府吏人一時不依條式批書，在法合召保官及降名次。可將上項人與免召保、名次，放行參部注授一次。」（選舉二五之三二）

十一年九月十二日，明堂赦文：「（勸）［勘］會命官所得酬賞，在任公罪降官，不因本職或得替後被罷行下，約得刑名係是公罪杖以下，該遇令赦，合依無過人例，特與照數放行一次。」（職官八之六六）

又赦文：「在法，命官陳乞磨勘服色年限內，曾因罪編、羈管、勒停、責授散官、追官或居住，若除名後雖已改正過名，而無理元斷月日之文，其以前被罪年月並不許收使外，節次官司引用不明，自今後命官被罪以後至改正之前年月，並不許收使。其未被罪以前歷過年月，係是未有罪犯，合與放行。」（職官八之六七）

九月十九日，知澧州張革放罷。以監察御史蔡闢言其向守高沙，政以賄成。（職官七五之一九）

二十六日，新監鄂州户部糧料院趙善稌與閑慢差遣。以其抵官不申總司，徑在江州界借印交割，不安分守，邈視其長，從湖廣總領綦奎請也。（職官七五之一九）

九月二十七日，臣僚言：「嶺右素稱炎地，獨桂林近似中土。宦進來者，名爲職隸諸州，率願身留八桂。夤緣囑托，驅去復來。正官多是虛身，止將從權差攝。州縣不治，職此之由。乞下臣此章，令東、西二廣帥臣、監司恪意遵守，如有右列求辟守令，與夫改辟選人，苟圖薦削，不安本任，輒留桂林，仰帥臣、監司按奏之，重錫鐫斥。或帥臣、監司不守今來約束，許御史臺覺察以聞。近者臺臣有請，乞戒飭諸路監司、帥守，凡日前差入簽廳之人，並仰日下發回本任，深中時病。今又別立色目，曰措置，曰機察，曰提督，離局侵官，紊亂常法，併乞申飭諸路監司、帥守，繼今更或別立名色差辟權攝，必罰無貸。」從之。（職官六二之五七）

續編兩朝綱目備要卷十五

九月辛巳（十二日），合祭天地于明堂，赦天下。

續宋中興編年資治通鑑卷十五

九月辛巳（十二日），合祭天地於明堂，赦天下。

宋史全文卷三十

九月己卯（十日），朝獻景靈宫。

庚辰（十一日），朝饗太廟。

辛巳（十二日），合祭天地於明堂，赦天下。

辛卯（二十二日），安定郡王伯澤薨。

匯編

1 九月庚午朔（一日）。

2 癸酉（四日），蔡爴奏：「今後聚斂之臣，永不列於親民；刻剥之將，永不使之馭軍。」從之。

3 己卯（十日），朝獻景靈宫。

4 庚辰（十一日），朝饗太廟。

5 辛巳（十二日），大饗於明堂。赦天下。雷。

6 同日，明堂赦文：「宗室小使臣依條須實歷釐務一任，通不釐務四考，方許關陞。緣從來宗室並作四年出闕，是致艱得釐務窠闕可入，多有在部守待，動經年歲。竊慮淹留旅邸，可將宗室釐務監當窠缺權展作四年半，刷具使闕，出榜許令指射一次。」

7 同日，赦：「小使臣校尉陳乞戚里添差，初任合召陞朝官二員委保，所供宗枝圖本即無節略隱漏，關送禮部，行下太常寺，定奪服紀，畫降指揮下部，與注授添差差遣。內有任滿再陳乞添差人，又令召保，委是重疊。可將似此添差經任已曾召保之人，照前任已承指揮，與免再召保，放行添差。」

8同日，赦：「小使臣校尉任滿到部，合繳印紙陳乞覆校。其間或有已成考任，批書替罷，本官任內別無不了事件，及無諸般過犯，止緣州府吏人一時不依條式批書，在法合召保官及降名次。可將上項人與免召保、名次，放行參部注授一次。」十一年九月十二日，明堂赦文：勘會命官所得酬賞，在任公罪降官，不因本職或得替後被罷行下，約得刑名係是公罪杖以下，該遇令赦，合依無過人例，特與照數放行一次。」

9同日，又赦文：「在法，命官陳乞磨勘服色年限內，曾因罪編、羈管、勒停、責授散官、追官或居住，若除名後雖已改正過名，而無理元斷月日之文，其以前被罪年月並不許收使外，節次官司引用不明，自今後命官被罪以後至改正之前年月，並不許收使。其未被罪以前歷過年月，係是未有罪犯，合與放行。」

10丙戌（十七日），日入畢。

11戊子（十九日），月入井。

12同日，知澧州張革放罷。以監察御史蔡闢言其向守高沙，政以賄成。

13己丑（二十日），歲星守井。

14辛卯（二十二日），安定郡王伯澤薨。

15壬辰(二十三日),監察御史王夢龍奏三邊移運之苦,謂:「如某州點夫,某州運米,又指某州出卸,涉歷三州,所運不過捌斗。計其資糧扉履點摘誅求之費,常十倍於八斗之直。中產之家雇替一夫,爲錢四五十千。下户一夫受役,一家離散。乞責諸路漕臣,增價就近和糴,以省陸運。」又奏:「朝廷近科降官錢,委淮西漕司雇夫就運,而官吏奉行不虔,所給不敷,樂就者鮮,未免驅迫。乞嚴飭典餫之官,凡所募雇必須寬計其程,給卸以時。」從之。

16乙未(二十六日),新監鄂州户部糧料院趙善稌與閑慢差遣。以其抵官不申總司,徑在江州界借印交割,不安分守,邈視其長,從湖廣總領綦奎請也。

17丙申(二十七日),李楠奏二廣四弊。一,右選不問有無出身,不顧格法違礙,皆睥睨符竹。二,武弁雜流,冒辟縣令。三,選人入嶺,例求速化。既就此得一削,又改辟它州。四,嶺右獨桂林似中州,官游來者,往往職隸諸州,身留八桂。乞令各路帥臣、監司,有右列求辟守令與夫改辟選人,苟圖薦削不安本任者,按奏鐫斥。帥臣監司自違戾者降責。從之。

18同日,興元都統吴政、利州副都統張威各進三官。劉昌祖奪五官,韶州安置。

玉牒

十月己亥朔（一日）。

庚子（二日），李安行奏：「日者郊禋肆赦未幾，雷聲隱然。皆由奉行之吏不能祗承德意，督責已蠲之租，淹留應釋之囚，沮抑參選之官，敗將當誅而幸免，逃卒或貸而不問，掩覆陣亡，裒剋衣廩。既失軍民之心，遂激上天之變。乞日與二三大臣講求布德修令之意，仍内委臺省，外令監司帥守等覺察奉詔不虔者〔一〕。」並從之。

壬寅（四日），恭謝於景靈宫。

癸卯（五日），如昨禮。以趙方爲龍圖閣待制，仍舊京湖制置使。大理丞游九功遷官一等，直秘閣、知金州。

己酉（十一日），崇政殿説書柴中行進講〔二〕，奏曰：「所講唐國風以後詩〔三〕，諸侯之事也，何足爲陛下道？顧其所述有是非得失興亡治亂之迹，可以爲後世規鑑者。」上曰：「卿以名儒勸講，冀聞忠讜〔四〕。」

壬子（十四日），蔡闢奏科舉差官，每患科名員少，乞博采科第學識衆所推重者，以備考官之選。從之。王夢龍奏邊郡幕職令佐雖考第舉員已足，並須成資受代。

癸丑（十五日），恭謝於太乙宫。

甲寅（十六日），賜武臣宴於貢院。

丙辰（十八日），瑞慶節群臣上壽。

丁巳[五]（十九日），賜文臣宴於貢院。

戊午（二十日），夜大風。

己未（二十一日），大燕集英殿。

戊辰（三十日），盛章奏以太祖、太宗、真宗、高宗、孝宗謹學爲法[六]。從之。詔兩淮、江浙監司帥守所部災傷州軍，合蠲放賑濟去處，並從實以聞，違者臺臣劾之。

校勘

〔一〕外令監司帥守等覺察奉詔不虔者　「等」，原形誤作「第」，據四庫本改。

〔二〕崇政殿説書柴中行進講　「柴」，原作「紫」，「行」字，四庫本作「功」。按，檢宋史卷四百一柴中行傳，柴中行其時正爲崇政殿説書，知底本與四庫本記柴中行人名均有誤，據改。

〔三〕所講唐國風以後詩　「詩」字原脱，據四庫本補。

〔四〕冀聞忠讜　「冀」，原形誤作「異」，據四庫本改。

〔五〕丁巳　原誤作「丁丑」，是年十月無丁丑日，四庫本作「丁巳」，爲十九日，據改。

〔六〕孝宗謹學爲法　「謹」，四庫本作「講」。

集　證

宋史卷四十寧宗紀

冬十月丙午（八日），羅仲甲、楊克家、侯頤並奪三官。仲甲常德府，克家道州，頤撫州居住。

戊午（二十日），大風。

壬戌（二十四日），修盱眙軍城。

宋會要輯稿

十一年十月一日，禮、户部言：「判大宗正事、嗣秀王師禹奏：故武經大夫、浙西兵馬都監趙希古妻吴氏與本位尊長通直郎、新通判太平州趙希永議，乞過房同宗下宗子希瀓第三男與侄爲希古繼嗣。逐部勘當，委是昭穆相當，於見行條法别無違礙。」從之。（帝系七之二八）

十月二日，知光化軍潘景伯令赴行在奏事指揮寢罷；鄂州中軍統制司儀降三官，送金州居住。以左司諫盛章言：「景伯材術不足以備器使，威望不足以壓衆志；儀軍政不嚴，輕犯紀律。」（職官七五之一九）

十一年十月四日，臣僚言：「竊見昨來朝廷凡遇差官考校，頗費選擇。乞詔二三大臣，博求科第碩望，學問器識，僉論推重，布列班著，以備考官之選。」從之。（選舉二二之二六）

十月十日戊申，其日立冬，風從西北方乾位上來。（運曆二之三五）

十一年十月十四日，臣僚言：「竊惟于蕃于宣，皆牧守責也，而今日之事，尤急于邊郡。仰惟陛下比年以來，經理邊事，細大畢舉，而又明詔侍從、臺諫、監司各舉所知，以備乘障之寄。聖圖淵慮，不爲不切。近者廷臣抗論，帥閫建明，選畀欲精，銓量欲審，陛下又未嘗不俞其請而施行之。然猶未免以嘗試之人處以不克勝之任，迨其曠敗，從而更易，亦已晚矣。欲乞明詔大臣，采之人望，精求而遴選之。然後參稽藝祖委任邊臣之方，責以晁錯守邊備塞之實，久其職任，假以事權。其有治行表表者，寧增秩賜金，以示其褒異之恩，毋驟使改易，以恣其苟且之意。他時邊事向寧，升擢未晚。次而倅貳，所以贊籓條；下而幕屬令佐，又皆所以共王事，協心同力而無苟焉朝夕之意，庶克有濟。今任於邊者，率無固心。或委轉求檄，或改圖辟置，或僅欲求足舉員，補滿考第，往往突不待黔而歸裝已束矣。其何以責其勞效哉。並乞申嚴行下，應邊郡倅貳及幕職令佐等官，其有考第雖及、舉員已足之人，並須成資，方容受代。庶幾人有定志，職業交修，不爲小補。臣竊惟爵禄所以厲世，中興之初，邊賞爲重，元立定格，例得六年。中間事定，復從減損，已非人情之所樂。況兩淮鐵錢日賤，銅券日穹，所得俸給，常若不贍，毋怪其無固志也。今邊事未寧，馳驅在列，勞瘁甚矣，正當有以激昂而興起之。乞明詔有司，邊賞之行則悉還舊格，俸給之薄則量與增益，庶幾人有覬心，樂于趨事，亦厲世

之一端也。」從之。（職官六〇之四二）

二十三日戊午，其夜風勢暴大。（瑞來按，是月戊午當爲二十日。）（運曆二之三五）

二十六日，葉嗣昌差宮觀指揮寢罷。以中書舍人莊夏言其居家則不孝其親，不友其弟；當官則交通關節，賄賂公行。（職官七五之一九）

十一年十月三十日，臣僚言：「朝廷置部使者之職，俾之將明王命，以廉按吏治。至於職事，則各有攸司。婚田、税賦則隸之轉運，獄訟、經總則隸之提刑，常平、茶鹽則隸之提舉，兵將、盜賊則隸之安撫。是以事權歸一而州縣知所適從，民聽不貳而詞訟得以早決。而今之爲監司者，依勢作威，不以激濁揚清爲先務，而惟以追逮縣吏爲威名；不以按發姦贓爲己能，而惟以泛受詞狀爲風采。故珥筆之吏，凡有詞訟，今日經某司則判曰云云，明日經某司則又判曰云云。甲可乙否，彼是此非，遂致州縣之間無所適從，日遷月延，終不予決。是豈陛下分臺置使之本意哉！乞下臣此章，戒飭諸路監司，體朝廷設官分職之意，懲昔人侵官離局之非。若州縣之間，或暴賦横斂以摇民心，或隱蔽水旱以欺主聽，或大吏有姦贓而蠹國，或兵將包藏而干紀，許諸司從條吏互察外，自餘詞訴，須委自簽廳契勘，果隸本司，方與受理。若未經州縣結絶者，且與立限催斷，給與斷由，聽詞人次第理訴，並不許他司越職干與及妄有追索入案。庶幾州縣之吏，可以一意奉行；閭里之民，不爲豪强所困。」從之。（職官四五之四二）

續編兩朝綱目備要卷十五

冬十月丙申，進吴政等官。政與利州副都統張威各進三官。貶劉昌祖等。昌祖以焚城退遁罪奪五官，韶州安置。（瑞來按，十月無丙申日，據宋史寧宗紀，事在九月丙申，見本書此前九月集證。）

丙午（八日），羅仲甲以棄城罪奪三官，常德府居住。楊克家以棄城罪奪二官，撫州居住。

戊午（二十日），大風。

壬申，金虜犯黄口灘。屬安豐軍。（瑞來按，十月無壬申日，據宋史寧宗紀，事在十一月壬申。）

是月，陝西人張羽來歸。（瑞來按，據宋史寧宗紀，事在十一月。）

續宋中興編年資治通鑑卷十五

十月戊午（二十日），大風。

壬申，金人犯安豐黄口灘。陝西人張羽來歸。（瑞來按，據宋史寧宗紀，兩事均在十一月。該書蓋沿襲續編兩朝綱目備要之誤。）

宋史全文卷三十

冬十月戊申，興元都統吴政、利州都統張威各進三官。劉昌祖奪五官，韶州安置。（瑞來按，十月無丙申日，據宋史寧宗紀，事在九月丙申，見本書此前九月集證。該書蓋沿襲續編兩朝綱目備要之誤。）

丙午（八日），羅仲甲奪三官，常德府居住。楊克家奪三官，道州居住。侯顒奪三官，撫州居住。

戊午（二十日），大風。

壬戌（二十四日），修盱眙軍城。

壬申，金人寇安豐軍之黄口灘。（瑞來按，十月無壬申日，據宋史寧宗紀，事在十一月壬申。該書蓋沿襲續編兩朝綱目備要之誤。）

是月，陝西人張羽來歸。（瑞來按，據宋史寧宗紀，事在十一月。該書蓋沿襲續編兩朝綱目備要之誤。）

匯編

1 十月己亥朔（一日）。

2 庚子（二日），李安行奏：「日者郊禋肆赦未幾，雷聲隱然。皆由奉行之吏不能祇承德意，督責已蠲之租，淹留應釋之囚，沮抑參選之官，敗將當誅而幸免，逃卒或貸而不問，掩覆陣亡，裒剋衣廩。既失軍民之心，遂激上天之變。乞日與二三大臣講求布德修令之意，仍内委臺省，外令監司帥守等覺察奉詔不虔者。」並從之。

3 同日，知光化軍潘景伯令赴行在奏事指揮寢罷；鄂州中軍統制司儀降三官，送金州居住。以左司諫盛章言：「景伯材術不足以備器使，威望不足以壓衆志；儀軍政不嚴，輕犯紀律。」

4壬寅（四日），恭謝於景靈宫。

5同日，臣僚言：「竊見昨來朝廷凡遇差官考校，頗費選擇。乞詔二三大臣，博求科第碩望，學問器識，僉論推重，布列班著，以備考官之選。」從之。

6癸卯（五日），如昨禮。以趙方爲龍圖閣待制，仍舊京湖制置使。大理丞游九功遷官一等，直秘閣、知金州。

7丙午（八日），以棄城罪，羅仲甲、楊克家、侯頤並奪三官。仲甲常德府，克家道州，頤撫州居住。

8戊申（十日），其日立冬，風從西北方乾位上來。

9己酉（十一日），崇政殿説書柴中行進講，奏曰：「所講唐國風以後詩，諸侯之事也，何足爲陛下道？顧其所述有是非得失興亡治亂之迹，可以爲後世規鑒者。」上曰：「卿以名儒勸講，冀聞忠讜。」

10壬子（十四日），蔡闢奏科舉差官，每患科名員少，乞博采科第學識衆所推重者，以備考官之選。從之。王夢龍奏邊郡幕職令佐雖考第舉員已足，並須成資受代。

11同日，臣僚言：「竊惟于蕃于宣，皆牧守責也，而今日之事，尤急于邊郡。仰惟陛下比年以來，經理邊事，細大畢舉，而又明詔侍從、臺諫、監司各舉所知，以備乘障之寄。聖圖淵慮，不爲不切。近者廷臣抗論，帥閫建明，選畀欲精，銓量欲審，陛下又未嘗不俞其請而施行之。然猶未免以嘗試之人處以不克勝之任，迨其曠敗，從而更易，亦已晚矣。欲乞明詔大臣，采之人望，精求而遴選之。然後參稽藝祖委任邊臣之方，責以晁錯守邊備塞之實，久其職任，假以事權。其有治行表表者，寧增秩賜金，以示其褒異之恩，毋驟使改易，以愬其苟且之意。他時邊事向寧，升擢未晚。次而倅貳，所以贊籓條；下而幕屬令佐，又皆所以共王事，協心同力而無苟焉朝夕之意，庶克有濟。今任於邊者，率無固心。或委轉求檄，或改圖辟置，或僅欲求足舉員，補滿考第，往往突不待黔而歸裝已束矣。其何以責其勞效哉。並乞申嚴行下，應邊郡倅貳及幕職令佐等官，其有考第雖及、舉員已足之人，並須成資，方容受代。庶幾人有定志，職業交修，不爲小補。臣竊惟爵禄所以厲世，中興之初，邊賞爲重，元立定格，例得六年。中間事定，復從減損，已非人情之所樂。況兩淮鐵錢日賤，銅券日穹，所得俸給，常若不贍，毋怪其無固志也。今邊事未寧，馳驅在列，勞瘁甚矣，正當有以激昂而興起之。乞明詔有司，邊賞之行則悉還舊格，俸給之薄則量與增益，庶幾人有覬心，樂于趨事，亦厲世之一端也。」從之。

12癸丑(十五日)，恭謝於太乙宮。

13甲寅(十六日)，賜武臣宴於貢院。

14丙辰(十八日)，瑞慶節群臣上壽。

15丁巳(十九日)，賜文臣宴於貢院。

16戊午(二十日)，其夜風勢暴大。

17己未(二十一日),大燕集英殿。

18壬戌(二十四日),修盱眙軍城。

19甲子(二十六日),葉嗣昌差宮觀指揮寢罷。以中書舍人莊夏言其居家則不孝其親,不友其弟;當官則交通關節,賄賂公行。

20戊辰(三十日),盛章奏以太祖、太宗、真宗、高宗、孝宗謹學爲法。從之。詔兩淮、江浙監司帥守所部災傷州軍,合蠲放賑濟去處,並從實以聞,違者臺臣劾之。

21同日,臣僚言:「朝廷置部使者之職,俾之將明王命,以廉按吏治。至於職事,則各有攸司。婚田、稅賦則隸之轉運,獄訟、經總則隸之提刑,常平、茶鹽則隸之提舉,兵將、盜賊則隸之安撫。是以事權歸一而州縣知所適從,民聽不貳而詞訟得以早決。而今之爲監司者,依勢作威,不以激濁揚清爲先務,而惟以追逮縣吏爲威名;不以按發姦贓爲己能,而惟以泛受詞狀爲風采。故珥筆之吏,凡有詞訟,今日經某司則判曰云云,明日經某司則又判曰云云。甲可乙否,彼是此非,遂致州縣之間無所適從,日遷月延,終不予決。是豈陛下分臺置使之本意哉!乞下臣此章,戒飭諸路監司,體朝廷設官分職之意,懲昔人侵官離局之非。若州縣之間,或暴賦横斂以摇民心,或隱蔽水旱以欺主聽,或大吏有姦贓而蠹國,或兵將包藏而干紀,許諸司從條吏互察外,自餘詞訴,須委自簽廳契勘,果隸本司,方與受理。若未經州縣結絶者,且與立限催斷,給與斷由,聽詞人次第理訴,並不許他司越職干與及妄有追索入案。庶幾州縣之吏,可以一意奉行;閭里之民,不爲豪强所困。」從之。

玉牒

十一月己巳朔（一日）〔一〕。

庚午（二日），命從臣日一人禱雨於天竺山，卿監郎官禱於霍山祠。

辛未（三日），就命禱雨從臣、卿監郎官禱雪。

壬申（四日），蔡闢奏今後慶宴毋得託疾避免。從之。廣西經略鄒應龍奏知欽州林千之殺人而食。詔千之先罷，仍限一月具案來上。

癸酉（五日），袁燮進讀高宗寶訓，至「爲上極難，處一事不合人情，則人得以議。」上曰：「人主作事，豈可不合天下之心？」又讀至「凡進一人使人皆以爲當用，退一人皆以爲當去，迺爲允當。」因奏：「高宗聖意，以爲進退人才皆當合天下之公論，願陛下以爲法。」上曰：「國人皆曰賢，然後用之，此便是公論。」又讀至「朝廷多是事急時許人賞典，事平後不能如所許與之，甚不可也。」因奏：「向來諸軍曾立戰功者，賞猶未及遍行。」上曰：「人無信不立，若賞典不信，何以使人？」又讀至「功過不相掩，則賞罰信。」上曰：「有功則賞，有罪則罰，自是不可相掩。」

甲戌（六日），袁燮進讀寶訓，至「王瓊專事交結」，因奏：「將帥交結，非能自出家財，不過掊刻軍士。」上曰：「今日將帥亦有此弊，何以成功？」又進讀吴璘功賞，寶訓云：「政有賞罰，如醫用藥，不及則不能治病，太過則傷氣，要須適中。」燮奏曰：「自古人君治天下，只是中道，剛柔皆不可不中。」上曰：「柔而不中爲姑息，剛而不中爲霸道，剛柔皆得中爲王道。」燮曰：「誠如聖諭。」

丙子（八日），填起入氐，宿方口星。袁燮進讀寶訓云：「土豪等賞似太輕，宜遞加一等。」上曰：「此民兵邪？」燮奏曰：「即民兵也。建炎間，中原陷没，土豪多有能據險自守者，虜不能破。高宗所以優賞之。」因奏：「王辛者，即土豪也。去年光州被兵，辛首立功，以此知土豪可用。」四川制置使董居誼奏：「殘虜犯關，知成州羅仲甲、知西和州楊克家皆棄城不守。」詔各削三官。克家送居道州〔一〕，仲甲常德府。

己卯（十一日），以左翼軍統領楊俊爲統制，旌其過連獲賊寇〔二〕，海道肅清故也。

辛巳（十三日），刑部尚書徐應龍進讀續帝學，至「詔講讀官遇不開講日〔四〕，輪進漢唐故事有益政體者二條，仍旬録申三省。」因奏：「近歲止進一條，而不復申省。乞間以一二付外施行。」上曰：「所進故事，便與輪對劄子一同，若有益於治道者，當付出行之。」

壬午（十四日），蠲皇后殿置平江府長洲常熟田自嘉定十二年以後税租科敷等三年。袁燮進讀寶訓，至「上書後漢光武紀賜右諫議大夫徐俯手詔曰：卿近進言宜熟看光武紀，以益中興之治。因思讀之十過，未若書一遍之爲愈也。」燮奏云：「高宗所謂讀十過未若書一遍，此語有益聖德。臣聞陛下龍潛時，親書吕公著十事，宜時以此等語灑之宸翰。」上曰：「吕公著有十事，司馬光有五規。」柴中行因言：「臣向於宗寺，恭覽玉牒，載陛下日書三百字，不勝嘆仰。」

甲申（十六日），校書郎袁甫進對，言：「欲圖外治，當先内治。所謂内治無他，辨邪正而已。忠實者爲正人，諛佞者爲邪人。知有人主知有國家者爲正人，知有身知有私家者爲邪人。」上曰：「然。」又奏：「陛下若得正人以爲國家用，則朝廷根本既正，外患何憂不平？」上曰：「然。」徐應龍進讀續帝學，至「元祐三年五月詔權住進講，八月范祖禹言，昔唐憲宗不對學士兩月，李絳奏曰，爲臣等竊禄偷安之計則便矣，其如陛下何？」應龍曰：「范祖禹意謂人主深居閑燕，接見儒生之日少，恐爲近習所移，故發是論。大凡人主之學，當以此心爲先。祖禹此後又有正心之説，蓋心正則萬事皆正，惟陛下留神。」上曰：「祖禹愛君之切如此。」

乙酉（十七日），袁燮進讀寶訓：「建炎元年詔三省曰：宣仁聖烈皇后保佑哲宗有社稷大功，姦臣懷私，誣衊聖德，其蔡確、蔡卞、邢恕、蔡懋取旨行遣。」燮奏曰：「高宗所以中興者，只爲能辨宣仁之誣，治蔡卞、邢恕等之罪。君子、小人至此方見明白。此所以爲立國之本。」上曰：「邪正豈可以不辨？向來止爲邪正不分，所以致夷狄之禍。」又曰：「今日自是可爲之時。」燮、中行奏曰：「誠如聖訓。天下事未有不可爲者。」中行又奏曰〔五〕：「更在陛下奮大有爲之志〔六〕。」上曰：「然。」

丙戌（十八日），太府少卿葛洪奏惠民五局以僞藥給賣，詔監官管淇、陶大章、閭丘椅各鐫一資，潘師文展磨勘二年。徐應龍進讀續帝學，至「蘇軾所讀淳化二年太宗皇帝謂侍臣曰：諸牧監馬多死，近取十數槽寘殿庭下，視其芻秣。軾因進言，馬不能言，無由申訴，太宗皇帝深哀憐之。民雖能言，上下隔絶，不能自訴，無異於馬。四海之衆，又非如馬可致殿庭，惟當廣任忠賢，以爲耳目。若忠賢疏遠，民之疾苦，無由上達。」應龍奏曰：「昔齊宣王不忍一牛之觳觫，孟子謂其恩當及百姓。蘇軾因殿庭飼馬事，迺言及民之疾苦。是皆遇物見意，廣其君之仁愛者也。」上曰：「昔人開導其君，類多如此。」又奏曰：「今日之民，困亦甚矣。任牧民之寄，知此理者，十無一二。望陛下與二三大臣講究可以寬民力者。至於除授守臣之際，亦乞審擇。」上然之。

庚寅（二十二日），皇太子講堂奏乞講尚書〔七〕，從之。袁燮進讀寶訓，云：「自古小人陷害君子，立爲朋黨之論。」燮奏曰：「慶元初攻汝愚者，謂之謀逆，所用之人謂之逆黨。汝愚豈謀逆者？」上曰：「此時天下洶洶。」燮奏曰：「賴陛下聖明，察見誣妄。」復奏曰：「逆黨之説，既不足取信，又撰一名，謂之僞學。」上曰：「此謂道學也。若不立此名，則無以排陷君子。」燮等奏：「誠如聖訓。」次進讀續帝學：「元祐元年司馬康講尚書洪範『乂用三德』〔八〕，哲宗問曰，只此三德爲更有德。起居舍人王巖叟喜聞玉音，請書於册。」燮奏：「帝王之學要發問，周易言學以聚之，問以辨之，中庸言博學之必曰審問之〔九〕。臣亦願陛下勤於訪問。」上曰：「問則明。」日南至，上不視朝〔一〇〕。

校勘

〔一〕十一月己巳朔　「己巳」原作「乙巳」，檢是月無「乙巳」，據四庫本改。

〔二〕知西和州楊克家皆棄城不守詔各削三官克家送居道州　按，「皆棄城不守，詔各削三官。克家」數字，四庫本脱。

〔三〕旌其過連獲賊寇　「過」，四庫本無，疑衍。

〔四〕至詔講讀官遇不開講日　「開」，原形誤作「聞」，據四庫本改。

〔五〕中行又奏曰　「又」，原誤作「人」，據四庫本改。

〔六〕更在陛下奮大有爲之志　「志」，原形誤作「忠」，據四庫本改。

〔七〕皇太子講堂奏乞講尚書　「書」，原形誤作「耆」，據四庫本改。

〔八〕元祐元年司馬康講尚書洪範乂用三德　「乂」，原形誤作「又」，據四庫本並尚書洪範改。

〔九〕中庸言博學之必曰審問之　「言」，原誤作「害」，據四庫本改。

〔一〇〕上不視朝　「朝」，原誤作「朔」，據四庫本改。

集　證

宋史卷四十寧宗紀

十一月壬申，金人攻安豐軍之黄口灘。

是月，陝西人張羽來歸。

宋會要輯稿

嘉定十一年十一月四日，臣僚言：「恭以瑞慶聖節賜宴百官於貢院，臣備數檢察，如廳上合赴坐正任西班，除樞密外，全成虛設；廊廡之間，卿監郎曹以下多不預。大庭御筵雖止及正任武臣、郎官以上，而其間復有托故者，其何以侈君賜而重君恩？乞下臣此章，昭示百官，凡今後遇有慶宴，不得

無故托疾，求便己私，以盡臣子愛敬之誠，以全尊君親上之義。」從之。（禮五七之二二）

十一月八日，知西和州楊克家特追三官，送道（州）居住；知成州羅仲甲降三官，送常德府居住。二人皆坐棄城逃竄之罪，從四川制置使董居誼請也。（職官七五之二〇）

十一年十一月十一日，詔：「榮州發解監試官、承直郎、簽判何周才特貸命，追毀出身以來文字，除名勒停，免真決，不刺面，配忠州牢城，免籍没家財。考試官石伯酉、扈自中、馮夤仲各特降一資，並放罷。劉頤並徒二年，私罪贖銅二十斤，仍照舉人犯私罪不得應舉。楊元老徒二年，私罪蔭減外，杖一百，贖銅十斤。劉濟特送五百里外州軍。劉頤、楊元老特分送三百里外州軍，並編管。」以周才充發解監試，受劉光賕賂，用楊元老之謀，約以策卷中三「有」字爲暗號，取放光之子頤改名宜孫及其孫濟二名。既爲趙甲經漕司告試院孔竅之弊，下遂寧府，鞫得其寔，具按來上，從大理擬斷。於是臣僚言周才、光等罪犯皆得允當，伯酉、自中、夤仲不合擅令周才干預考校，又聽從取放，乞併鐫罷。故有是命。（選舉一六之三二）

十九日，淮西安撫司參議官陳璧與祠禄。以監察御史王夢龍言其叨居議幕，反謂淹回，猖狂妄行，招權納賄。（職官七五之二〇）

十一月十九日，大理評事李秘、閤門祇候陳祖文、閤門看班祇候辛師惠並放罷。以監察御史蔡闢言：「秘獄事闇疏，受成吏手；祖文趨向卑汙，放蕩狎遊；師惠夤緣閤屬，招攬外事。」（職官七三之五二）

十一月二十一日，詔知台州喻珪特轉一官，以督責巡尉出海捕獲賊首王子清等旌賞故也。（兵一三之四八）

二十二日，新知邕州鄭肅與宫觀，理作自陳。以其守柳與藤，疲庸無施，受成吏手，鹽課乖繆，從廣西運判曾焕請也。（職官七五之二〇）

十一月二十六日甲午，其日冬至，風從西北方乾位上來。（運曆二之三五）

匯編

1 十一月己巳朔（一日）。

2 庚午（二日），命從臣日一人禱雨於天竺山，卿監郎官禱於霍山祠。

3 辛未（三日），就命禱雨從臣、卿監郎官禱雪。

4 壬申（四日），蔡闢奏：「恭以瑞慶聖節賜宴百官於貢院，臣備數檢察，如廳上合赴坐正任西班，除樞密外，全成虚設；廊廡之間，卿監郎曹以下多不預。大庭御筵雖止及正任武臣、郎官以上，而其間復有托故者，其何以侈君賜而重君恩？　乞下臣此章，昭示百官，凡今後遇有慶宴，不得無故托疾，求便己私，以盡臣子愛敬之誠，以全尊君親上之義。」從之。

5 同日，廣西經略鄒應龍奏知欽州林千之殺人而食。詔千之先罷，仍限一月具案來上。

6 同日，金人攻安豐軍之黄口灘。

7癸酉（五日），袁燮進讀高宗寶訓，至「爲上極難，處一事不合人情，則人得以議。」上曰：「人主作事，豈可不合天下之心？」又讀至「凡進一人使人皆以爲當用，退一人皆以爲當去，迺爲允當。」因奏：「高宗聖意，以爲進退人才皆當合天下之公論，願陛下以爲法。」上曰：「國人皆曰賢，然後用之，此便是公論。」又讀至「朝廷多是事急時許人賞典，事平後不能如所許與之，甚不可也。」因奏，「向來諸軍曾立戰功者，賞猶未及遍行。」上曰：「人無信不立，若賞典不信，何以使人？」又讀至「功過不相掩，則賞罰信。」上曰：「有功則賞，有罪則罰，自是不可相掩。」

8甲戌（六日），袁燮進讀寶訓，至「王瓚專事交結」，因奏：「將帥交結，非能自出家財，不過掊刻軍士。」上曰：「今日將帥亦有此弊，何以成功？」又進讀吴璘功賞，寶訓云：「政有賞罰，如醫用藥，不及則不能治病，太過則傷氣，要須適中。」燮奏曰：「自古人君治天下，只是中道，剛柔皆不可不中。」上曰：「柔而不中爲姑息，剛而不中爲霸道，剛柔皆得中爲王道。」燮曰：「誠如聖諭。」

9丙子（八日），填起入氐，宿方口星。

10同日，袁燮進讀寶訓云：「土豪等賞似太輕，宜遞加一等。」上曰：「此民兵邪？」燮奏曰：「即民兵也。建炎間，中原陷没，土豪多有能據險自守者，虜不能破。高宗所以優賞之。」因奏，「王辛者，即土豪也。去年光州被兵，辛首立功，以此知土豪可用。」

11同日，四川制置使董居誼奏：「殘虜犯關，知成州羅仲甲、知西和州楊克家皆棄城不守。」詔各削三官。克家送居道州，仲甲常德府。

12同日，知西和州楊克家特追三官，送道州居住；知成州羅仲甲降三官，送常德府居住。二人皆坐棄城逃竄之罪，從四川制置使董居誼請也。

13己卯（十一日），以左翼軍統領楊俊爲統制，旌其過連獲賊寇，海道肅清故也。

14同日，詔：「滎州發解監試官、承直郎、簽判何周才特貸命，追毁出身以來文字，除名勒停，免真決，不刺面，配忠州牢城，免籍没家財。考試官石伯酉、扈自中、馮夤仲各特降一資，並放罷。劉頤並徒二年，私罪贖銅二十斤，仍照舉人犯私罪不得應舉。楊元老徒二年，私罪蔭減外，杖一百，贖銅十斤。劉濟特送五百裏外州軍。劉頤、楊元老特分送三百里外州軍，並編管。」以周才充發解監試，受劉光賕賂，用楊元老之謀，約以策卷中三「有」字爲暗號，取放光之子頤改名宜孫及其孫濟二名。既爲趙甲經漕司告試院孔竅之弊，下遂寧府，鞫得其寔，具按來上，從大理擬斷。於是臣僚言周才、光等罪犯皆得允當，伯酉、自中、夤仲不合擅令周才干預考校，又聽從取放，乞併鐫罷。故有是命。

15辛巳（十三日），刑部尚書徐應龍進讀續帝學，至「詔講讀官遇不開講日，輪進漢唐故事有益政體者二條，仍旬録申三省。」因奏：「近歲止進一條，而不復申省。乞間以一二付外施行。」上曰：「所進故事，便與輪對劄子一同，若有益於治道者，當付出行之。」

16壬午（十四日），蠲皇后殿置平江府長洲常熟田自嘉定十二年以後税租科敷等三年。

17同日，袁燮進讀寶訓，至「上書後漢光武紀賜右諫議大夫徐俯手詔曰：卿近進言宜熟看光武紀，以益中興之治。因思讀之十過，未若書一遍之爲愈也。」燮奏云：「高宗所謂讀十過未若書一遍，此語有益聖德。臣聞陛下龍潛時，親書吕公著十事，宜時以此等語灑之宸翰。」上曰：「吕公著有十事，司馬光有五規。」柴中行因言：「臣向於宗寺，恭覽玉牒，載陛下日書三百字，不勝嘆仰。」

18甲申（十六日），校書郎袁甫進對，言：「欲圖外治，當先内治。所謂内治無他，辨邪正而已。忠實者爲正人，諛佞者爲邪人。知有人主知有國家者爲正人，知有身知有私家者爲邪人。」上曰：「然。」又奏：「陛下若得正人以爲國家用，則朝廷根本既正，外患何憂不平？」上曰：「然。」

19同日，徐應龍進讀續帝學，至「元祐三年五月詔權住進講，八月范祖禹言，昔唐憲宗不對學士兩月，李絳奏曰，爲臣等竊禄偷安之計則便矣，其如陛下何？」應龍曰：「范祖禹意謂人主深居閑燕，接見儒生之日少，恐爲近習所移，故發是論。大凡人主之學，當以此心爲先。祖禹此後又有正心之説，蓋心正則萬事皆正，惟陛下留神。」上曰：「祖禹愛君之切如此。」

20乙酉（十七日），袁燮進讀寶訓：「建炎元年詔三省曰：宣仁聖烈皇后保佑哲宗有社稷大功，姦臣懷私，誣衊聖德，其蔡確、蔡卞、邢恕、蔡懋取旨行遣。」燮奏曰：「高宗所以中興者，只爲能辨宣仁之誣，治蔡卞、邢恕等之罪。君子、小人至此方見明白。此所以爲立國之本。」上曰：「邪正豈可以不辨？向來止爲邪正不分，所以致夷狄之禍。」又曰：「今日自是可爲之時。」燮、中行奏曰：「誠如聖訓。天下事未有不可爲者。」中行又奏曰：「更在陛下奮大有爲之志。」上曰：「然。」

21丙戌（十八日），太府少卿葛洪奏惠民五局以僞藥給賣，詔監官管淇、陶大章、閭丘椅各鐫一資，潘師文展磨勘二年。徐應龍進讀續帝學，至「蘇軾所讀淳化二年太宗皇帝謂侍臣曰：諸牧監馬多死，近取十數槽寘殿庭下，視其芻秣。軾因進言，馬不能言，無由申訴，太宗皇帝深哀憐之。民雖能言，上下隔絶，不能自訴，無異於馬。四海之衆，又非如馬可致殿庭，惟當廣任忠賢，以爲耳目。若忠賢疏遠，民之疾苦，無由上達。」應龍奏曰：「昔齊宣王不忍一牛之觳觫，孟子謂其恩當及百姓。蘇軾因殿庭飼馬事，迺言及民之疾苦。是皆遇物見意，廣其君之仁愛者也。」上曰：「昔人開導其君，類多如此。」又奏曰：「今日之民，困亦甚矣。任牧民之寄，知此理者，十無一二。望陛下與二三大臣講究可以寬民力者。至於除授守臣之際，亦乞審擇。」上然之。

22丁亥（十九日），淮西安撫司參議官陳璧與祠禄。以監察御史王夢龍言其叨居議幕，反謂淹回，猖狂妄行，招權納賄。

23同日，大理評事李秘、閤門祗候陳祖文、閤門看班祗候辛師憙並放罷。以監察御史蔡鬬言：「秘獄事闇疏，受成吏手；祖文趨向卑汙，放蕩狎遊；師憙夤緣閤屬，招攬外事。」

24己丑（二十一日），詔知台州喻珪特轉一官，以督責巡尉出海捕獲賊首王子清等旌賞故也。

25庚寅（二十二日），皇太子講堂奏乞講尚書，從之。

26同日，袁燮進讀寶訓，云：「自古小人陷害君子，立爲朋黨之論。」燮奏曰：「慶元初攻汝愚者，謂之謀逆，所用之人謂之逆黨。汝愚豈謀逆者？」上曰：「此時天下洶洶。」燮奏曰：「賴陛下聖明，察見誣妄。」復奏曰：「逆黨之説，既不足取信，又撰一名，謂之僞學。」上曰：「此謂道學也。若不立此名，則無以排陷君子。」燮等奏：「誠如聖訓。」次進讀續帝學：「元祐元年司馬康講尚書洪範『乂用三德』，哲宗問曰，只此三德爲更有德。起居舍人王巖叟喜聞玉音，請書於册。」夔奏：「帝王之學要發問，周易言學以聚之，問以辨之，中庸言博學之必曰審問之。臣亦願陛下勤於訪問。」上曰：「問則明。」日南至，上不視朝。

27同日，新知邕州鄭肅與宫觀，理作自陳。以其守柳與藤，疲庸無施，受成吏手，鹽課乖繆，從廣西運判曾焕請也。

玉牒

十二月己亥朔（一日），李楠奏知揚州應純之昨守山陽[一]，背公徇私，掠將士功以私其子，乞賜鐫罷。從之。

庚子（二日），徐應龍進讀寶訓，至昭慈皇后處瑶華宫事，應龍曰：「兹事其初也，人衆勝天，及其後也，天定能勝人矣。京城之變，昭慈以廢居瑶華不與北徙[二]，既而垂簾聽政，以位授之高宗，豈非宗廟社稷之靈護祐之乎？」上曰：「當時宫中所謂厭勝者，烏有此理？」應龍奏曰：「惟其不信，即無是事。若漢之武帝，惑孰甚焉？」李楠奏曰：「陛下聖明，洒灼見無是理。」

癸卯（五日），李安行奏乞將今年綱運應入浙者，就江東三司截留科撥，理爲和糴之數，却責三司以元降糴本於浙西豐熟州郡就便收糴，徑解豐儲倉或平江、嘉興和糴倉，抵還兑撥之數[三]。其江東諸郡，如建康、太平、池、寧國、廣德等處，有科撥隸司農寺交納者[四]，亦許兑撥應副江上軍糧，却就行在支撥和糴米，還司農寺支遣。其部綱賞格，當照地里差次與推元賞[五]。從之。盛章奏：「祖宗之世，内藏所積，或至三十庫。三司有闕，於此假貸。陛下躬行節儉而内帑空乏，諸州合解之數，以囑托而寖虧。主藏出納之司，以肆欺而侵盜。先朝修内司文曆，令赴比部驅磨。元祐間御史上官均請復舊制〔六〕，令户部、太府並主行内藏檢察出納。今士大夫顧忌無敢言者，不過以左右近習惡聞是説。願陛下參酌成憲，令外廷覈内帑。」從之。又奏雄勝軍統制侯汝楫御軍無律，赴授畏怯。詔鐫二秩送軍前自效。

甲辰（六日），以禱雪蠲大理寺、臨安府、三衙私酤茶監臟賞錢。

丙午（八日），臣僚奏安豐軍教官何知、昌化軍教官張毅然各擅離任，入朝覓舉，乞並罷黜，仍乞下諸路監司郡守，今後教官不得妄作訪求遺書差出及入簽幕。從之。

己酉（十一日），御射殿閱軍頭司武伎。

庚戌（十二日），月入井。

辛亥（十三日），徐應龍進讀續帝學，至「劉唐老言大學論入德之序」，應龍奏曰：「能知是理，然後可以推而達之天下國家，唐老之言是也。」上曰：「大學之言，甚切治體。」

甲寅（十六日），袁燮進讀寶訓，至「上跋晉王羲之書蘭亭詩序云，覽此叙，因思其人與謝安共登冶城〔七〕，安悠然遐想〔八〕，有高世之志。羲之謂曰，今四郊多壘，宜思自效。而虛談廢務，浮文妨要，恐非當今所宜。登臨放懷之際，不忘憂國之心，令人遠想慨然。」燮因奏：「士大夫虛談廢務，浮文妨要，最計利害。高宗當紹興元年金虜方强，中國多故之時，發爲聖訓。今殘虜未平，邊烽未息，願陛下體高宗之意，激厲士大夫。」上然之。

丙辰（十八日），徐應龍進讀寶訓，至「紹興三年，殿中侍御史常同言六曹長貳拘守繩墨，宜少假以權，使得隨宜裁決。上曰：國朝以法令御百執事，有司奉法而不敢以私意更令，祖宗成憲不敢改也。」應龍奏曰：「常同之言誤矣。若使得從權裁決，豈復有成法乎？」上深然之。又讀續帝學，至「吕大防等奏，人君之要，在乎知人，若以正爲邪，以小人爲君子，則不可。」應龍奏曰：「姜公輔，天下皆以爲君子，而德宗乃以爲賣直。盧杞，天下皆以爲奸邪，而德宗乃以爲忠。亂亡相繼，未有不由於是。」上曰：「君子小人，最爲難知。彼小人者，亦能發君子之言，當即其事而觀之。」

己未（二十一日），以禱雪命大理寺、臨安府、三衙決繫囚，兩浙州縣亦如之〔九〕。

庚申（二十二日），徐應龍讀續帝學，至「仁宗皇帝與講讀官講詩至誰能烹魚，溉之釜鬵，謂侍讀丁度曰，老子云治天下若烹小鮮，謂此也。」應龍奏曰：「烹魚煩則碎，治民煩則亂。詩言誰能烹魚者乎，但滌其釜鬵而已。仁宗皇帝四十二年安靖之治，豈非自此言而推之耶？今日爲陛下牧養斯民者，以苛察爲明，以督促爲能。望陛下時有以丁寧訓飭之。」上曰：「然。」

壬戌（二十四日），給諸軍薪炭錢。

甲子（二十七日），以雪，賜輔臣燕於尚書省。

是歲，斷死刑一百六十八人。

校勘

〔一〕知揚州應純之昨守山陽　「昨」，原誤作「非」，據四庫本改。

〔二〕昭慈以廢居瑶華不與北徙　此句中「華」與「徙」字，原分别誤作「筆」與「徒」，據四庫本改。

〔三〕抵還兑撥之數　「抵」，原作「祇」，據四庫本改。

〔四〕有科撥隸司農寺交納者　「有科」，原誤作「守料」，據宋刻本、四庫本改。

〔五〕當照地里差次與推元賞　「差」下原衍一「之」字，據宋刻本、四庫本删。

〔六〕元祐間御史上官均請復舊制　「間」，原誤作「門」，據四庫本改。

〔七〕因思其人與謝安共登冶城　「冶」，原形誤作「治」，據晉書卷七九謝安傳改。

〔八〕安悠然遐想　「遐」下原衍「賞」字，據四庫本删。

〔九〕兩浙州縣亦如之　「如」，原誤作「知」，據四庫本改。

集證

宋會要輯稿

十二月一日，新改差知揚州應純之放罷。以侍御史李楠言其在山陽規模不立，紀律不嚴，節制而人不稟承，賞予而人不感悦。（職官七五之二〇）

嘉定十一年十二月五日，臣僚言：「恭惟陛下清心寡欲，嗜好不聞，聲色不邇，營繕遊觀未嘗從事，服飾燕樂罔或踰度，是宜府庫充斥，阜若丘山。而臣近得之道路，謂内帑之儲殊非昔比，何爲而然耶？昔我祖宗之世，内帑所積，凡實邊備、供軍儲、賑水旱，皆於此乎出；三司有闕，則於内藏庫假貸。故自淳化至景德，每歲多至三百萬，少亦不下百萬。天禧間，四年之内，三司所借錢、絹九百十七萬；康定元年九月，出内庫錢、絹百萬助經費，十二月復出内庫絹百萬助邊費。此猶曰全盛之時，未易言也。中興駐蹕吴會，亦且出内帑以佐調度，以犒戍兵，以濟水旱，雖逆亮叛盟，師興財費，而無横斂暴賦及民者，以素有儲積也。及憲聖慈烈皇后尊居慈福，當時宫中所入已非大内之比，而金帛緡錢，府藏充塞，此陛下之所親見。今諸色窠名與夫房廊僦賃之屬，皆猶舊也，安得至是而遽耗哉？臣采之公論，皆以爲諸州合解之數以屬托而寖虧，生藏出納之司以肆欺而侵盜。今非使有所稽察以防欺蠹，俾合解者知應期會，出納者知畏簡書，則其患豈易革哉？昔成周以太宰制國用，而九府皆隸焉，雖王及后、世子服御膳羞有所不會，而亦悉得以統之，此欲其以道佐王之意深矣。祖宗之制，修内司收支文曆，亦令赴比部驅磨。其後寖失此意，僅存文具。哲宗朝上官均爲監察御史，謂先朝以金部右曹主行内藏受納寶貨、支借拘催之事，而内藏庫受納又隸於太府，因請令户部、太府寺於内藏諸庫得加檢察。祖宗深長之思，於此可見。臣願稽成周設官之制，考祖宗綱維之法，宣諭大臣參酌施行。已過者姑勿復問，方來者必杜其欺，使奸弊息絶，無蹈前習，則日累月益，雖如祖宗之盛可也。」從之。（食貨五一之七）

九日，雄勝統制侯汝楫更降兩官，令江淮制置司送軍前自效。以臣僚言其御軍則不知正身率下，臨敵則不知捐軀報國。（職官七五之二〇）

十五日，知賓州聶溥特降一官，放罷。先是，廣西經略鄒應龍言其擅將本司差辟上林縣令姜大鈞按劾，不顧分守，尋詔特降一官。既而廣西提刑吴純臣復言溥用刑慘甚，復有是命。（職官七五之二〇）

十二月二十六日，禮部言：「准令，諸開科場，每三年，於二月一日降指揮許發解，令降詔。照得四川解試，逐舉用三月五日鎖院，十五日引試。近降指揮，四川解試改用二月二十一日鎖院，三月一日引試。所有嘉定十二年開設科場，竊恐降詔日分相逼。」詔用正月十五日。（選舉一六之三三）

宋史全文卷三十

十二月己亥朔（一日），新知揚州應純之罷。

是歲，諸路户一千二百六十六萬九千六百八十四，口二千八百三十七萬七千四百四十一。

匯編

1 十二月己亥朔（一日），李楠奏知揚州應純之昨守山陽，規模不立，紀律不嚴，節制而人不禀承，賞予而人不感悦。背公徇私，揜將士功以私其子，乞賜鐫罷。從之。

2 庚子（二日），徐應龍進讀寶訓，至昭慈皇后處瑶華宫事，應龍曰：「兹事其初也，人衆勝天，及其後也，天定能勝人矣。京城之變，昭慈以廢居瑶華不與北徙，既而垂簾聽政，以位授之高宗，豈非宗廟社稷之靈護祐之乎？」上曰：「當時宫中所謂厭勝者，烏有此理？」應龍奏曰：「惟其不信，即無是事。若漢之武帝，惑孰甚焉？」李楠奏曰：「陛下聖明，迺灼見無是理。」

3 癸卯（五日），李安行奏乞將今年綱運應入浙者，就江東三司截留科撥，理爲和糴之數，却責三司以元降糴本於浙西豐熟州郡就便收糴，徑解豐儲倉或平江、嘉興和糴倉，抵還兑撥之數。其江東諸郡，如建康、太平、池、寧國、廣德等處，有科撥隸司農寺交納者，亦許兑撥應副江上軍糧，却就行在支撥和糴米，還司農寺支遣。其部綱賞格，當照地里差次與推元賞。從之。盛章奏：「祖宗之世，内藏所積，或至三十庫。三司有闕，於此假貸。陛下躬行節儉而内帑空乏，諸州合解之數，以囑托而寖虧。主藏出納之司，以肆欺而侵盜。先朝修内司文曆，令赴比部驅磨。元祐間御史上官均請復舊制，令户部、太府並主行内藏檢察出納。今士大夫顧忌無敢言者，不過以左右近習惡聞是説，願陛下參酌成憲，令外廷覈内帑。」從之。又奏雄勝軍統制侯汝楫御軍無律，赴授畏怯。詔鐫二秩送軍前自效。

4同日，臣僚言：「恭惟陛下清心寡欲，嗜好不聞，聲色不邇，營繕遊觀未嘗從事，服飾燕樂罔或踰度，是宜府庫充斥，阜若丘山。而臣近得之道路，謂内帑之儲殊非昔比，何爲而然耶？昔我祖宗之世，内帑所積，凡實邊備、供軍儲、賑水旱，皆於此乎出；三司有闕，則於内藏庫假貸。故自淳化至景德，每歲多至三百萬，少亦不下百萬。天禧間，四年之内，三司所借錢、絹九百十七萬；康定元年九月，出内庫錢、絹百萬助經費，十二月復出内庫絹百萬助邊費。此猶曰全盛之時，未易言也。中興駐蹕吴會，亦且出内帑以佐調度，以犒戍兵，以濟水旱，雖逆亮叛盟，師興財費，而無横斂暴賦及民者，以素有儲積也。及憲聖慈烈皇后尊居慈福，當時宫中所入已非大内之比，而金帛緡錢，府藏充塞，此陛下之所親見。今諸色窠名與夫房廊僦賃之屬，皆猶舊也，安得至是而遽耗哉？臣采之公論，皆以爲諸州合解之數以屬托而寖虧生藏，出納之司以肆欺而侵盗。今非使有所稽察以防欺蠹，俾合解者知應期會，出納者知畏簡書，則其患豈易革哉？昔成周以太宰制國用，而九府皆隸焉，雖王及后、世子服御膳羞有所不會，而亦悉得以統之，此欲其以道佐王之意深矣。祖宗之制，修内司收支文曆，亦令赴比部驅磨。其後寖失此意，僅存文具。哲宗朝上官均爲監察御史，謂先朝以金部右曹主行内藏受納寶貨、支借拘催之事，而内藏庫受納又隸於太府，因請令户部、太府寺於内藏諸庫得加檢察。祖宗深長之思，於此可見。臣願稽成周設官之制，考祖宗綱維之法，宣諭大臣參酌施行。

已過者姑勿復問，方來者必杜其欺，使奸弊息絶，無蹈前習，則日累月益，雖如祖宗之盛可也。」從之。

5甲辰（六日），以禱雪躅大理寺、臨安府、三衙私酤茶監贓賞錢。

6丙午（八日），臣僚奏安豐軍教官何知、昌化軍教官張毅然各擅離任，入朝覓舉，乞並罷黜，仍乞下諸路監司郡守，今後教官不得妄作訪求遺書差出及入簽幕。從之。

7丁未（九日），雄勝統制侯汝楫更降兩官，令江淮制置司送軍前自效。以臣僚言其御軍則不知正身率下，臨敵則不知捐軀報國。

8己酉（十一日），御射殿閲軍頭司武伎。

9庚戌（十二日），月入井。

10辛亥（十三日），徐應龍進讀續帝學，至「劉唐老言大學論入德之序」，應龍奏曰：「能知是理，然後可以推而達之天下國家，唐老之言是也。」上曰：「大學之言，甚切治體。」

11癸丑（十五日），知賓州聶溥特降一官，放罷。先是，廣西經略鄒應龍言其擅將本司差辟上林縣令姜大鈞按劾，不顧分守，尋詔特降一官。既而廣西提刑吳純臣復言溥用刑慘甚，復有是命。

12甲寅（十六日），袁燮進讀寶訓，至「上跋晉王羲之書蘭亭詩序云，覽此敘，因思其人與謝安共登治城，安悠然遐想，有高世之志。羲之謂曰，今四郊多壘，宜思自效。而虚談廢務，浮文妨要，恐非當今所宜。登臨放懷之際，不忘憂國之心，令人遠想慨然。」燮因奏：「士大夫虚談廢務，浮文妨要，最計利害。高宗當紹興元年金虜方强中國多故之時，發爲聖訓。今殘虜未平，邊烽未息，願陛下體高宗之意，激厲士大夫。」上然之。

13丙辰（十八日），徐應龍進讀寶訓，至「紹興三年，殿中侍御史常同言六曹長貳拘守繩墨，宜少假以權，使得隨宜裁決。上曰：國朝以法令御百執事，有司奉法而不敢以私意更令，祖宗成憲不敢改也。」應龍奏曰：「常同之言誤矣。若使得從權裁決，豈復有成法乎？」上深然之。又讀續帝學，至「呂大防等奏，人君之要，在乎知人，若以正爲邪，以小人爲君子，則不可。」應龍奏曰：「姜公輔，天下皆以爲君子，而德宗乃以爲賣直。盧杞，天下皆以爲奸邪，而德宗乃以爲忠。亂亡相繼，未有不由於是。」上曰：「君子小人，最爲難知。彼小人者，亦能發君子之言，當即其事而觀之。」

14己未（二十一日），以禱雪命大理寺、臨安府、三衙決繫囚，兩浙州縣亦如之。

15庚申（二十二日），徐應龍讀續帝學，至「仁宗皇帝與講讀官講詩至誰能烹魚溉之釜鬵，謂侍讀丁度曰，老子云治天下若烹小鮮，謂此也。」應龍奏曰：「烹魚煩則碎，治民煩則亂。詩言誰能烹魚者乎，但滌其釜鬵而已。仁宗皇帝四十二年安靖之治，豈非自此言而推之耶？今日爲陛下牧養斯民者，以苛察爲明，以督促爲能。望陛下時有以丁寧訓飭之。」上曰：「然。」

16壬戌（二十四日），給諸軍薪炭錢。

17癸亥（二十六日），禮部言：「准令，諸開科場，每三年，於二月一日降指揮許發解，令降詔。照得四川解試，逐舉用三月五日鎖院，十五日引試。近降指揮，四川解試改用二月二十一日鎖院，三月一日引試。所有嘉定十二年開設科場，竊恐降詔日分相逼。」詔用正月十五日。

18甲子(二十七日),以雪,賜輔臣燕於尚書省。

19是歲,斷死刑一百六十八人。諸路户一千二百六十六萬九千六百八十四,口二千八百三十七萬七千四百四十一。

玉牒初草集證卷下

寧宗皇帝嘉定十二年(一二一九)

玉牒

正月戊辰朔(一日),上不視朝。文武百僚赴大慶殿朝賀。聶子述除寶謨閣直學士、四川制置使兼知成都府。

己巳(二日),不視朝。

癸酉(六日),袁燮以己見進對,論豫常燠若,時雪未應,由逸豫之故,願陛下至誠感格,庶幾天意可回。上曰:「每日在禁中,焚香致禱。」燮奏:「古人應天以實〔一〕,要須修政事,進忠良,屏邪佞,此應天之實也。」上曰:「人臣來説者少,不來説者多。朕只要人來説。」

乙亥(八日),大風。

戊寅(十一日)，袁燮進讀寶訓，至「御史中丞趙鼎論宰相呂頤浩過失」，燮奏：「祖宗立國規模，以大臣爲股肱心膂，任以大政，故大臣得以行志。以臺諫爲耳目，無所不言，故大臣不敢爲非。」上曰：「此所謂言及乘輿，則天子改容，事關廊廟，則宰相待罪。上下之情不通〔二〕，則爲否卦。若臺諫不言，何緣得知？朕只要人來説。」吏部引見計覺等三十九人，詔並改合入官。蔡闢奏乞申嚴百官出入局之節及常朝後殿四參之禮。從之。

壬午(十五日)，下詔貢舉。

甲申(十七日)，盛章奏：「朝廷每給和糴犒賞，並以銅券，而兩淮州郡將帥，率以鐵緡折支。物貴緡輕，實原於此。乞嚴行戒飭。」李安行奏：「近有指揮，凡逃絶田産，爲民冒耕，若請佃在户者，並令召賣，拘錢解封樁庫。官吏奉行過當，開告訐之門，立剗奪之令，所在怨嗟。且逃絶田已經紹熙間置局出賣，嘉定間嘗再根括，爲錢不過一百八十萬緡而已。乞下諸路應紹熙四年以前請佃之家不久租課者，並免估賣。其因近降指揮爲人剗買者〔三〕，給價還剗買之人。」並從之。

甲午(二十七日)，吏部引見馬壬仲等二十三人〔四〕，詔並改合入官。袁燮進讀續帝學，至「上官均言明君操術自有至要，蓋好學則明天人之道，通古今之變；好問則察群臣之情〔五〕，達天下之政。」燮奏：「上官均之言，可謂切當。臣願陛下勤於訪問。」柴中行因言：「亦須觀其所問之人。問於正人，必能盡忠。問於邪人，反爲正人之害。」上深然之。燮奏：「人之邪正，亦不難知。但觀其所言爲己乎，爲國乎，則邪正判矣。」

丙申（二十九日），李安行奏知婺州趙懇夫裒斂析秋毫〔六〕，每日輪官受輸〔七〕，別貯出剩，即其多寡，以課能否。其折價也，每石以七貫。而回糴軍糧也，以三貫二百。軍民怨嗟。詔罷之。

校勘

〔一〕古人應天以實　「實」，原誤作「寶」，據四庫本改。

〔二〕上下之情不通　此句「上下」之上原衍「則」，「情」字誤作「精」，均據四庫本删改。

〔三〕其因近降指揮爲人剗買者　「近」，四庫本作「追」。

〔四〕吏部引見馬壬仲等二十三人　「馬壬仲」，原作「馬任仲」。檢閩中理學淵源考卷二十州牧馬次辛先生壬仲條載：「馬壬仲，字次辛。」由此記名與字之間詞義關聯，天干中「辛」後爲「壬」，故與「次辛」之字相應者，正當爲「壬」。由此此可知此人之名當作「馬壬仲」是，據四庫本改。

〔五〕好問則察群臣之情　「群」，原誤作「郡」，據四庫本改。

〔六〕知婺州趙懇夫裒斂析秋毫　「婺州」，四庫本作「雅州」。按，玉牒所記趙懇夫罷免事，亦見於宋會要輯稿職官七五之二〇：「（嘉定十二年正月）二十九日，知婺州趙懇夫放罷。」據此，可知四庫本記作「雅州」誤。又，此句「裒」，原誤作「褒」，據四庫本改。

〔七〕每日輪官受輪　「輪」，原誤作「輸」，據四庫本改。

集證

宋史卷四十寧宗紀

十二年春正月戊辰朔（一日），召董居誼詣行在，以新利州路安撫使聶子述爲四川制置使。

庚辰（十三日），金人犯湫池堡，守將石宣拒退之。

甲申（十七日），金人攻白環堡，守將董炤拒退之。

戊子（二十一日），金人犯成州，沔州都統張威自西和州退守仙人原。

庚寅（二十三日），金人犯隨州、棗陽軍，又破信陽軍之二砦。京西諸將引兵拒之。

辛卯（二十四日），金人犯西和州，守將趙彥呐設伏以待之，殲其衆，乃還。金人犯安豐軍，建康都統許俊遣將却之。金人焚成州，犯河池，守將張斌遁去。

癸巳（二十六日），金人圍安豐軍及光州，攻光化軍，破鄖山縣，進逼均州。

甲午（二十七日），破鳳州，守臣雷雲棄城去，金人夷其城。

乙未（二十八日），興元都統吴政及金人戰于黄牛堡，死之。金人乘勝攻武休關。

宋會要輯稿

十二年正月一日戊辰，其日正朔，風從東南方巽位上來。（運曆二之三五）

十二年正月四日，詔令封樁庫於見樁管度牒内支撥一十道，付上天竺寺變賣價錢，專充修造殿宇使用。以住持僧善月言：「本寺係是朝廷祈禱去處，殿宇經涉年深，多有摧損，今重行修换，乞矜軫給賜。」故有是詔。（道釋二之一六）

十二年正月六日，國子監書庫官馮大受與祠禄。以侍御史李楠言其恣行武斷，長惡不悛，兜攬關節，干撓縣政。（職官七三之五二）

十二年正月七日，臣僚言：「乞明詔吏部，凡知縣以罪罷斥去，許注中、下之縣。雖使詔赦，只許注上、中之邑，其緊望之邑雖無同射之人，亦不許差注。所有通理一節，亦必遵照條例施行。」從之。（職官四八之四九）

十二年正月七日，臣僚言：「伏睹在法，諸縣尉闕，許從提刑司差官權攝。今乃不然，一尉有闕，百計營求。若權要之書一馳，則監司、郡守奉承尤謹。每遇縣之丞、簿或有事故，即以簿攝丞，尉攝簿，却以尉職待求攝之人，謂之賸倒應副。間有即所居之邑就求權攝者，不特漁取于一時，抑以成異日武斷之計，其爲害益又甚焉。欲乞申飭攸司，删改提刑差官權攝之法，自今以往，止許就本縣見任官職内時暫兼權，催促下次人赴上。又照得有膏粱之子乍中銓闈，韋布之士乍脱場屋，便就都下營求書劄，規圖權攝。監司、帥守但知觀望奉承，殊不知後生晚進不能奉法守職，但聞蠹政害民。欲望聖慈下三省，檢照嘉定十一年七月二十九日已降指揮，申嚴行下諸路監司、帥守，務要遵守。將已前差人僉廳權攝之人並日下發還本任。如更違戾，許諸互察，及御史臺按劾以聞。將被差及所差之人並爲囑托者，並照已降指揮施行。」從之。（職官六二之五八）

嘉定十二年正月十一日，臣僚奏：「竊見皇帝御正殿或御後殿，固可間舉，四參官亦有定日。近者每見改常朝爲後殿，四參之禮亦多不講，正殿、後殿四參間免。陛下臨朝之日，固未嘗輟，而外廷不知聖意，或謂姑從簡便，非所以肅百執事也。常朝之禮，止於從臣；後殿之儀，從臣不與。四參止及卿郎，而乃累月僅或一舉。咫尺天威，疏簡至此，非所以尊君上而勵百辟也。伏願陛下嚴常朝後殿四參之禮，起臣下肅謹之心，彰明時厲精之治，豈不偉哉！」從之。（儀制一之一八）

十二年正月十二日，樞密院關：「檢會已降指揮節文，李全特賜金腰帶一條，許令服繫。」詔令封樁庫日下取撥給賜，具知稟申樞密院。（輿服五之三二）

十二年正月十五日，詔曰：「國家迪三歲之彝章，籲四方之衆俊。大比重賓興之舉，踵周家選士之規；名臣由科目而升，邁唐室得人之盛。肆朕纂圖之久，深勤側席之思。已八啓於文闈，悉朋來於時彦。屬當秋賦，俾與計偕。爰申飭於攸司，其益加於精擇。必得賢能之實，一惟程度之公。爾遂觀光，克赴功名之會；朕將親策，樂聞忠讜之言。豈惟好爵之與縻，庶獲群材而並用。叶圖康濟，迄底隆平。咨爾庶邦，體予至意。」（選舉一之二八）

十二年正月十七日，臣僚言：「訪聞諸路州軍，近准指揮，行下提舉司，將日前户絶、逃亡没官田産，凡係民間侵耕冒占，及已請佃在户者，盡行召賣。以理論之，似非暴賦横斂，宜施民從之也輕。而閭里小民，未免有擾，多以病告。竊照在法，諸典賣田宅，契照不明，錢主在，或業主亡二十年，不在陳理之限。況是逃絶官田，已經紹熙年間置局出賣之後，所存無幾。逮至嘉泰年間，再行下諸路倉司，根括估賣，自有帳籍可考，爲錢不過一百八十萬貫而已。乞截自慶元元年以後，應諸路州軍拘籍逃絶、没官田産，不以已佃未佃，並照嘉定九年七月指揮，許人照估價承買，紐立苗税，入户爲業。若係紹熙四年以前請佃之家不欠租課者，並免估價承買，止從官司明立賞牓，許令賫出佃帖，經官自陳，給據投印，各照等色起立税苗，永爲己業。如有隱匿，免避税役者，許人告首，别行給賣。其未經請佃者，自同慶元以後根括者一體召賣。所是經界以前請佃打量在户，已起二税，因近降指揮，被人告首剗買者，並仰日下給還。照經界管業，與免納錢承買，却從官司將已納價錢給還剗買之人，庶幾巨室細民，各得安業。」從之。（食貨六一之四五）

嘉定十二年正月十八日，詔武翼大夫、京東路兵馬副都總管李全特轉三官，賜金帶一條，仍令楚州於椿管銀絹内支銀五千兩、絹一萬匹，充激犒人兵。以樞密言全等收復密州，乞加旌賞故也。（兵二〇之二二）

同日，詔：「武翼郎、京東路兵馬副總管劉全特轉兩官。」以京東節制司言全不從僞地招誘，備見盡忠。故有是命。（兵二〇之二一）

二十一日，大理評事閭丘梓、監行在榷貨務大門郭九思放罷。以監察御史王夢龍言：「梓頃典鹺局，歸航發覺本劵，充積私橐；九思不守士檢，猖狂之行播於都邑。」（職官七三之五二）

十二年正月二十一日，新通判滁州趙師耀罷新任。以監察御史蔡鬭言其賦性貪婪，濟以慘刻。（職官七五之二〇）

二十九日，知婺州趙懋夫放罷。以右正言李安行言其職叨撫字，譽乏廉平，政尚苛刻，民訟不決。（職官七五之二〇）

十二年正月二十九日，臣僚言：「國家自殘虜渝盟之後，調度寖廣，遂下鬻爵之令，以佐軍興。監司、帥守非不欲悉意奉承，期于趣辦，然州縣之間罕有應令者。官司無以爲策，未免抑配。或令富室鳩金共買，或將税户計産敷錢。物價既足，往往決得失于呼盧一擲之間，氣象萎薾，非所以令衆庶見也。臣嘗反復思之，止縁前來鬻爵之賞既優復吝，人懷二三。如出官一節，近限以兩試終場，令其破格注授，恩似優矣，然多貲之人，文學法理未必素習。彼捐萬緡與官爲市，正利便得虚名。二年兩試，患得患失，悠悠歲月，恐誤指準。乞下曉諭，如人户願買武資，即與就部量試墨義，便令出官。如買文資者，除曾請文解人外，委自吏部長貳仿任子年及法，躬親簾引小經義一道，或省題詩一首。若文理稍通，即與免銓出官，更不銜改。庶幾百姓見之，不復疑惑，樂于應命。」從之。（職官六二之二

九）

同日，知武岡軍林拱辰降一官放罷。以侍御史李楠言其居官則流毒郡邑，在家則貽害鄉閭。（職官七五之二〇）

三十日，新通判臨江軍趙彦伸罷新任。以左司諫盛章言其卑猥貪叨，瓜戍未及隔年，索迓預借俸給。（職官七五之二一）

續編兩朝綱目備要卷十五

春正月戊辰朔（一日），召董居誼，自四川制置召赴行在奏事。聶子述爲四川制置使。以新利州路安撫使除，代董居誼也。

庚辰（十三日），金虜犯湫池堡。守將石宣拒退之。

甲申（十七日），攻白環堡。守將董炤拒退之。

戊子（二十一日），犯成州。沔州都統張威自西和州退守仙人原。辛卯，虜焚成州。

庚寅（二十三日），犯隨州、棗陽軍。又破信陽軍之二寨，京西諸將引兵拒之。

辛卯（二十四日），犯西和州，守臣趙彦吶設伏待之，虜人殲而還。犯安豐軍，建康都統許俊遣將拒之。癸巳，虜圍之。犯河池，守將張斌遁去。

癸巳（二十六日），攻光化軍。破鄖山縣，進逼均州。

甲午（二十七日），陷鳳州。守臣雷雲棄城去，虜人夷其城。

乙未（二十八日），吴政戰死於黄牛堡。虜乘勝攻武休關，二月癸卯破之，興元都統李貴遁還，利路提刑、權興元府事趙希昔棄城去。

續宋中興編年資治通鑑卷十五

春正月戊辰朔（一日），召董居誼赴行在，以聶子述爲四川制置使。

庚辰（十三日），金人犯湫池堡，守將石宣戰却之。

甲申（十七日），攻白環堡，守將董炤戰却之。

戊子（二十一日），犯成州。越四日，焚成州而去。沔州都統張威自西和州退守仙人原。

庚寅（二十三日），犯隨州、棗陽軍，又破信陽軍之二寨。京西諸將引兵拒之。

辛卯（二十四日），犯西和州，守臣趙彦呐設伏待之，金人大敗而還。犯安豐軍，建康都統許俊遣將拒之。犯河池，守將張斌遁去。

癸巳（二十六日），攻光化軍，破鄖山縣，進逼均州，圍安豐軍及滁、濠、光州，江淮制置使李珏命池州都統制武師道、忠義軍都統制陳孝忠舉重兵赴援，金人不能進。

甲午（二十七日），陷鳳州，守臣雷震棄城去，州民與之巷戰，乃夷其城。

乙未（二十八日），犯黄牛堡，吴政戰死，金人乘勝攻武休關。

宋史全文卷三十

春正月戊寅朔(一日),召四川制置使董居誼赴行在,新利州路安撫使聶子述爲四川制置使。

庚辰(十三日),金人犯湫池堡,守將石宣拒退之。

甲申(十七日),金人攻白環堡,守將董炤拒退之。

戊子(二十一日),金人犯成州,沔州都統張威自西和州退守仙人原。

庚寅(二十三日),金人犯隨州、棗陽軍,又破信陽軍之二寨,京西諸將引兵拒之。

辛卯(二十四日),金人犯西和州,守臣趙彦吶設伏以待之,金人殲而還。金人犯安豐軍,建康都統許俊遣將拒之。金人焚成州,犯河池,守將張斌遁去。

癸巳(二十六日),金人圍安豐軍,分兵圍光州,攻光化軍,破鄖山縣,進逼均州。

甲午(二十七日),金人陷鳳州,守臣雷雲棄城去,虜人夷其城。

乙未(二十八日),吴政戰死於黄牛堡,虜乘勝攻武休關。

匯編

1正月戊辰朔(一日),其日正朔,風從東南方巽位上來。

2同日,上不視朝。文武百僚赴大慶殿朝賀。

3同日,召四川制置使董居誼赴行在,新利州路安撫使聶子述除寶謨閣直學士、四川制置使兼知成都府。

4己巳(二日),不視朝。

5辛未(四日),詔令封樁庫於見樁管度牒内支撥一十道,付上天竺寺變賣價錢,專充修造殿宇使用。以住持僧善月言:「本寺係是朝廷祈禱去處,殿宇經涉年深,多有摧損,今重行修換,乞矜軫給賜。」故有是詔。

6癸酉(六日),袁燮以己見進對,論豫常燠若,時雪未應,由逸豫之故,願陛下至誠感格,庶幾天意可回。上曰:「每日在禁中,焚香致禱。」燮奏:「古人應天以實,要須修政事,進忠良,屏邪佞,此應天之實也。」上曰:「人臣來説者少,不來説者多。朕只要人來説。」

7同日,國子監書庫官馮大受與祠禄。以侍御史李楠言其恣行武斷,長惡不悛,兜攬關節,干撓縣政。

8甲戌(七日),臣僚言:「乞明詔吏部,凡知縣以罪罷斥去,許注中、下之縣。雖使詔赦,只許注上、中之邑,其緊望之邑雖無同射之人,亦不許差注。所有通理一節,亦必遵照條例施行。」從之。

9同日,臣僚言:「伏睹在法,諸縣尉闕,許從提刑司差官權攝。今乃不然,一尉有闕,百計營求。若權要之書一馳,則監司、郡守奉承尤謹。每遇縣之丞、簿或有事故,即以簿攝丞,尉攝簿,却以尉職待求攝之人,謂之謄倒應副。間有即所居之邑就求權攝者,不特漁取于一時,抑以成異日武斷之計,其爲害益又甚焉。欲乞申飭攸司,删改提刑差官權攝之法,自今以往,止許就本縣見任官職内時暫兼權，催促下次人赴上。又照得有膏粱之子乍中銓闈，韋布之士乍脱場屋，便就都下營求書劄，規圖權攝。監司、帥守但知觀望奉承，殊不知後生晚進不能奉法守職，但聞蠹政害民。欲望聖慈下三省，檢照嘉定十一年七月二十九日已降指揮，申嚴行下諸路監司、帥守，務要遵守。將已前差人僉廳權攝之人並日下發還本任。如更違戾，許諸互察，及御史臺按劾以聞。將被差及所差之人並爲囑托者，並照已降指揮施行。」從之。

10乙亥（八日），大風。

11戊寅（十一日），袁燮進讀寶訓，至「御史中丞趙鼎論宰相吕頤浩過失」，燮奏：「祖宗立國規模，以大臣爲股肱心膂，任以大政，故大臣得以行志。以臺諫爲耳目，無所不言，故大臣不敢爲非。」上曰：「此所謂言及乘輿，則天子改容，事關廊廟，則宰相待罪。上下之情不通，則爲否卦。若臺諫不言，何緣得知？朕只要人來説。」

12同日，吏部引見計釁等三十九人，詔並改合入官。蔡闢奏乞申嚴百官出入局之節及常朝後殿四參之禮。從之。

13同日，臣僚奏：「竊見皇帝御正殿或御後殿，固可間舉，四參官亦有定日。近者每見改常朝爲後殿，四參之禮亦多不講，正殿、後殿四參間免。陛下臨朝之日，固未嘗輟，而外廷不知聖意，或謂姑從簡便，非所以肅百執事也。常朝之禮，止於從臣；後殿之儀，從臣不與。四參止及卿郎，而乃累月僅或一舉。咫尺天威，疏簡至此，非所以尊君上而勵百辟也。伏願陛下嚴常朝後殿四參之禮，起臣下肅謹之心，彰明時厲精之治，豈不偉哉！」從之。

14己卯（十二日），樞密院關：「檢會已降指揮節文，李全特賜金腰帶一條，許令服繫。」詔令封椿庫日下取撥給賜，具知稟申樞密院。

15庚辰（十三日），金人犯湫池堡，守將石宣拒退之。

16壬午（十五日），下詔貢舉。詔曰：「國家迪三歲之彝章，籲四方之衆俊。大比重賓興之舉，踵周家選士之規；名臣由科目而升，邁唐室得人之盛。肆朕纂圖之久，深勤側席之思。已八啓於文闈，悉朋來於時彦。屬當秋賦，俾與計偕。爰申飭於攸司，其益加於精擇。必得賢能之實，一惟程度之公。爾遂觀光，克赴功名之會；朕將親策，樂聞忠讜之言。豈惟好爵之與縻，庶獲群材而並用。叶圖康濟，迄底隆平。咨爾庶邦，體予至意。」

17甲申（十七日），盛章奏：「朝廷每給和糴犒賞，並以銅券，而兩淮州郡將帥，率以鐵緡折支。物貴緡輕，實原於此。乞嚴行戒飭。」李安行奏：「訪聞諸路州軍，近准指揮，行下提舉司，將日前户絶、逃亡没官田産，凡係民間侵耕冒占，及已請佃在户者，盡行召賣。以理論之，似非暴賦橫斂，宜施民從之也輕。而閭里小民，未免有擾，多以病告。竊照在法，諸典賣田宅，契照不明，錢主在，或業主亡二十年，不在陳理之限。況是逃絶官田，已經紹熙年間置局出賣之後，所存無幾。逮至嘉泰年間，再行下諸路倉司，根括估賣，自有帳籍可考，爲錢不過一百八十萬貫而已。乞截自慶元元年以後，應諸路州軍拘籍逃絶没官田産，不以已佃未佃，並照嘉定九年七月指揮，許人照估價承買，紐立苗税，入户爲業。若係紹熙四年以前請佃之家不欠租課者，並免估價承買，止從官司明立賞牓，許令賫出佃帖，經官自陳，給據投印，各照等色起立税苗，永爲己業。如有隱匿，免避税役者，許人告首，别行給賣。其未經請佃者，自同慶元以後根括者一體召賣。所是經界以前請佃打量在户，已起二税，因近降指揮，被人告首剗買者，並仰日下給還。照經界管業，與免納錢承買，却從官司將已納價錢給還剗買之人，庶幾巨室細民，各得安業。」並從之。

18同日，金人攻白環堡，守將董炤拒退之。

19乙酉（十八日），詔武翼大夫、京東路兵馬副都總管李全特轉三官，賜金帶一條，仍令楚州於樁管銀絹内支銀五千兩、絹一萬匹，充激犒人兵。以樞密言全等收復密州，乞加旌賞故也。

20同日，詔：「武翼郎、京東路兵馬副總管劉全特轉兩官。」以京東節制司言全不從僞地招誘，備見盡忠。故有是命。

21戊子（二十一日），金人犯成州，沔州都統張威自西和州退守仙人原。

22同日，大理評事閭丘梓、監行在榷貨務大門郭九思放罷。以監察御史王夢龍言：「梓頃典鹾局，歸航發覺本券，充積私橐；九思不守士檢，猖狂之行播於都邑。」

23同日，新通判滁州趙師耀罷新任。以監察御史蔡闢言其賦性貪婪，濟以慘刻。

24庚寅（二十三日），金人犯隨州、棗陽軍，又破信陽軍之二砦。京西諸將引兵拒之。

25辛卯（二十四日），金人犯西和州，守將趙彦吶設伏以待之，金人大敗而還。金人犯安豐軍，建康都統許俊遣將却之。金人焚成州，犯河池，守將張斌遁去。

26癸巳（二十六日），金人攻光化軍，破鄖山縣，進逼均州，圍安豐軍及滁、濠、光州，江淮制置使李珏命池州都統制武師道、忠義軍都統制陳孝忠舉重兵赴援，金人不能進。

27甲午（二十七日），吏部引見馬壬仲等二十三人，詔並改合入官。袁燮進讀續帝學，至「上官均言明君操術自有至要，蓋好學則明天人之道，通古今之變；好問則察群臣之情，達天下之政。」燮奏：「上官均之言，可謂切當。臣願陛下勤於訪問。」柴中行因言：「亦須觀其所問之人。問於正人，必能盡忠。問於邪人，反爲正人之害。」上深然之。燮奏：「人之邪正，亦不難知。但觀其所言爲己乎，爲國乎，則邪正判矣。」

28同日，金人破鳳州，守臣雷雲棄城去，州民與之巷戰，金人乃夷其城。

29乙未（二十八日），興元都統吴政及金人戰于黄牛堡，死之。金人乘勝攻武休關。

30丙申（二十九日），李安行奏知婺州趙懇夫裒斂析秋毫，每日輪官受輸，别貯出剩，即其多寡，以課能否。其折價也，每石以七貫。而回糴軍糧也，以三貫二百。軍民怨嗟。詔罷之。

31同日，臣僚言：「國家自殘虜渝盟之後，調度寖廣，遂下鬻爵之令，以佐軍興。監司、帥守非不欲悉意奉承，期于趣辦，然州縣之間罕有應令者。官司無以爲策，未免抑配。或令富室鳩金共買，或將税户計産敷錢。物價既足，往往決得失于呼盧一擲之間，氣象萎薾，非所以令衆庶見也。臣嘗反復思之，止緣前來鬻爵之賞既優復吝，人懷二三。如出官一節，近限以兩試終場，令其破格注授，恩似優矣，然多貲之人，文學法理未必素習。彼捐萬緡與官爲市，正利便得虚名。二年兩試，患得患失，悠悠歲月，恐誤指準。乞下曉諭，如人户願買武資，即與就部量試墨義，便令出官。如買文資者，除曾請文解人外，委自吏部長貳仿任子年及法，躬親簾引小經義一道，或省題詩一首。若文理稍通，即與免銓出官，更不衝改。庶幾百姓見之，不復疑惑，樂于應命。」從之。

32 同日，知武岡軍林拱辰降一官，放罷。以侍御史李楠言其居官則流毒郡邑，在家則貽害鄉閭。

33 丁酉（三十日），新通判臨江軍趙彦伸罷新任。以左司諫盛章言其卑猥貪叨，瓜戍未及隔年，索逐預借俸給。

玉牒

二月戊戌朔（一日）。

庚子（三日），太白晝見。袁燮進讀帝學，「崇寧三年幸太學，遂幸辟雍，御製辟雍記。宣和四年幸秘書省，次幸秘閣。」燮奏：「當時興學崇儒如此，未幾乃有夷狄之禍，何也？皆由邪正不明，是非顛倒，雖崇儒學亦無益。」柴中行言：「當時所作事，不過止是觀美，初非務實，何以能遏夷狄之禍？」

辛丑（四日），徐應龍進讀寶訓，至「紹興八年上謂輔臣，廣南去朝廷遠，宜精擇郡守。」奏云：「臣前此兩試廣郡，親見其間武臣爲郡者狼籍殊甚。」李安行奏云：「右科人止三任，便可入廣郡，比文臣甚優〔一〕。」上曰：「此等人未練歷，不宜輕畀以郡。」

癸卯（六日），徐應龍因進讀，奏云：「前讀資治通鑑所載仇士良事，陛下能記之否？」上曰：「士良歸老，語其徒云，天子不可令閑暇，暇必觀書，見儒臣則納諫，智深慮遠，吾屬恩薄而權輕矣。」應龍云：「陛下能記此，天下幸甚。」

庚戌（十三日），曾從龍除同知樞密院事、江淮宣撫使，禮部尚書任希夷除端明殿學士、僉書樞密院事兼太子賓客〔二〕。

癸亥（二十六日），以武師道爲池州副都統制〔三〕。

甲子（二十七日），臣僚奏，前四川制置使董居誼料敵無先見，臨事無豫備，蜀人怨之深入骨髓，乞寢召命。從之。

校勘

〔一〕比文臣甚優　「比」，原誤作「此」，據四庫本改。

〔二〕曾從龍除同知樞密院事江淮宣撫使禮部尚書任希夷除端明殿學士僉書樞密院事兼太子賓客　此條中二「除」，原均誤作「徐」，據四庫本改。又，「太」，原誤作「二」，據四庫本改。

〔三〕以武師道爲池州副都統制　「道爲」二字原倒，據四庫本乙正。

集證

宋史卷四十寧宗紀

二月戊戌朔（一日），金人破光山縣。太白晝見。

壬寅（五日），金人圍棗陽軍，京湖制置使趙方遣統制扈再興救之，不克進而還。

癸卯（六日），金人破武休關，興元都統李貴遁還，利州路提刑、權興元府事趙希昔棄城去。

丁未（十日），金人破興元府。

戊申（十一日），金人攻棗陽軍。

己酉（十二日），遣殿前司軍八千人防捍江面。

庚戌（十三日），以曾從龍同知樞密院事兼江淮宣撫使，權吏部尚書任希夷簽書樞密院事。

辛亥（十四日），金人破大安軍，守臣李文子棄城去。金人犯洋州，守臣蔡晉卿遣兵拒之，不克，洋州破。

壬子（十五日），四川制置使董居誼自利州遁，沔州都統張威遣統制石宣等邀擊金人于大安軍，大破之，獲其將巴土魯安，金人遂去興元府。

丙辰（十九日），金人去洋州。

丁巳（二十日），京湖制置使趙方遣統制扈再興等引兵三萬餘人出攻唐、鄧二州，隨州忠義統領劉世興等引兵攻唐州。

甲子（二十七日），金人去棗陽軍。

乙丑（二十八日），夏人復以書來四川，議夾攻金人，利州路安撫丁焴許之。

宋會要輯稿

二月二日，詔京西路鈐轄兼棗陽軍使孟宗政特轉五官，與帶行閤門宣贊舍人，仍賜金束帶一條；奇功何文虎、彭興特補四資，内彭興與改刺效用補授。第一等各特補三官資，第二等各特補兩官資，第三等各特補一官資；在城捍禦各特支犒官會一十五貫；本軍差職事官鄭天彝、韓獻臣、劉璪各特轉兩官資。以宗政等在城捍禦，節次與虜賊見陣故也。（兵二〇之二二）

同日，詔統領花遇春所部正將借承信郎郭彦、借承信郎王悦、副將借下班祇應茅文智、守闕進勇副尉崇仲彬、準備將守闕進勇副尉段成，各特與補轉五官資。以虜入侵，犯盱眙青平山寨，彦等分布四門，戮力死戰，殺退番軍，勞效議賞，故有是命。（兵二〇之二二）

三日，詔京西神勁左右軍統制扈再興特轉四官，仍賜金帶一條。第一等各特轉三官資，第二等並醫官楊師孟各特補轉兩官資；第三等各特補轉一官。以京湖制置司申：「保明到嘉定十一年正月九日至三月二十二日終，在棗陽城北三清觀、桐柏廟等處，節次與虜賊見陣立功官民兵共五千九百九十二人，乞行推恩。」故有是命。（兵二〇之二三）

同日，詔權鄂州左軍統制隨州屯戍李珪特轉四官，仍賜金束帶一條。官兵四百五十人，内第一等各特補轉三官資，第二等各特補轉兩官，第三等各特補轉一官。以京湖制置司言，珪同所部軍馬於隨州鐵山追襲虜賊，節次立功，故有是命。（兵二〇之二三）

十二年二月十三日，詔簽書樞密院事曾從龍除同知樞密院事、江淮宣撫使。繼而從龍乞參酌前後執政官出使減損，條具畫一申請：「一、今來出使，乞以『同知樞密院行府』爲名。一、官屬等白直人，内參謀、參議官二十人，屬官等一十五人，提舉一行事務、提轄軍兵、點檢文字各五人，監印、主管文字各四人，書寫文字、書奏、準備差使各二人，屬官下使臣及人吏各二人，下殿前司、步軍司差赴行府，分撥應副差使。一、乞下步軍司揀選差撥入隊披帶少壯一百人、部轄將官一員，仍帶衣甲、器械，隨行使喚。所有請給、起發犒設等，並依已發出軍人例施行，仍出給券曆。前逐項所差鞍馬、人從等同。一、乞於本院差發遞工匠二人、裝界作二人、畫匠一人，殿前、馬、步軍司差承局二十人，皇城司差背印親事官二人，已上並許踏逐抽差。」（職官四一之四二）

二十日，詔保義郎、利州都統司右軍同統制張政等九十三人各特補轉一官資；官兵一千五百八十八人犒設有差。以四川安撫制置司言「政等深入北境，攻破鐵窟堡等處，乞行推賞」，故有是命。（兵二〇之二三）

十二年二月二十五日，銓試、公試、類試，命監察御史蔡闢監試，考功郎官樓觀、度支郎中朱著、刑部郎中費埏考試，閤門舍人陳元龍、秘書省校書郎袁甫、吴晞甫、監都進奏院王藻、籍田令許應龍、大理評事蔣誼、史改之、郭正己、主管三省樞密院架閣文字林萬考校。（選舉二一之一六）

二月二十七日，前四川制置使董居誼召赴行在指揮寢罷。以侍御史李楠言其邊淮繹騷，懵若不聞，寇戎壓境，搏手無策，先有是命。既而又言其出蜀掩公家之積以爲己有，横斂虐取，四蜀怨嗟。鐫官褫職，嚴示懲戒，雖祠禄亦未可輕畀，尋詔特降三官，仍落職。（職官七五之二一）

續編兩朝綱目備要卷十五

二月戊戌朔（一日），虜破光山縣。太白晝見。

壬寅（五日），圍棗陽軍。京湖制置使趙方遣統制扈再興救之，不能進而還。戊申，攻其城，甲子，虜始去。

丁未（十日），陷興元府。

己酉（十一日），遣殿前司軍防捍江西。凡八千人。

庚戌（十三日），曾從龍兼江淮宣撫使，除同知樞密院事，任希夷簽書樞密院事。

辛亥（十四日），虜陷大安軍。守臣李文子棄城去。分犯洋州。守臣蔡晉卿遣兵拒之，不克，洋州陷。丙辰，虜始去。三月癸酉，虜復入，焚其城而去。

壬子（十五日），董居誼遁。自利州遁去。石宣破虜於大安軍。沔州都統張威遣統制石宣邀擊金虜，大破之。金將巴土魯安棄軍走，爲我師所獲。虜聞之，遂遁去。

丁巳（二十日），我師攻唐、鄧州。京湖制置使趙方遣統制扈再興等引兵三萬餘人，分三道出攻唐、鄧州，隨州忠義軍劉世興等引兵攻唐州。三月乙亥，鄂州都統劉世榮會兵攻唐州。

甲子（二十七日），罷董居誼召命。以其遁去故也。四月癸巳，落職奪三官，七月丙申，復奪二官，永州居住。

乙丑（二十八日），夏人來議夾攻。利路安撫丁焴許之。

續宋中興編年資治通鑑卷十五

二月戊戌朔（一日），金人破光山縣。太白晝見。

壬寅（五日），圍棗陽軍，京湖制置使趙方遣統制扈再興爲援，金人乃解圍。

癸卯，破黄牛堡，興元都統李貴遁還。利路權興元府事趙希哲棄城去。

丁未（十日），陷興元府。

己酉（十一日），遣殿前司軍凡八千人防捍江西。

庚戌（十三日），曾從龍除同知樞密院事兼江淮宣撫使，任希夷簽書樞密院事。

辛亥（十四日），金人陷大安軍，守臣李文子棄城去。又分兵犯洋州，守臣蔡晉卿遣兵拒之，不克而城陷。沔州統制石宣擊金人於大安軍，大破之，金將巴土魯棄軍走，爲我師所獲。金人聞之，遂遁去。三月，金人焚洋州城而歸。

壬子（十五日），四川制置董居誼自利州遁去，奪五官，永州居住。

丁巳（二十日），京湖制置使趙方遣統制扈再興等引兵三萬餘人分道出攻唐、鄧州，隨州忠義軍劉世興、鄂州都統劉世榮各以兵來會。

乙丑（二十八日），西夏來議夾攻金人，利路安撫丁焴許之，乃以事聞。六月，丁焴以書與夏人定約。

宋史全文卷三十

二月戊戌朔（一日），虜破光山縣。太白晝見。

壬寅（五日），虜圍棗陽軍，京湖制置使趙方遣統制扈再興救之，不能進而還。

癸卯（六日），破武休關，興元都統李貴遁還，利路提刑權興元府事趙希昔棄城去。

丁未（十日），陷興元府。

戊申（十一日），攻棗陽軍。甲子，虜始去。

己酉（十二日），遣殿前司軍八千人防捍江西。

庚戌（十三日），曾從龍兼江淮宣撫使，除同知樞密院事，任希夷簽書樞密院事。

辛亥（十四日），虜陷大安軍，守臣李文子棄城去。分兵犯洋州，守臣蔡晉卿遣兵拒之，不克，遂陷。

壬子（十五日），董居誼自利州遁去。沔州都統張威遣統制石宣邀擊金虜於大安軍，大破之。金將巴土魯安棄軍走，爲我師所獲。虜聞之，遂遁去。丁巳，京湖制置使趙方遣統制扈再興等引兵三萬餘人，分二道出攻唐、鄧州，隨州忠義軍劉世興等引兵攻唐州。

甲子（二十七日），罷董居誼召命。

乙丑（二十八日），夏人來議夾攻，利路安撫丁焴許之。

匯編

1 二月戊戌朔（一日），金人破光山縣。

2 己亥（二日），詔京西路鈐轄兼棗陽軍使孟宗政特轉五官，與帶行閤門宣贊舍人，仍賜金束帶一條；奇功何文虎、彭興特補四資，內彭興與改刺效用補授。第一等各特補三官資，第二等各特補兩官資，第三等各特補一官資；在城捍禦各特支犒官會一十五貫；本軍差職事官鄭天彝、韓獻臣、劉璪各特轉兩官資。以宗政等在城捍禦，節次與虜賊見陣故也。

3 同日，詔統領花遇春所部正將借承信郎郭彥、借承信郎王悦、副將借下班祗應茅文智、守闕進勇副尉崇仲彬、準備將守闕進勇副尉段成，各特與補轉五官資。以虜入侵，犯盱眙青平山寨，彥等分布四門，戮力死戰，殺退番軍，勞效議賞，故有是命。

4 庚子（三日），太白晝見。

5 同日，詔京西神勁左右軍統制扈再興特轉四官，仍賜金帶一條。第一等各特轉三官資，第二等並醫官楊師孟各特補轉兩官資；第三等各特補轉一官。以京湖制置司申：「保明到嘉定十一年正月九日至三月二十二日，終在棗陽城北三清觀、桐柏廟等處，節次與虜賊見陣立功官民兵共五千九百九十二人，乞行推恩。」故有是命。

6 同日，詔權鄂州左軍統制隨州屯戍李珪特轉四官，仍賜金束帶一條。官兵四百五十人，內第一等各特補轉三官資，第二等各特補轉兩官，第三等各特補轉一官。以京湖制置司言，珪同所部軍馬於隨州鐵山追襲虜賊，節次立功，故有是命。

7同日，袁燮進讀帝學，「崇寧三年幸太學，遂幸辟雍，御製辟雍記。宣和四年幸秘書省，次幸秘閣。」燮奏：「當時興學崇儒如此，未幾乃有夷狄之禍，何也？皆由邪正不明，是非顛倒，雖崇儒學亦無益。」柴中行言：「當時所作事，不過止是觀美，初非務實，何以能遏夷狄之禍？」

8辛丑（四日），徐應龍進讀寶訓，至「紹興八年上謂輔臣，廣南去朝廷遠，宜精擇郡守。」奏云：「臣前此兩試廣郡，親見其間武臣爲郡者狼籍殊甚。」李安行奏云：「右科人止三任，便可入廣郡，比文臣甚優。」上曰：「此等人未練歷，不宜輕畀以郡。」

9壬寅（五日），金人圍棗陽軍，京湖制置使趙方遣統制扈再興救之，不克進而還。

10癸卯（六日），徐應龍因進讀，奏云：「前讀資治通鑑所載仇士良事，陛下能記之否？」上曰：「士良歸老，語其徒云，天子不可令閑暇，暇必觀書，見儒臣則納諫，智深慮遠，吾屬恩薄而權輕矣。」應龍云：「陛下能記此，天下幸甚。」

11同日，金人破武休關，興元都統李貴遁還，利州路提刑、權興元府事趙希昔棄城去。

12丁未（十日），金人破興元府。

13戊申（十一日），金人攻棗陽軍。

14已酉（十二日），遣殿前司軍八千人防捍江面。

15庚戌（十三日），曾從龍除同知樞密院事、江淮宣撫使，禮部尚書任希夷除端明殿學士、僉書樞密院事兼太子賓客。繼而從龍乞參酌前後執政官出使減損，條具畫一申請：「一、今來出使，乞以『同知樞密院行府』爲名。一、官屬等白直人，内參謀、參議官二十人，屬官等一十五人，提舉一行事務、提轄軍兵、點檢文字各五人，監印、主管文字各四人，書寫文字、書奏、準備差使各二人，屬官下使臣及人吏各二人，下殿前司、步軍司差赴行府，分撥應副差使。一、乞下步軍司揀選差撥入隊披帶少壯一百人，部轄將官一員，仍帶衣甲、器械，隨行使唤。所有請給、起發犒設等，並依已發出軍人例施行，仍出給券曆。前逐項所差鞍馬、人從等同。一、乞於本院差發遞工匠二人、裝界作二人、畫匠一人，殿前、馬、步軍司差承局二十人，皇城司差背印親事官二人，已上並許踏逐抽差。」

16辛亥（十四日），金人破大安軍，守臣李文子棄城去。金人犯洋州，守臣蔡晉卿遣兵拒之，不克，洋州破。

17壬子（十五日），四川制置使董居誼自利州遁，沔州都統張威遣統制石宣等邀擊金人于大安軍，大破之，獲其將巴土魯安，金人遂去興元府。

18丙辰（十九日），金人去洋州。

19丁巳（二十日），京湖制置使趙方遣統制扈再興等引兵三萬餘人出攻唐、鄧二州，隨州忠義統領劉世興等引兵攻唐州。

20同日，詔保義郎、利州都統司右軍同統制張政等九十三人各特補轉一官資；官兵一千五百八十八人犒設有差。以四川安撫制置司言「政等深入北境，攻破鐵窟堡等處，乞行推賞」，故有是命。

21壬戌（二十五日），銓試、公試、類試，命監察御史蔡闢監試，考功郎官樓觀、度支郎中朱著、刑部郎中費埏考試，閤門舍人陳元龍、秘書省校書郎袁甫、吴晞甫、監都進奏院王藻、籍田令許應龍、大理評事蔣誼、史改之、郭正己、主管三省樞密院架閣文字林萬考校。

22癸亥（二十六日），以武師道爲池州副都統制。

23甲子（二十七日），前四川制置使董居誼召赴行在指揮寢罷。以侍御史李楠言其邊淮繹騷，懵若不聞，寇戎壓境，搏手無策，先有是命。既而又言其出蜀掩公家之積以爲己有，橫斂虐取，四蜀怨嗟，鐫官褫職，嚴示懲戒。雖祠禄亦未可輕畀，尋詔特降三官，仍落職。同日，金人去棗陽軍。

24乙丑（二十八日），夏人復以書來四川，議夾攻金人，利州路安撫丁焴許之。

玉　牒

三月丁卯朔（一日），太學博士樓昉面對，讀劄至「事力不敵，猶當掩擊攻劫」，口奏云：「虜欲求和，皆非實意。若不能自立崖岸，彼豈肯退聽？」上曰：「當立些崖岸。」又讀至「變官軍怯懦之習」，口奏云：「若朝廷能駕馭將帥，能激昂官軍，人人敢戰，山東一邊自然不會頭重。」上曰：「然。」

己巳（三日），鄭昭先除知樞密院事，曾從龍參知政事並兼太子賓客。

戊子（二十二日），大理寺丞梁丙降兩官罷，以臣僚論其暫守楚州，短於御衆，激使携貳故也。

辛卯（二十五日），夕有流星如太白。

壬辰（二十六日），知泗州兼利西安撫丁焴特轉朝奉大夫、直龍圖閣，賞其誅李好古之功也。好古爲利路副總管，擅斬統制張斌，領兵二千徑下泗州。或言其謀害張威、張虎，焴執而誅之，故有是命。其後，乃有言好古冤者。

癸巳（二十七日），徐應龍進讀寶訓，至「建炎三年環慶帥王似言陝西六路帥乞皆用武臣」，帝曰：「如范仲淹，亦不在親臨矢石。」應龍奏云：「如丁焴在泗州，臨事深識權變，若邊頭盡得若人而用之，復何患？」上曰：「此人殊有謀略。」

甲午（二十八日），袁燮進讀寶訓，至御筆督諸將進兵事，燮奏：「近日諸將多不肯向前，有領兵數萬，端坐兩月，更不出城一步者。宜戒飭之。」又讀續帝學，至「程瑀侍讀，隨事著明其說〔一〕」，上曰：「近年侍讀，不進講義。得卿每事敷陳，甚善。」燮因奏：「觀程瑀事，則知向來讀官，亦進講義也。」上曰：「只讀一遍，則無益於事。」

校　勘

〔一〕隨事著明其說　「著」，原作「者」，蓋出形誤兼音誤，據宋刻本、四庫本改。

集　證

宋史卷四十寧宗紀

三月己巳（三日），以鄭昭先知樞密院事，曾從龍參知政事。

癸酉（七日），金人復入洋州，焚其城而去。

乙亥（九日），興元軍士權興等作亂，犯巴州，守臣秦季櫄棄城去。鄂州統制劉世榮會兵攻唐州。

丁亥（二十一日），太白晝見。權興等降。

癸巳（二十七日），雨土。

甲午（二十八日），金人自盱眙退師。

宋會要輯稿

嘉定十二年三月三日，臣僚言：「國家自殘虜渝盟之後，屯戍日增，調度寖廣，餽餉之計，誠所當先。漕運之舟，豈可不備？今得之傳聞，謂所在漕司舊例有截留舟船去處，多爲他司宛轉囑託，勒令通放，不許截留，致使裝發之際，無以應用，而轉輸之限，或致後時。姑以江東漕司言之，江西路舊例應副江東漕司三百料船一百八隻，却撥蘆蓆麻皮以償之。紹興以後，減免一半，合拘五十四隻。淳熙間，亦嘗拘到一百八十餘隻。年深損壞，不堪裝載。又因承平，不甚輸運，間自住截。開禧之間，漕臣以米餫不繼，遂爲總司所劾，職此之由。繼而漕司照例截留江西綱船在岸，綱梢失覽載之例，群訴於總司，信其偏詞，徑與通放。目今並無船隻，遇有般運，旋雇客船，多致欠折。且當邊境晏然，尚慮無舟可雇，萬一騷動，客船罕至，官又無船，豈不誤事？乞降指揮，令漕運去處有截留舟船舊例者，依舊拘截擺泊岸下，以備摺運。其無例截留者，並令日下造船，以備飛輓。庶幾緩急之際，糧道不致乏絕。」從之。（食貨五〇之三三）

三月四日，詔從義郎四川總押諸關右軍統制陳立、統領蕭建、準備將元阜，忠義總轄秦貴、馬真各與補轉一官資；立功官兵三百五十人各等第犒設。以四川安撫制置司言虜賊侵犯大散關，立等

與之血戰獲捷，保守無虞，故有是命。（兵二〇之二三）

同日，詔忠義正將趙宣、劉換、馮世忠各特轉三官資，官軍副將等各特與補轉一官資，軍兵秦雄等第支犒。以興元都統司言宣等戰虜獲捷，乞賜優賞，故有是命。（兵二〇之二四）

二十一日，詔利州都統司準備將楊檜，忠義統領路德、許大椿、李興，正將黄鉞各特補轉三官資；隊官李勇等一十五名各特補轉兩官資。其餘官兵、忠義等人，各等第支犒。以四川制置司言檜等攻打彼界，剿敗金賊，故有是命。（兵二〇之二四）

二十六日，四川制置司言：「據利路安撫丁焴申，利路副總管李好古妄稱朝省指揮，正除沔州都統，誘説兵官蔡佑、李大亨、張鄂、李義、李世昌、上官榮、郭千、賈俊等，擅斬統制張斌，發總所魚關官錢，徑自喝犒，妄作威福，領兵二千餘衆，前來沔州，仍出榜文謀害張威、張虎等事，意謀不軌。焴已將好古斬首，號令撫定諸軍，遣回元來守把去處。本司照得李好古妄立事端，輒擅殺戮，又驅引軍兵徑下沔州，驚擾一城，若非焴就近區處，則必有意外之虞。」詔丁焴特轉朝奉大夫，除直龍圖閣，依舊知沔州，主管利州西路安撫司公事，節制本路屯戍軍馬。（兵二〇之二四）

三月二十七日，大理評事葉岃放罷。以侍御史李楠言其賦姿浮蕩，習爲膏粱，聲色貨利，日汩其心。（職官七三之五二）

三月二十八日，前知雷州毛當時放罷。以右正言李安行言其收匿罷命，治事自如，蔑視臺綱，盡廢邦憲。（職官七五之二一）

續編兩朝綱目備要卷十五

三月己巳（三日），鄭昭先知樞密院事，曾從龍參知政事。

乙亥（九日），興元軍士權興等作亂，犯巴州。守臣秦季槱棄城去。

丁亥（二十一日），太白晝見。權興等降。

甲午（二十八日），虜退。自盱眙退師。

續宋中興編年資治通鑑卷十五

三月己巳（三日），鄭昭先知樞密院事，曾從龍參知政事。

乙亥（九日），興元軍士權興等作亂，犯巴州，守臣秦季槱遁。凡十二日而興降。

丁亥（二十一日），太白晝見。

甲午（二十八日），金人自盱眙退師。

宋史全文卷三十

三月己巳（三日），鄭昭先知樞密院事，曾從龍參知政事。

癸酉（七日），虜焚洋州城而去。

乙亥（九日），興元軍士權興等作亂，犯巴州，守臣秦季槱棄城去。鄂州都統劉世榮會兵攻唐州。

丁亥（二十一日），太白晝見。權興等降。

甲午（二十八日），虜自盱眙退師。

匯編

1 三月丁卯朔（一日），太學博士樓昉面對，讀劄至「事力不敵，猶當掩擊攻劫」，口奏云：「虜欲求和，皆非實意。若不能自立崖岸，彼豈肯退聽？」上曰：「當立些崖岸。」又讀至「變官軍怯懦之習」，口奏云：「若朝廷能駕馭將帥，能激昂官軍，人人敢戰，山東一邊自然不會頭重。」上曰：「然。」

2 己巳（三日），鄭昭先除知樞密院事，曾從龍參知政事並兼太子賓客。

3 同日，臣僚言：「國家自殘虜渝盟之後，屯戍日增，調度寖廣，餽餉之計，誠所當先。漕運之舟，豈可不備？今得之傳聞，謂所在漕司舊例有截留舟船去處，多爲他司宛轉囑託，勒令通放，不許截留，致使裝發之際，無以應用，而轉輸之限，或致後時。姑以江東漕司言之，江西路舊例應副江東漕司三百料船一百八隻，却撥蘆蓙麻皮以償之。紹興以後，減免一半，合拘五十四隻。淳熙間，亦嘗拘到一百八十餘隻。年深損壞，不堪裝載。又因承平，不甚輸運，間自住截。開禧之間，漕臣以米餫不繼，遂爲總司所劾，職此之由。繼而漕司照例截留江西綱船在岸，綱梢失覽載之例，群訴於總司，信其偏詞，徑與通放。目今並無船隻，遇有般運，旋雇客船，多致欠折。且當邊境晏然，尚慮無舟可雇，萬一騷動，客船罕至，官又無船，豈不誤事？乞降指揮，令漕運去處有截留舟船舊例者，依舊拘截擺泊岸下，以備摺運。其無例截留者，並令日下造船，以備飛輓。庶幾緩急之際，糧道不致乏絶。」從之。

4庚午(四日)，詔從義郎四川總押諸關右軍統制陳立、統領蕭建、準備將元皐，忠義總轄秦貴、馬真各與補轉一官資；立功官兵三百五十人各等第犒設。以四川安撫制置司言虜賊侵犯大散關，立等與之血戰獲捷，保守無虞，故有是命。

5同日，詔忠義正將趙宣、劉換、馮世忠各特轉三官資，官軍副將等各特與補轉一官資，軍兵秦雄等第支犒。以興元都統司言宣等戰虜獲捷，乞賜優賞，故有是命。

6癸酉(七日)，金人復入洋州，焚其城而去。

7乙亥(九日)，興元軍士權興等作亂，犯巴州，守臣秦季櫄棄城去。鄂州統制劉世榮會兵攻唐州。

8丁亥(二十一日)，太白晝見。權興等降。

9同日，詔利州都統司準備將楊檜，忠義統領路德、許大椿、李興、正將黄鉞各特補轉三官資；隊官李勇等一十五名各特補轉兩官資。其餘官兵、忠義等人，各等第支犒。以四川制置司言檜等攻打彼界，剿敗金賊，故有是命。

10戊子(二十二日)，大理寺丞梁丙降兩官罷，以臣僚論其暫守楚州，短於御衆，激使携貳故也。

11辛卯(二十五日)，夕有流星如太白。

12壬辰（二十六日），四川制置司言：「據利路安撫丁焴申，利路副總管李好古妄稱朝省指揮，正除沔州都統，誘説兵官蔡佑、李大享、張鄂、李義、李世昌、上官榮、郭千、賈俊等，擅斬統制張斌，發總所魚關官錢，徑自犒犒，妄作威福，領兵二千餘衆，前來沔州，仍出榜文謀害張威、張虎等事，意謀不軌。焴已將好古斬首，號令撫定諸軍，遣回元來守把去處。本司照得李好古妄立事端，輒擅殺戮，又驅引軍兵徑下沔州，驚擾一城，若非焴就近區處，則必有意外之慮。」詔丁焴特轉朝奉大夫，除直龍圖閣，依舊知沔州，主管利州西路安撫司公事，節制本路屯戍軍馬。其後，乃有言好古冤者。

13癸巳（二十七日），雨土。

14同日，徐應龍進讀寶訓，至「建炎三年環慶帥王似言陝西六路帥乞皆用武臣」，帝曰：「如范仲淹，亦不在親臨矢石。」應龍奏云：「如丁焴在沔州，臨事深識權變，若邊頭盡得若人而用之，復何患？」上曰：「此人殊有謀略。」

15同日，大理評事葉岩放罷。以侍御史李楠言其賦姿浮蕩，習爲膏粱，聲色貨利，日汩其心。

16甲午（二十八日），袁燮進讀寶訓，至御筆督諸將進兵事，燮奏：「近日諸將多不肯向前，有領兵數萬，端坐兩月，更不出城一步者。宜戒飭之。」又讀續帝學，至「程瑀侍讀，隨事著明其説」，上曰：「近年侍讀，不進講義。得卿每事敷陳，甚善。」燮因奏：「觀程瑀事，則知向來讀官，亦進講義也。」上曰：「只讀一遍，則無益於事。」

17同日，金人自盱眙退師。

18同日，前知雷州毛當時放罷。以右正言李安行言其收匿罷命，治事自如，蔑視臺綱，盡廢邦憲。

玉牒

閏三月丙申朔(一日),袁燮進對,因賀生禽僞駙馬。燮言:「若當時與虜講和,安得有今日之事?」上曰:「若講和則鋭氣銷鑠。」燮奏:「人主鋭氣,豈可銷鑠!」

己亥(四日),臣僚奏吏部郎官康仲穎以儒自名〔一〕,中實峭深,前守天台無善狀。詔仲穎與祠。

辛亥(十六日),柴中行進講羔裘大夫以道去其君之詩〔二〕,言古人三諫不用而後去之,此所謂以道去其君也〔三〕。上曰:「人主容納諫争,則人臣得以行其道。」

壬子(十七日),袁燮進讀寶訓,至「上言劉錡順昌之勝未爲善戰,錡之所長在於循分守節,又稱李寶非惟驍勇,其心術亦可倚杖。」燮奏:「高宗選擇將帥,專取其用心。此乃萬世人主擇將之法。」柴中行亦言:「安豐受圍甚久,初未嘗出戰,却稱大捷十數。」上曰:「被圍七十餘日,乃敢欺罔如此!」

庚申(二十五日),袁燮進讀寶訓,至「手詔三省今後侍從有闕〔四〕,選帥臣及第二任提刑資序者。卿監郎官闕,選監司、郡守有政績者。」燮奏:「高宗此詔,可謂得人主用人之要。蓋必經歷外任,然後通練世務。」上曰:「更迭之法,誠不可廢。」次讀録忠義門，燮奏：「蘇軾有言，平居有犯顏敢諫之士，則臨難有伏節死義之臣。今日立朝之士，偷免苟容者多。只觀輪對，便自可見。」上曰：「此只是爲爵禄〔五〕。」燮奏：「陛下更宜崇獎節義。」

校勘

〔一〕吏部郎官康仲穎以儒自名　「穎」，原作「隸」，據宋刻本、四庫本改。

〔二〕柴中行進講羔裘大夫以道去其君之詩　「中」，原誤作「仲」，據前卷、四庫本及宋史卷四百一柴中行傳改。

〔三〕此所謂以道去其君也　「以」字原脱，據四庫本補。

〔四〕至手詔三省今後侍從有闕　此句「從」字原脱，據宋刻本、四庫本補改。

〔五〕此只是爲爵禄　「是」原作「見」，據四庫本改。

集證

宋史卷四十寧宗紀

閏月己未（二十四日），追雷雲三官，梅州安置。

辛酉（二十六日），贈吴政爲右武大夫、忠州刺史。

壬戌（二十七日），詔撫諭四川官軍、忠義人。

癸亥（二十八日），興元軍士張福、莫簡等作亂，以紅巾爲號。

是春，金人圍安豐軍、滁濠光三州，江淮制置使李珏命池州都統武師道、忠義軍統制陳孝忠救之，皆不克進。金人遂分兵自光州犯黄州之麻城，自濠州犯和州之石磧，自盱眙軍犯滁州之全椒、來安及揚州之天長、真州之六合。淮南流民渡江避亂，諸城悉閉。金人遊騎數百至東采石楊林渡，建康大震。京東總管李全自楚州、忠義總轄季先自漣水軍，各引兵來援。金人乃解去。全追擊敗之于曹家莊，獲其貴將。

宋會要輯稿

閏三月四日，吏部郎官康仲穎與宫觀。以監察御史王夢龍言其居家則貽誚於鄉曲，爲郡則得罪於士民，庀職小銓，曲意行私。（職官七三之五二）

閏三月十一日，詔沔州都統制張威特與轉武功大夫、忠州團練使。以樞密院言「威節次調遣兵將，前往大安軍金牛鎮等處剿敗虜賊，剋復立功」，故有是命。（兵二〇之二四）

閏三月十六日辛亥，其日立夏，風從西南方坤位上來。（運曆二之三五）

閏三月二十八日，新知常德府馮愉、通判鎮江府黄士特各降一官放罷。以臣僚言：「愉守閬州，

專以酒政虐民；洎守左綿，貪暴特甚。士特桀驁倚勢，凌轢同列，侵權撓政，靡所不爲。」（職官七五之二一）

神應廟，廟在建安縣東廟之東，紹興二年七月賜額。一在莆田縣。神顯應侯，嘉定十二年閏三月加封顯應宣惠侯。（禮二一之三七）

續編兩朝綱目備要卷十五

閏三月己未（二十四日），竄雷雲，以其棄鳳州也。追三官，送梅州安置。

辛酉（二十六日），贈吴政官，旌其死節也。贈右武大夫、忠州刺史。

壬戌（二十七日），詔撫諭四川官軍、忠義人。

癸亥（二十八日），興元軍士張福、莫簡等作亂，以紅巾爲號。

是春，虜圍安豐軍及滁、濠、光州，江淮制置使李珏命池州都統制武師道、忠義軍都統制陳孝忠救之，皆不能進。虜分兵犯邊，自光州趨黄州之麻城，自濠州犯和州之玉磧，自盱眙至滁州之全椒來安、揚州之天長、真州之六合。淮南流民渡江避狄，諸城皆閉。虜遊騎數百至東采石楊林渡，建康大震。京東總管李全自楚州、忠義總轄季先自漣水軍，各引兵來援，虜乃解去。全追擊，敗之于曹家莊，獲其貴將，或以爲金主子婿云。

續宋中興編年資治通鑑卷十五

閏三月己未(二十四日),雷雲棄城,竄梅州。

辛酉(二十六日),旌吴政死節,贈忠州刺史。

壬戌(二十七日),詔諭四川官軍忠義人。

癸亥(二十八日),興元軍士張福、莫簡等作亂,以紅巾爲號。四月入利州,制置聶子述遁,總領財賦楊九鼎爲所殺。由是掠閬州及果州,五月逼遂寧府,攝府事程遇孫棄城去,福焚其城。四川宣撫司命沔州都統張威捕之,福入普州,守臣張已之棄城去,福屯於普州之茗山。庚午,威引兵茗山。凡十四日,莫簡自殺,福請降,威執之以歸於宣撫司,誅之。

金人圍安豐軍及滁、濠州,乃分兵自光州犯黄州之麻城,自濠州犯和州之玉磧,自盱眙至滁州之全椒來安、揚州之天長、真州之六合,淮南流民渡江避狄,諸城皆閉。金人遊騎數百至東采石楊林渡,建康大震。命京東總管李全自楚州、忠義總轄季先自漣水軍各引兵來援,金人乃遁去。全擊敗之於曹家莊,斬其首數千,獲其貴將,或以爲金主女婿云。

宋史全文卷三十

閏三月己未(二十四日),以雷雲棄鳳州,奪三官,送梅州安置。

辛酉(二十六日),旌吴政死節,贈右武大夫、忠州刺史。

壬戌（二十七日），招諭四川官軍忠義人。

癸亥（二十八日），興元軍士張福、莫簡等作亂，以紅巾爲號。

是春，金圍安豐軍及滁、濠、光州。江淮制置使李珏命池州都統制武師道、忠義軍都統制陳孝忠救之，皆不能進。虜分兵犯邊，自光州犯黄州之麻城，自濠州犯和州之玉磧，自盱眙至滁州之全椒來安、揚州之天長、真州之六合。淮南流民渡江避狄，諸城皆閉。虜遊騎數百至東采石楊林渡，建康大震。京東總管李全自楚州、忠義總轄季先自漣水軍，各引兵來援，虜乃解去。全追擊，敗之於曹家莊，獲其貴將，或以爲金主子婿云。

匯編

1閏三月丙申朔（一日），袁燮進對，因賀生禽僞駙馬。燮言：「若當時與虜講和，安得有今日之事？」上曰：「若講和則鋭氣銷鑠。」燮奏：「人主鋭氣，豈可銷鑠！」

2己亥（四日），臣僚奏吏部郎官康仲穎以儒自名，中實峭深，前守天台無善狀。詔仲穎與祠。

3同日，吏部郎官康仲穎與宫觀。以監察御史王夢龍言其居家則貽誚於鄉曲，爲郡則得罪於士民，庀職小銓，曲意行私。

4丙午（十一日），詔沔州都統制張威特與轉武功大夫、忠州團練使。以樞密院言「威節次調遣兵將，前往大安軍金牛鎮等處剿敗虜賊，剋復立功」，故有是命。

5辛亥（十六日），其日立夏，風從西南方坤位上來。

6同日，柴中行進講羔裘大夫以道去其君之詩，言古人三諫不用而後去之，此所謂以道去其君也。上曰：「人主容納諫争，則人臣得以行其道。」

7壬子（十七日），袁燮進讀寶訓，至「上言劉錡順昌之勝未爲善戰，錡之所長在於循分守節，又稱李寶非惟驍勇，其心術亦可倚杖。」燮奏：「高宗選擇將帥，專取其用心。此乃萬世人主擇將之法。」柴中行亦言：「安豐受圍甚久，初未嘗出戰，却稱大捷十數。」上曰：「被圍七十餘日，乃敢欺罔如此！」

8己未（二十四日），竄雷雲，以其棄鳳州也。追三官，送梅州安置。

9庚申（二十五日），袁燮進讀寶訓，至「手詔三省今後侍從有闕，選帥臣及第二任提刑資序者。卿監郎官闕，選監司、郡守有政績者。」燮奏：「高宗此詔，可謂得人主用人之要。蓋必經歷外任，然後通練世務。」上曰：「更迭之法，誠不可廢。」次讀録忠義門，燮奏：「蘇軾有言，平居有犯顔敢諫之士，則臨難有伏節死義之臣。今日立朝之士，偷免苟容者多。只觀輪對，便自可見。」上曰：「此只是爲爵禄。」燮奏：「陛下更宜崇獎節義。」

10辛酉（二十六日），贈吴政官，旌其死節也。贈右武大夫、忠州刺史。

11壬戌（二十七日），詔撫諭四川官軍、忠義人。

12癸亥（二十八日），興元軍士張福、莫簡等作亂，以紅巾爲號。

13同日，新知常德府馮愉、通判鎮江府黄士特各降一官，放罷。以臣僚言：「愉守閬州，專以酒政虐民；洎守左綿，貪暴特甚。士特桀驁倚勢，凌轢同列，侵權撓政，靡所不爲。」

14神應廟，廟在建安縣東廟之東，紹興二年七月賜額。一在莆田縣。神顯應侯，嘉定十二年閏三月加封顯應宣惠侯。

玉　牒

四月丙寅朔(一日)。

辛未(六日),前知袁州鄭自誠奏事,論苟同之弊。上曰:「雷同最是今日大患。」自誠奏:「轉移之機,全在陛下。」

壬申(七日),填入氐房口。

癸酉(八日),月入太微垣。臣僚奏成都提刑周居信被召累月,遷延營私,乞寢召命。從之。

甲戌(九日),臣僚奏知池州葉凱以酷濟貪,乞行鐫斥。從之。詔諸道提點刑獄以五月按部理囚徒。

癸未(十八日),朝獻景靈宫。

甲申(十九日),亦如之。

辛卯(二十六日),參知政事曾從龍除職與宫觀〔一〕。太常議故相余端禮謚曰忠肅。

壬辰(二十七日),知樞密院事鄭昭先兼參知政事。盛章奏:「太府卿、四川總領王鈆姦險貪惏，隱匿糴本祠牒，科諸路夫錢數百萬。蜀民怨咨，皆謂一年而取十年之賦。制帥庸懦，鈆每侵撓其事權，禍流四蜀。歸裝捆載，舳艫蔽江。乞重置典憲〔二〕。」詔鐫三秩罷之。

癸巳（二十八日），李楠論曾從龍被命宣威，遷延卜日，乞寢除職予祠之命。又奏董居誼誤國害民，出蜀席卷，乞重行黜責。並從之。居誼褫職鐫三秩。

甲午（二十九日），福州觀察使李貴進右武大夫，爲興元都統制。

校勘

〔一〕參知政事曾從龍除職與宫觀　「知」，原誤作「政」，據四庫本改。

〔二〕乞重置典憲　「置」，原誤作「賞」，據四庫本改。

集證

宋史卷四十寧宗紀

夏四月庚午（五日），張福入利州，四川制置使聶子述遁，殺總領財賦楊九鼎。

丁丑（十二日），張福掠閬州。

丁亥（二十二日），掠果州。

癸巳（二十八日），曾從龍罷，以鄭昭先兼參知政事，崇信軍節度使、開府儀同三司、萬壽觀使安丙爲四川宣撫使，董居誼落職，奪三官。

宋會要輯稿

四月三日，詔：「京東忠義統制李福、彭義斌、劉慶福並特與補修武郎。」以樞密院言福等出戰立功，故有是命。（兵二〇之二五）

四月六日，通判雷州石應孫放罷。以守臣偶遭論罷，應孫不候省劄及上司公文，遂用通判印記權領州事，縱悍僕干預郡事，賄賂公行，從廣西諸司請也。（職官七五之二一）

八日，成都提刑周居信令赴行在奏事指揮放罷。以監察御史蔡闢言其自拜召命，遷延不行，一聞邊事之急，倉皇解印，不忠之罪莫甚。（職官七五之二一）

九日，知池州葉凱降一官，放罷。以監察御史王夢龍言其苛慘姦貪，席捲惟意。（職官七五之二一）

十二年四月十三日，知黄州趙伯摶、通判楚州陳疇、新除大理寺丞梁丙並放罷，梁丙特降兩官。以臣僚言：「伯摶以疾爲諉，郡政不修；疇山陽列戍委之監州，參贊乖謬，重勞顧憂；丙守山陽，貽禍邊甿，重傷國體。」（職官七五之三九）

二十四日，詔：「忠義于洋特補武義郎、差充忠義統制兼京東路兵馬鈐轄。」以樞密院言洋累立戰功，故有是命。（兵二〇之二五）

十二年四月二十六日，詔正奉大夫、參知政事曾從龍放罷。先是，自陳乞解機政，得旨除職與宫觀。既而侍御史李楠論列，故有是命。（職官七八之六三）

二十七日，前四川總領王鈆降三官，昨降令赴行在奏事指揮寢罷。以左司諫盛章言其任情徇己，蠹國害民。（職官七五之二一）

續編兩朝綱目備要卷十五

夏四月庚午（五日），張福入利州，四川制置使聶子述遁去，總領財賦楊九鼎爲所殺。

丁丑十二日），掠閬州。

丁亥（二十二日），掠果州。

癸巳（二十八日），曾從龍罷，鄭昭先兼參知政事，安丙爲四川宣撫使。

續宋中興編年資治通鑑卷十五

四月，曾從龍罷，鄭昭先兼參知政事。安丙爲四川宣撫使。

宋史全文卷三十

夏四月庚午(五日),張福入利州,四川制置使聶子述遁去,總領財賦楊九鼎爲所殺。

丁丑(十二日),掠閬州。

丁亥(二十二日),掠果州。

癸巳(二十八日),參知政事曾從龍罷,同知樞密院事鄭昭先兼參知政事,崇信軍節度使、開府儀同三司、萬壽觀使安丙爲四川安撫使。董居誼落職,奪三官。

匯編

1 四月丙寅朔(一日)。

2 四月三日,詔:「京東忠義統制李福、彭義斌、劉慶福並特與補修武郎。」以樞密院言福等出戰立功,故有是命。

3 四月庚午(五日),張福入利州,四川制置使聶子述遁,殺總領財賦楊九鼎。

4 辛未(六日),前知袁州鄭自誠奏事,論苟同之弊。上曰:「雷同最是今日大患。」自誠奏:「轉移之機,全在陛下。」

5 四月六日,通判雷州石應孫放罷。以守臣偶遭論罷,應孫不候省劄及上司公文,遂用通判印記權領州事,縱悍僕干預郡事,賄賂公行,從廣西諸司請也。

6壬申（七日），填入氐房口。

7癸酉（八日），月入太微垣。臣僚奏成都提刑周居信被召累月，遷延營私，乞寢召命。從之。

8甲戌（九日），臣僚奏知池州葉凱以酷濟貪，乞行鐫斥。從之。詔諸道提點刑獄以五月按部理囚徒。

9丁丑（十二日），張福掠閬州。

10十二年四月十三日，知黄州趙伯摶、通判楚州陳疇、新除大理寺丞梁丙並放罷，梁丙特降兩官。以臣僚言：「伯摶以疾爲諉，郡政不修；疇山陽列戍委之監州，參贊乖謬，重勞顧憂；丙守山陽，貽禍邊甿，重傷國體。」

11癸未（十八日），朝獻景靈宫。

12甲申（十九日），亦如之。

13丁亥（二十二日），（張福）掠果州。

14二十四日，詔：「忠義于洋特補武義郎、差充忠義統制兼京東路兵馬鈐轄。」以樞密院言洋累立戰功，故有是命。

15辛卯（二十六日），參知政事曾從龍除職，與宫觀。太常議故相余端禮謚曰忠肅。

16壬辰（二十七日），知樞密院事鄭昭先兼參知政事。

17同日，盛章奏：「太府卿、四川總領王鉛姦險貪婪，隱匿糴本祠牒，科諸路夫錢數百萬。蜀民怨咨，皆謂一年而取十年之賦。制帥庸懦，鈆每侵撓其事權，禍流四蜀。歸裝捆載，舳艫蔽江。乞重置典憲。」詔鐫三秩罷之。

18癸巳（二十八日），李楠論曾從龍被命宣威，遷延卜日，乞寢除職予祠之命。又奏董居誼誤國害民，出蜀席卷，乞重行黜責。並從之。居誼褫職鐫三秩。

19同日，崇信軍節度使、開府儀同三司、萬壽觀使安丙爲四川宣撫使。

20甲午（二十九日），福州觀察使李貴進右武大夫，爲興元都統制。

玉牒

五月乙未朔（一日），以鄭昭先權監修國史、日曆，同提舉編修敕令。

丁酉（三日），詔：「朕紹累聖之統，撫九有之師。信不足以睦鄰，威不足以制敵。醜虜匪茹，輕啓於兵端；生民何辜，重罹於荼毒。空國以逞，仍年於兹。往來迭擾於三垂，大小不知其幾戰。賴天意厭亂之久，而人心助順之多。我武用張，彼氣自奪。果速鯨鯢之戮，遂空狐兔之群。漸底晏清，少寬憂顧。然念創殘之後，尚多愁嘆之聲。室廬既墟，婦子不保。民力困而轉輸未已，農時失而賦役未蠲。扞邊死事之家，盍頒恤典〔二〕；臨陣血戰之士，當議優恩。或失律而逋逃，或乘時而嘯聚。悉疏禁網，用穆迓衡。於戲！除戎器，戒不虞，敢廢修陳之政？發德音，下明詔，共爲安集之圖。咨爾群倫，體予至意。應兩淮、京襄、湖北、利州路沿邊諸州軍府縣鎮，曾經蹂踐驚擾及轉餉勞役去處，恤死節，赦罪囚，蠲租賦各有差。」

辛丑（七日），以武功大夫、忠州團練使張威爲右武大夫、揚州觀察使〔三〕，依前沔州都統制。

癸卯（九日），袁燮進讀續帝學，至「迪功郎朱熹辭召命乞嶽廟，上曰，熹安貧樂道，改合入官主管台州崇道觀。」燮奏：「熹累召不至，而孝宗益重之〔三〕。自初官即與改秩，可見崇儒好賢。其後入爲侍從，出典方面，又嘗擢置經筵。當陛下龍興之初，實爲講官。」上曰：「記得朱熹在經筵，即是朱在之父。」燮同説書柴中行奏：「陛下記得朱熹如此，其子猶在罪籍，本無大過，陛下能拔拭而用之，亦足以見不忘忠賢之後。」上然之。臣僚奏：「監司州縣期會不報〔四〕，動涉歲年，乞詔省部攷覈，稽遲必罰無赦。」從之。

甲辰（十日），以扈再興爲鄂州副都統制。

乙巳（十一日），利西路安撫司言，西和州鄉貢進士何大用等三十四人狀〔五〕，乞將權知郡趙彦吶優加旌異。詔彦吶特轉兩官知西和州。

丙午（十二日），袁燮進讀續帝學，「孝宗皇帝聖訓云，朕常語東宫，德性已自温粹，須是廣讀書〔六〕，濟以英氣，則爲盡善。」燮奏：「人君之德，固以温粹爲本。然不濟以英氣，則無以立大事，決大疑。惟有英氣，則有英斷，而人主之德全矣。欲全此德，非學問不可。此孝宗所以言廣讀書也。」上曰：「此事全在學問。」

丁未（十三日），徐應龍等奏進讀先朝范祖禹所進帝學徹卷，乞宣付史館。從之。

己酉（十五日），詔安邊所没入寶應縣韓侂胄田五十九頃撥充忠義人耕種，從淮東提刑賈涉請也。

辛亥(十七日),以崇信軍節度使、開府儀同三司、萬壽觀使安丙爲保寧軍節度使,依前開府儀同三司、四川宣撫使兼知興元府〔七〕、利東路安撫使。

己未(二十五日),秘書監柴中行輪對,奏:「近上官職須親出陛下手,然後權歸於上。」又奏〔八〕:「古之用人謂之尊上帝。」上曰:「只是要無私,不用非人也。」又奏:「三學伏闕,此事不可含糊,須早處分。大抵公是公非,合於人心,則人心自平。」上曰:「然。」又論邊事:「臣觀邊庭種類至多〔九〕,使殘虜滅亡,亦須數十年不定,朝廷卒未有息肩之期,安可一日少忘邊備? 今偷安之徒,只欲苟圖目前富貴〔一〇〕,豈復顧陛下宗廟社稷子孫計哉? 又今日大患,最在虛誕。使邊備失措,實難倚仗〔一一〕。」上曰:「須是慤實理會。」因奏:「山東人雖受節制,就招刺,然亦不可置之腹裏。況陰誘韃人〔一二〕,是再添一山東也。」又論:「公生明,偏生暗。此心一偏,邪正是非貿亂。雖欲知之,不可得矣。此是知人之法,然必在人主先明其德,然後邪正是非不能亂。」上然之。

癸亥(二十九日),以進讀續帝學終篇,賜宰執、講讀、修注官燕於秘書省。詔令侍從、兩省、臺諫各擇文武可用之才二三人姓名來上,籍於中書,隨才任使。

校勘

〔一〕盍頒恤典　「頒」，原作「盼」，雖可通，然審此下對句之「當議優恩」，當作「頒」字爲是。據四庫本改。

〔二〕以武功大夫忠州團練使張威爲右武大夫揚州觀察使　「張威」，原誤作「張盛」，檢宋刻本、四庫本并宋史卷四十寧宗紀、續編兩朝綱目備要卷十五、宋會要輯稿兵二〇之二四，當爲「張威」之形誤，據改。

〔三〕而孝宗益重之　「益」，原作「亦」，據宋刻本、四庫本改。

〔四〕監司州縣期會不報　「司」字原脱，據四庫本改。

〔五〕西和州鄉貢進士何大用等三十四人狀　「西」字原闕，據宋刻本、四庫本補。

〔六〕須是廣讀書　「廣」下原有「德」字，檢後文有「此孝宗所以言廣讀書也」一句，知此處「德」字蓋衍，據四庫本删。

〔七〕四川宣撫使兼知興元府　「使」，原誤作「事」，據四庫本改。

〔八〕又奏　「奏」，四庫本作「曰」。審前後文義，作「曰」義長。

〔九〕臣觀邊庭種類至多　「種類」，四庫本作「部落」。

〔一〇〕只欲苟圖目前富貴　此句原脱「圖」，「目」誤作「自」，據四庫本補改。

〔二〕實難倚仗　「實」，原誤作「置」，據四庫本改。

〔三〕況陰誘韃人　「韃人」，四庫本作「北邊」，此當亦係四庫館臣所改。

集證

宋史卷四十寧宗紀

五月乙未朔（一日），召聶子述詣行在。張福薄遂寧府，潼川府路轉運判官、權府事程遇孫棄城遁。

丁酉（三日），減兩淮、荆襄、湖北、利州路沿邊諸州雜犯死罪囚，釋流以下，仍蠲今年租税。

己亥（五日），太學生何處恬等伏闕上書，以工部尚書胡榘欲和金人，請誅之以謝天下。張福入遂寧府，焚其城。

甲寅（二十日），四川宣撫司命沔州都統張威引兵捕福。

戊午（二十四日），福入普州，守臣張已之棄城遁。

癸亥（二十九日），詔侍從兩省臺諫各舉文武可用之才二三人。

宋會要輯稿

五月七日，又詔武德大夫、密州刺史、京東兵馬副總管李全特授右武大夫、利州觀察使。（兵二

○之二二）

五月七日，推行功賞，又詔（張威）特轉右武大夫、揚州觀察使。（兵二〇之二四）

十二年五月十三日，通議大夫、權刑部尚書、兼修玉牒官、兼侍讀徐應龍，朝散大夫、試尚書禮部侍郎、兼同修國史、兼實録院同修撰、兼侍讀袁燮，朝請郎、新除右諫議大夫、兼侍講李楠，朝奉郎、新除殿中侍御史、兼侍講盛章，朝請郎、新除右正言、兼侍講胡衛，朝散郎、試秘書監、兼國史院編修官、兼實録院檢討官、兼崇政殿説書柴中行，朝奉郎、新除起居郎、兼國史院編修官、兼實録院檢討官楊汝明，朝奉郎、新除起居舍人、兼國史院編修官、兼實録院檢討官李安行言：「仰惟陛下天縱之聖，謙挹弗居日就之功，緝熙不已。粤自臨御以來，鋭情經術，垂意史傳。凡三五帝王學聚問辨之方，暨歷代興亡理亂之蹟，亦既洞究其顛末，而深造其淵微矣。比歲記注之臣，欲以上裨聰明，復取先朝講官范祖禹所進帝學一編，續以五宗之懿，釐爲十卷，仰塵乙覽。頃因資治通鑑徹章，有旨以是進讀。聖心亹亹，咨閲靡殆。迺嘉定乙卯仲夏，實竟其帙。自非陛下典學之誠，有加無已，疇克臻此？欽惟元祐更化，作新之治，符、靖始初，清明之政，無非皇皇汲汲之所繇致。高宗、孝宗若稽於古，高明光大之效，尤極其盛。今觀三聖學問之精微，諸儒講説之本末，是書所載，炳如日星。臣等進讀之次，陛下穆垂天聽，莫不心領意會，抑亦尊所聞而行所知矣，豈但虛文而已哉！昔傅説之告商高宗曰『王人求多聞，時惟建事，學於古訓，乃有獲。』又繼之曰：『監於先王成憲，其永無愆。』陛下學於古訓矣，而復以五宗之家學爲法，是則監於成憲之謂也。視商之賢王，真可齊休匹美。逮茲徹卷，固宜紀

諸汗簡，以侈萬世之傳。臣等勸誦罔功，疊睹盛事，不勝慶幸。欲望睿慈宣付史館。」詔從之。（崇儒七之三七）

五月十七日，詔崇信軍節度使安丙可特授保寧軍節度使、四川宣撫使、兼知興元府、利州東路安撫使，依前開府儀同三司、武威郡開國公，加食邑五百户，食實封三百户。（職官四一之四三）

十二年五月十九日，宗正寺言：「宗學職級年勞解發恩例，照得國子監人例年滿格法，係補職級及五年，通入仕及三年，解發赴吏部補官。今來宗學與國子監事體一同，所有人吏年勞試補比換等事，乞依國子監見行格法體例施行。」從之。（崇儒一之二三）

五月二十日，詔借訓武郎、京東路鈐轄、權知海州王琳特補修武郎，借從義郎、忠勇軍計議官權通判董琛特補保義郎。以琳等忠義來歸，收復州縣，屢戰立功，從京東節制司之請也。（兵二〇之二五）

五月二十九日，前廣東提刑趙伯鳳降一官，罷宫觀。以左司諫盛章言：「易節憲臺，後省繳駁，潛匿省劄，治事如故，妄作威福，偃然自如。」（職官七五之二一）

十二年五月，右正言胡衛兼侍講。（職官六之七三）

續編兩朝綱目備要卷十五

五月乙未朔（一日），召聶子述赴行在。張福迫遂寧府，潼川路轉運判官權府事程遇孫棄城去。

己亥，入之，焚其城。

丁酉（三日），降德音。降兩淮、荆襄、湖北、利州路沿邊諸州雜犯罪囚釋流以下，仍蠲今年租税。

己亥（五日），太學生伏闕上書，何處恬等論工部尚書胡榘欲和金人，請誅之，以謝天下。

戊午（二十四日），張福入普州，守臣張已之棄城去。六月戊辰，屯于普州之茗山。

癸亥（二十九日），詔舉文武才，侍從兩省臺諫各舉文武可用之才二三人。

續宋中興編年資治通鑑卷十五

五月，召聶子述。

降兩淮、荆襄、湖北、利州路沿邊諸州雜犯死罪囚，仍蠲今年租税。

太學生何處恬論尚書胡榘欲與金人議和，請誅之以謝天下。

詔舉文武可用之才。

宋史全文卷三十

五月乙未朔（一日），四川制置使聶子述赴行在。興元賊張福迫遂寧府，潼川府路轉運判官、權府事程遇孫棄城去。

丁酉（三日），德音降兩淮、荆襄、湖北、利州路沿邊諸州雜犯死罪，釋流以下，仍蠲今年租税。

己亥（五日），太學生何處恬等伏闕上書，以工部尚書胡榘欲和金人，請誅之以謝天下。張福入遂寧府，焚其城。

甲寅（二十日），四川宣撫司命沔州都統張威引兵捕張福，入普州，守臣張巳之棄城去。

癸亥（二十九日），詔侍從兩省臺諫各舉文武可用之才二三人。

匯編

1 五月乙未朔（一日），以鄭昭先權監修國史、日曆，同提舉編修敕令。

2 同日，召聶子述詣行在。

3 張福薄遂寧府，潼川府路轉運判官、權府事程遇孫棄城遁。

4 丁酉（三日），減兩淮、荆襄、湖北、利州路沿邊諸州雜犯死罪囚，釋流以下，仍蠲今年租稅。

詔：「朕紹累聖之統，撫九有之師。信不足以睦鄰，威不足以制敵。醜虜匪茹，輕啓於兵端；生民何辜，重罹於荼毒。空國以逞，仍年於兹。往來迭擾於三垂，大小不知其幾戰。賴天意厭亂之久，而人心助順之多。我武用張，彼氣自奪。果速鯨鯢之戮，遂空狐兔之群。漸底晏清，少寬憂顧。然念創殘之後，尚多愁嘆之聲。室廬既墟，婦子不保。民力困而轉輸未已，農時失而賦役未蠲。扞邊死事之家，盍頒恤典；臨陣血戰之士，當議優恩。或失律而逋逃，或乘時而嘯聚。悉疏禁網，用穆迓衡。於戲！除戎器，戒不虞，敢廢修陳之政？發德音，下明詔，共爲安集之圖。咨爾群倫，體予至意。

應兩淮、京襄、湖北、利州路沿邊諸州軍府縣鎮，曾經蹂踐驚擾及轉餉勞役去處，恤死節，赦罪囚，蠲租賦各有差。」

5己亥（五日），太學生何處恬等伏闕上書，以工部尚書胡榘欲和金人，請誅之以謝天下。

6同日，張福入遂寧府，焚其城。

7辛丑（七日），以武功大夫、忠州團練使張威爲右武大夫、揚州觀察使，依前沔州都統制。

8同日，詔武德大夫、密州刺史、京東兵馬副總管李全特授右武大夫、利州觀察使。

9癸卯（九日），袁燮進讀續帝學，至「迪功郎朱熹辭召命乞嶽廟」，上曰：「熹安貧樂道，改合入官主管台州崇道觀。」燮奏：「熹累召不至，而孝宗益重之。自初官即與改秩，可見崇儒好賢。其後入爲侍從，出典方面，又嘗擢置經筵。當陛下龍興之初，實爲講官。」上曰：「記得朱熹在經筵，即是朱在之父。」燮同説書柴中行奏：「陛下記得朱熹如此，其子猶在罪籍，本無大過，陛下能拔拭而用之，亦足以見不忘忠賢之後。」上然之。臣僚奏：「監司州縣期會不報，動涉歲年，乞詔省部攷覈，稽遲必罰無赦。」從之。

10甲辰（十日），以扈再興爲鄂州副都統制。

11乙巳（十一日），利西路安撫司言，西和州鄉貢進士何大用等三十四人狀，乞將權知郡趙彦呐優加旌異。詔彦呐特轉兩官知西和州。

12丙午（十二日），袁燮進讀續帝學，「孝宗皇帝聖訓云，朕常語東宮，德性已自温粹，須是廣讀書，濟以英氣，則爲盡善。」燮奏：「人君之德，固以温粹爲本。然不濟以英氣，則無以立大事，決大疑。惟有英氣，則有英斷，而人主之德全矣。欲全此德，非學問不可。此孝宗所以言廣讀書也。」上曰：「此事全在學問。」

13丁未（十三日），通議大夫、權刑部尚書、兼修玉牒官、兼侍讀徐應龍，朝散大夫、試尚書禮部侍郎、兼同修國史、兼實録院同修撰、兼侍讀袁燮，朝請郎、新除右諫議大夫、兼侍講李楠，朝奉郎、新除殿中侍御史、兼侍講盛章，朝請郎、新除右正言、兼侍講胡衛，朝散郎、試秘書監、兼國史院編修官、兼實録院檢討官、兼崇政殿説書柴中行，朝奉郎、新除起居郎、兼國史院編修官、兼實録院檢討官楊汝明，朝奉郎、新除起居舍人、兼國史院編修官、兼實録院檢討官李安行言：「仰惟陛下天縱之聖，謙挹弗居日就之功，緝熙不已。粤自臨御以來，鋭情經術，垂意史傳。凡三五帝王學聚問辨之方，暨歷代興亡理亂之蹟，亦既洞究其顛末，而深造其淵微矣。比歲記注之臣，欲以上裨聰明，復取先朝講官范祖禹所進帝學一編，續以五宗之懿，釐爲十卷，仰塵乙覽。頃因資治通鑑徹章，有旨以是進讀。聖心亹亹，咨閲靡殆。洎嘉定乙卯仲夏，實竟其帙。自非陛下典學之誠，有加無已，疇克臻此？欽惟元祐更化，作新之治，符、靖始初，清明之政，無非皇皇汲汲之所繇致。高宗、孝宗若稽於古，高明光大之效，尤極其盛。今觀三聖學問之精微，諸儒講説之本末，是書所載，炳如日星。臣等進讀之次，陛下穆垂天聽，莫不心領意會，抑亦尊所聞而行所知矣，豈但虚文而已哉！昔傅説之告商高宗曰『王人求多聞，時惟建事，學於古訓，乃有獲。』又繼之曰：『監於先王成憲，其永無愆。』陛下學於古訓矣，而復以五宗之家學爲法，是則監於成憲之謂也。視商之賢王，真可齊休匹美。逮茲徹卷，固宜紀諸汗簡，以侈萬世之傳。臣等勸誦罔功，疊睹盛事，不勝慶幸。欲望睿慈宣付史館。」詔從之。

14己酉（十五日），詔安邊所没入寶應縣韓侂胄田五十九頃撥充忠義人耕種，從淮東提刑賈涉請也。

15辛亥（十七日），以崇信軍節度使、開府儀同三司、萬壽觀使安丙爲保寧軍節度使，依前開府儀同三司、四川宣撫使兼知興元府、利東路安撫使，依前開府儀同三司、武威郡開國公，加食邑五百户，食實封三百户。

16癸酉（十九日），宗正寺言：「宗學職級年勞解發恩例，照得國子監人例年滿格法，係補職級及五年，通入仕及三年，解發赴吏部補官。今來宗學與國子監事體一同，所有人吏年勞試補比换等事，乞依國子監見行格法體例施行。」從之。

17甲寅（二十日），四川宣撫司命沔州都統張威引兵捕福。

18同日，詔借訓武郎、京東路鈐轄、權知海州王琳特補修武郎，借從義郎、忠勇軍計議官權通判董琛特補保義郎。以琳等忠義來歸，收復州縣，屢戰立功，從京東節制司之請也。

19戊午（二十四日），張福入普州，守臣張已之棄城遁。

20己未（二十五日），秘書監柴中行輪對，奏：「近上官職須親出陛下手，然後權歸於上。」又奏：「古之用人謂之尊上帝。」上曰：「只是要無私，不用非人也。」又奏：「三學伏闕，此事不可含糊，須早處分。大抵公是公非，合於人心，則人心自平。」上曰：「然。」又論邊事：「臣觀邊庭種類至多，使殘虜滅亡，亦須數十年不定，朝廷卒未有息肩之期，安可一日少忘邊備？今偷安之徒，只欲苟圖目前富貴，豈復顧陛下宗廟社稷子孫計哉？又今日大患，最在虚誕。使邊備失措，實難倚仗。」上曰：「須是慤實理會。」因奏：「山東人雖受節制，就招刺，然亦不可置之腹裏。況陰誘韃人，是再添一山東也。」又論：「公生明，偏生暗。此心一偏，邪正是非貿亂。雖欲知之，不可得矣。此是知人之法，然必在人主先明其德，然後邪正是非不能亂。」上然之。

21癸亥（二十九日），以進讀續帝學終篇，賜宰執、講讀、修注官燕於秘書省。詔令侍從、兩省、臺諫各擇文武可用之才二三人姓名來上，籍於中書，隨才任使。

22同日，前廣東提刑趙伯鳳降一官，罷宫觀。以左司諫盛章言：「易節憲臺，後省繳駁，潛匿省劄，治事如故，妄作威福，偃然自如。」

23十二年五月，右正言胡衛兼侍講。

玉牒

六月甲子朔(一日),臣僚奏尚左郎官陳天宜昏眊跛倚,與宫觀。

乙丑(二日),臣僚奏新除太常少卿蔡闢未嘗試邑,昨除臺察,冒然居之,彈擊多私意出,臺有怨言。詔與宫觀。

丙寅(三日),録行在繫囚。

丁卯(四日),權工部尚書胡榘、禮部侍郎袁燮並罷,以右諫議大夫李楠、殿中侍御史盛章、右正言胡衛、監察御史徐龜年、張次賢言其和戰異論,待班漏院〔一〕,會食公堂,紛争求勝,釁開朋黨,害及國家,故有是命。

庚午(七日),以隨州棗陽縣爲棗陽軍,從京湖制置趙方請也。

辛未(八日),太白晝見。

乙亥(十二日),以嗣濮王不嫖薨,輟視朝。

庚辰(十七日),太白入井。

壬辰(二十九日)〔二〕,臣僚奏軍器監黎伯巽傾詐,兵部郎中高禾當華髮之年,有嬰孺之嗜,刑部郎中趙彦适權姦之甥,乞並與郡。著作郎陳黼憒憒無聞,與參議官。大理寺正沈繹、丞蔣誼與宫觀。並從之。詔朝士補外，惟殿試前三名〔三〕，省元釋褐，狀元朝跡稍深，許之爲郡。餘未經作邑人，非三丞二著權郎，且與通判差遣。

癸未（二十日），李楠奏前江淮制置使李珏權重謀疏，泗上之役，實珏逼行，損國家威重，啓夷狄輕心〔四〕，乞候服闋奪職。仍乞沿江、兩淮各制置使，其有官序尚卑，資望猶淺，則姑命以副使。從之。

丁亥（二十四日），命從臣日一人禱晴於天竺山，卿監郎官禱於霍山祠。詔二廣監司應闕官去處，不許白帖差攝。已差人，限兩月赴本司陳毁。違者追冒請俸給，計贓坐罪。

己丑（二十六日），張次賢奏申嚴胄試假託宗枝、遷就服屬之弊〔五〕，從之。

辛卯（二十八日），太白經天。

校勘

〔一〕待班漏院　「待」，原誤作「侍」，據宋刻本、四庫本改。

〔二〕壬辰　按，「壬辰」爲二十九日，然與以下「癸未」等日干支記事不合，疑爲十九日「壬午」之誤。

〔三〕惟殿試前三名　「惟」原作「推」，據四庫本改。

〔四〕啓夷狄輕心　「夷狄」，四庫本改作「敵國」。「輕」，原誤作「卿」，據四庫本改。

〔五〕遷就服屬之弊　「弊」，原誤作「敝」，據四庫本改。

集證

宋史卷四十寧宗紀

六月戊辰（五日），張福屯普州之茗山。

庚午（七日），張威引兵至。

丙子（十三日），太白晝見。

辛巳（十八日），西川地震，太白晝見。

癸未（二十日），張福請降。

乙酉（二十二日），張威執之，歸于宣撫司。

丁亥（二十四日），嗣濮王不嫖薨。金國招諭李全等，不聽。

辛卯（二十八日），太白經天。

癸巳（三十日），丁熇復以書約夏國攻金人。

宋會要輯稿

六月二日，太常少卿蔡闢與宮觀。以監察御史張次賢言其外示威嚴，中實狠愎，凡所彈擊，無非私意。（職官七三之五二）

四日，權工部尚書胡桀、禮部侍郎袁燮並放罷。以合臺言其二人論議不一，各執偏見，一主於和，一主於戰，求勝報怨，殊非體國。（職官七三之五二）

十二年六月十七日，樞密院言：「京東劉全首先倡義，率衆來歸。念其忠節，實可嘉尚。今雖見任淮東總管，宜加優異。」詔劉全特與轉武翼大夫，特賜金帶一條，許令服繫，更特賜錢五千貫，於淮東轉運司朝廷樁管錢内支破。（兵二〇之四二）

六月十八日，詔：「修武郎、京東路鈐轄楊友特與轉武翼郎，忠義軍統制徐福、周岊並特補承信郎，統領王弼、于水、劉贇、葛祐、王全、孔揮、姜孝忠各特補進武校尉。」以京東節制司言友等屢與番軍鬭戰獲捷，故旌賞之。（兵二〇之二五）

六月十九日壬午，其日立秋，風從西南方坤位上來。（運曆二之三五）

十二年六月十九日，臣僚言：「班行不清，固由庸才之充塞，亦以更迭之制不嚴，展轉凝滯。乞明詔大臣，申更迭之制。凡未經作邑之人，非三丞、二著、權郎，且與通判差遣，庶令習熟民事，轉而爲州，不致臨政乖疏，輕重無措。抑亦爲官擇人，可均内外之任。」從之。（職官四七之七二）

十九日，軍器監黎伯巽、刑部郎中趙彦适並與州郡差遣，兵部郎中高禾、秘書省著作郎陳黼並與參議官差遣，大理正沈繹、大理寺丞蔣誼並與宮觀，理作自陳。以右正言胡衛言：「伯巽以憸佞之質，習傾詐之風；彥适權姦之甥，規避作邑，秋官劇曹，豈能平允；禾當華髮之年，有嬰孺之嗜；黼久焉玩愒，憒憒無聞；繹已試罔功，臺疏可考；誼心術回邪，專事口吻。」（職官七三之五三）

六月十九日，林岡、韓仁甫、韓信甫、王驎、王騊、葉嗣昌、葉嗣立各降一官，内林岡服闋後未得參部放行注授，王驎、王騊、葉嗣昌永不得與州郡差遣。以右正言胡衛言：「岡乃祖洽之子，身後遺澤分房之法，罔無所預，逼父遺囑，彊母營求；仁甫、信甫戚里諸孫，家廟貲産，鬩牆分争，交訴天庭；驎、騊前從臣之子，互訐閨門之私，分納短卷；嗣昌、嗣立前執政之子，弗顧手足之親，嚚訟求勝，十年弗已，而嗣昌營私專利，悖慢非一。」故有是命。（職官七五之二二）

十二年六月二十日，詔中奉大夫、寶文閣待制、兼知建康府、江東安撫使、行宮留守司公事李大東充沿江制置使，建康府置司。朝奉大夫、右文殿修撰賈涉充淮東制置副使，楚州置司。朝請郎、直龍圖閣趙善湘充淮西制置副使，廬州置司。以臣僚言：「國家設制置使，蓋以朝廷去淮差遠，軍政難以喻度，機有可乘，間不容髮，豈可無策以處此？臣恭高宗皇帝朝沿江及東西兩淮各有制置使，官卑則命以副使，典故具存。乞仰體高宗成憲，分差沿江及東西兩淮制置使。其有官序尚卑，資望尤淺，則亦命以副使。俾之各居屬部，是非委得以親見，利害不惑於傳聞，變生於頃刻則隨變而輒應，戰勝而捷來則覈實而即奏，上下相孚而不忤，部内親覿而無間。若然，則何事不集而何功不成矣！」故有是詔。（職官四〇之一九）

二十日，江淮制置使李珏候服闋日褫奪職名。以右諫議大夫李楠言：「適殘虜寇邊，付以重地，既得邊報，不亟啓行，遷延畏縮。俟虜既退，僅至維揚而返。泗上之役，實珏逼使，損國威重，啓狄輕心。」（職官七五之二二）

二十六日，主管臨安府城南左廂公事吕潚、城北右廂公事汪之綱並放罷。以監察御史張次賢言：「潚縱飲多至達旦，決遣率由吏手；之綱昨宰龍游，罷吏教之斷決，館客代其書判。」（職官七三之五三）

二十六日，權知英德府陸三省與祠禄，新知英德府鄭湜罷新任。以監察御史徐龜年言：「三省竭澤苛征，以自豐殖；湜老繆貪叨，屢經論罷。」（職官七五之二二）

十二年六月二十六日，監察御史張次賢言：「立法貴於守法。夫三歲取士，國之成法，於法之中特優其選，國子是也，豈私於公卿大夫子弟哉！蓋以親父兄之訓，識政事之體，講聞素熟，選而舉之，惟恐不寬。爲公卿大夫士者，體朝廷之美意，守一定之成法可也。苟或挾私徇情，旁枝別族，夤緣攀附，何以示公？竊攷紹興間，文武職事官本宗同居五服内、居異大功親，釐務官文臣京官、武臣朝官本宗同居小功親，並許赴監取應。慶元間，職事官許牒子、孫、親兄弟、兄弟之子，釐務官牒本宗同居大功。前後因革，雖若小異，優是選者概於此見也。然懼牒之不實，有牒官欺隱、保官不實、僞冒殿舉駁放之罪。方牒之初，長官核實。入試之際，卷首書係某官某親。揭榜之日，名下書牒官服屬。既得之後，不許歸宗。防閑非不嚴密，申明戒敕，屢勤奏請，誠以法意既優，人情倖得，旁蹊曲徑，冒而求之，亦何足怪。獨惜夫廪稍上國，垂紳朝行，不顧廉恥，隳壞成法，豈非權勢相臨，貨賄相悦乎！職事官牒止小功，法也；釐務官牒止大功，法也，或以小功爲大功。此猶冒法之微。至於服外爲服内，以緦麻爲小功，或以姪爲弟、姪孫爲姪，彊就服屬，紊亂昭穆。甚而隔州隔路，平生蹤跡風馬不及，苟同其姓，一旦梯援，遂或嫡派。成法雖存，略不顧恤，則倖門一開，上行下傚，冒濫相煽，以至漕牒姑姨滿里，同宗紛紛，售僞者勢所必致。今公道彰明，國維振飭，未必有前者之慮。私憂過計，切謂名以國子進士者，朝廷以爲公卿大夫士之裔，使寒素之士不得儕其列，其待之異矣。正宜廉恥相先，扶植公道，詎容狃於舊習，或肆僞冒，有負優厚之本意。乞下臣此章，戒敕朝士，毋徇人情、紊國法，痛革假托宗枝、遷就服屬之弊，一正廉隅，各安命義。或麗於法，當照紹興指揮，必行無恕。」從之。（選舉六之三一）

十二年六月二十八日，都省言：「勘會見錢稀少，會價漸至低減，訪聞日來皆由銅錢下江并番舶偷載，與夫越界販賣出外。已劄下諸路提刑、提舉、轉運、市舶司，日下各嚴切行下所部州軍，差人嚴行搜檢船户，不許偷載銅錢下船。如有違犯之人，許同舟徒伴并諸色人告首，即將犯人送獄根勘，仍於名下重與追賞，犯人并船户與所販物貨并船盡籍没入官，一體決配斷罪。仍仰州縣分明重立罪賞，多出文牓曉諭，常切從公緝捉，無使透漏。仍仰所部監司覺察州縣違慢去處，切待取旨，重行鐫責施行。」（刑法二之一四二）

續編兩朝綱目備要卷十五

六月丙子（十三日），太白晝見。辛巳又見。

辛巳（十八日），西川地震。

乙酉（二十二日），張福就擒。先是，五月甲寅，四川宣撫司命沔州都統張威引兵捕張福。庚午，威引兵至茗山。癸未，福請降，威執之以歸于宣撫司。

丁亥（二十四日），虜人招諭李全等。全不聽。

辛卯（二十八日），太白經天。

癸巳（三十日），丁焴以書約夏國夾攻。

續宋中興編年資治通鑑卷十五

六月丙子（十三日），太白晝見。

辛巳（十八日），太白又晝見。西川地震。

丁亥（二十四日），金人以書招李全，全却其書。

宋史全文卷三十

六月戊辰（五日），張福屯於普州之茗山。

庚午（七日），張威引兵至。

丙子（十三日），太白晝見。

辛巳（十八日），西川地震，太白晝見。陞棗陽縣爲軍。

癸未（二十日），張福請降。

乙酉（二十二日），威執之，歸於宣撫司。

丁亥（二十四日），嗣濮王不㯋薨。金人招諭李全等，全等不聽。

辛卯（二十八日），太白經天。

癸亥〔巳〕（三十日），利州路安撫使丁焴復以書約夏國攻金人。

匯編

1 六月甲子朔（一日），臣僚奏尚左郎官陳天宜昏眊跛倚，與宮觀。

2 乙丑（二日），臣僚奏新除太常少卿蔡闢未嘗試邑，昨除臺察，冒然居之，彈擊多私意出，臺有怨言。

3 同日，太常少卿蔡闢與宮觀。以監察御史張次賢言其外示威嚴，中實狠愎，凡所彈擊，無非私意。

4 丙寅（三日），録行在繫囚。

5丁卯（四日），權工部尚書胡榘、禮部侍郎袁燮並罷，以右諫議大夫李楠、殿中侍御史盛章、右正言胡衛、監察御史徐龜年、張次賢言其和戰異論，侍班漏院，會食公堂，紛争求勝，釁開朋黨，害及國家，故有是命。

6戊辰（五日），張福屯普州之茗山。

7庚午（七日），以隨州棗陽縣爲棗陽軍，從京湖制置趙方請也。

8同日，張威引兵至。

9辛未（八日），太白晝見。

10乙亥（十二日），以嗣濮王不嫖薨，輟視朝。

11丙子（十三日），太白晝見。

12庚辰（十七日），太白入井。

13同日，樞密院言：「京東劉全首先倡義，率衆來歸。念其忠節，實可嘉尚。今雖見任淮東總管，宜加優異。」詔劉全特與轉武翼大夫，特賜金帶一條，許令服繫，更特賜錢五千貫，於淮東轉運司朝廷椿管錢内支破。

14辛巳（十八日），西川地震，太白晝見。

15同日，陞棗陽縣爲軍。

16同日，詔：「修武郎、京東路鈐轄楊友特與轉武翼郎，忠義軍統制徐福、周岊並特補承信郎，統領王弼、于水、劉贇、葛祐、王全、孔揮、姜孝忠各特補進武校尉。」以京東節制司言友等屢與番軍鬭戰獲捷，故旌賞之。

17壬午（十九日），其日立秋，風從西南方坤位上來。

18同日，右正言胡衛言軍器監黎伯巽傾詐，兵部郎中高禾當華髮之年，有嬰孺之嗜，刑部郎中趙彥适權姦之甥，乞並與郡。著作郎陳黼憒憒無聞，與參議官。大理寺正沈繹、丞蔣誼與宮觀。並從之。詔朝士補外，惟殿試前三名，省元釋褐，狀元朝跡稍深，許之爲郡。餘未經作邑人，非三丞二著權郎，且與通判差遣。

19同日，臣僚言：「班行不清，固由庸才之充塞，亦以更迭之制不嚴，展轉凝滯。乞明詔大臣，申更迭之制。凡未經作邑之人，非三丞、二著、權郎，且與通判差遣，庶令習熟民事，轉而爲州，不致臨政乖疏，輕重無措。抑亦爲官擇人，可均内外之任。」從之。

20同日，林岡、韓仁甫、韓信甫、王驎、王騊、葉嗣昌、葉嗣立各降一官，内林岡服闋後未得參部放行注授，王驎、王騊、葉嗣昌永不得與州郡差遣。以右正言胡衛言：「岡乃祖洽之子，身後遺澤分房之法，罔無所預，逼父遺囑，彊母營求；仁甫、信甫戚里諸孫，家廟貲産，鬩牆分争，交訴天庭；驎、騊前從臣之子，互訐閨門之私，分納短卷；嗣昌、嗣立前執政之子，弗顧手足之親，嚚訟求勝，十年弗已，而嗣昌營私專利，悖慢非一。」故有是命。

21癸未（二十日），李楠奏前江淮制置使李珏權重謀疏，泗上之役，實珏逼行，損國家威重，啓夷狄輕心，乞候服闋奪職。仍乞沿江、兩淮各制置使，其有官序尚卑，資望猶淺，則姑命以副使。從之。

22同日，張福請降。

23同日，詔中奉大夫、寶文閣待制、兼知建康府、江東安撫使、行宫留守司公事李大東充沿江制置使，建康府置司。朝奉大夫、右文殿修撰賈涉充淮東制置副使，楚州置司。朝請郎、直龍圖閣趙善湘充淮西制置副使，廬州置司。以臣僚言：「國家設制置使，蓋以朝廷去淮差遠，軍政難以喻度，機有可乘，間不容髮，豈可無策以處此？臣恭高宗皇帝朝沿江及東西兩淮各有制置使，官卑則命以副使，典故具存。乞仰體高宗成憲，分差沿江及東西兩淮制置使。其有官序尚卑，資望尤淺，則亦命以副使。俾之各居屬部，是非委得以親見，利害不惑於傳聞，變生於頃刻則隨變而輒應，戰勝而捷來則覈實而即奏，上下相孚而不忤，部内親覿而無間。若然，則何事不集而何功不成矣！」故有是詔。

24乙酉（二十二日），張威執之，歸于宣撫司。

25丁亥（二十四日），命從臣日一人禱晴於天竺山，卿監郎官禱於霍山祠。詔二廣監司應闕官去處，不許白帖差攝。已差人，限兩月赴本司陳毁。違者追冒請俸給，計贓坐罪。

26同日，嗣濮王不嫖薨。

27同日，金國招諭李全等，不聽。

28己丑（二十六日），監察御史張次賢言：「立法貴於守法。夫三歲取士，國之成法，於法之中特優其選，國子是也，豈私於公卿大夫子弟哉！蓋以親父兄之訓，識政事之體，講聞素熟，選而舉之，惟恐不寬。爲公卿大夫士者，體朝廷之美意，守一定之成法可也。苟或挾私徇情，旁枝別族，夤緣攀附，何以示公？竊攷紹興間，文武職事官本宗同居五服内、居異大功親，釐務官文臣京官、武臣朝官，本宗同居小功親，並許赴監取應。慶元間，職事官許牒子、孫、親兄弟、兄弟之子，釐務官牒本宗同居大功。前後因革，雖若小異，優是選者概於此見也。然懼牒之不實，有牒官欺隱、保官不實、僞冒殿舉駁放之罪。方牒之初，長官核實。入試之際，卷首書係某官某親。揭榜之日，名下書牒官服屬。既得之後，不許歸宗。防閑非不嚴密，申明戒敕，屢勤奏請，誠以法意既優，人情倖得，旁蹊曲徑，冒而求之，亦何足怪。獨惜夫稟稍上國，垂紳朝行，不顧廉恥，隳壞成法，豈非權勢相臨，貨賄相悦乎！職事官牒止小功，法也，或以緦麻爲小功；釐務官牒止大功，法也，或以小功爲大功。此猶冒法之微。至於服外爲服内，以姪爲弟、姪孫爲姪，彊就服屬，紊亂昭穆。甚而隔州隔路，平生蹤跡風馬不及，苟同其姓，一旦梯援，遂或嫡派。成法雖存，略不顧恤，則倖門一開，上行下傚，冒濫相煽，以至漕牒姑姨滿里，同宗紛紛，售僞者勢所必致。今公道彰明，國維振飭，未必有前者之慮。私憂過計，切謂名以國子進士者，朝廷以爲公卿大夫士之裔，使寒素之士不得儕其列，其待之異矣。正宜廉恥相先，扶植公道，詎容狃於舊習，或肆僞冒，有負優厚之本意。乞下臣此章，戒敕朝士，毋徇人情、紊國法，痛革假托宗枝、遷就服屬之弊，一正廉隅，各安命義。或麗於法，當照紹興指揮，必行無恕。」從之。

29同日，主管臨安府城南左廂公事吕滽、城北右廂公事汪之綱並放罷。以監察御史張次賢言：

「潚縱飲多至達旦，決遣率由吏手；之綱昨宰龍游，罷吏教之斷決，館客代其書判。」

30同日，權知英德府陸三省與祠禄，新知英德府鄭湜罷新任。以監察御史徐龜年言：「三省竭澤苛征，以自豐殖；湜老繆貪叨，屢經論罷。」

31辛卯（二十八日），太白經天。

32同日，都省言：「勘會見錢稀少，會價漸至低減，訪聞日來皆由銅錢下江並番舶偷載，與夫越界販賣出外。已劄下諸路提刑、提舉、轉運、市舶司，日下各嚴切行下所部州軍，差人嚴行搜檢船户，不許偷載銅錢下船。如有違犯之人，許同舟徒伴并諸色人告首，即將犯人送獄根勘，仍於名下重與追賞，犯人并船户與所販物貨并船盡籍没入官，一體決配斷罪。仍仰州縣分明重立罪賞，多出文牓曉諭，常切從公緝捉，無使透漏。仍仰所部監司覺察州縣違慢去處，切待取旨，重行鐫責施行。」

玉牒

七月甲午朔（一日）。壬寅，進信陽軍守臣趙綸官二等，旌其守禦之勞也。太白歲星合於井。

辛亥（十八日），宣繒奏董居誼誤國罪大〔一〕，僅降三官落職，未足示懲。詔居誼更降兩官，送居永州〔二〕。

甲寅（二十一日），盛章奏乞先降糴本，令臨安府、兩浙漕司差人運至極邊諸郡，廣糴米斛〔三〕，以寬淮民。從之。臣僚奏池州副都統制武師道誕謾無勇，詔罷之。

庚申（二十七日），蠲天水軍嘉定十一年分貢瑞慶節銀絹，以經虜寇焚蕩故也〔四〕。

辛酉（二十八日），光州奏虜犯光山縣，知縣許洎、權統制韓貴叶力捍禦。貴鏖戰屢捷，以寡不敵衆陣殁。洎守城不屈而死。詔贈洎武翼郎、貴修武郎，並與一子承信郎，仍各給其家錢千緡。

校勘

〔一〕宣繒奏董居誼誤國罪大　「大」，原誤作「天」，據宋刻本、四庫本改。

〔二〕送居永州　「永」，原誤作「水」，據四庫本改。

〔三〕令臨安府兩浙漕司差人運至極邊諸郡廣糴米斛　「運」字原誤作「還」，「斛」字原誤作「解」，均據四庫本改。

〔四〕以經虜寇焚蕩故也　「虜寇」，四庫本作「兵燹」，當係四庫館臣所改。又，「蕩」字原誤作「湯」，據四庫本改。

集　證

宋史卷四十寧宗紀

秋七月丙申（三日），張福伏誅。復奪董居誼二官，永州居住。

庚子（七日），張威捕賊衆一千三百餘人，誅之。莫簡自殺，紅巾賊悉平。

癸亥（三十日），李全引兵至齊州，知州王贇以城降。

宋會要輯稿

十二年七月二日，樞密院言：「縣尉之職，以警盜爲先，不得其人，則害可勝言哉！六合四年前後兩尉，皆出於進納，彼其初以資得之，龍斷之念、駔儈之態蟠結於中，安知官業之爲如何？選部以其初筮，不問其地之緊慢，人之賢愚，例以尉授之，而不知利害夐絶。欲乞自今有擬注淮邑尉者，必先問其出身，精加揀擇。有如進納之人，止授之以繁難監當。將見任人令監司精加揀擇，堪任職守人許令終滿。其已差未赴人，令赴部别注授合入差遣。及自今後，雖依條破格，亦不許注授。」從之。（職官四八之八六）

七月三日，前四川制置董居誼更降兩官，送永州居住。以兼給事中宣繒言其虜騎衝突，倉皇無策。我師失利，乃用輕儇之人爲將帥，掊刻軍士，以致潰散之卒反爲虜人鄉道。降官罷職，罰未當罪故也。（職官七五之二二）

嘉定十二年七月七日，臣僚言：「竊見大理寺右治獄法司間有闕人，即以正貼司就貢院收試。今刑部進擬案法司擬斷諸路州軍獄案，事體尤重，却以六曹寺監私名就試。此等入未久，年齒尚幼，結連成黨，雷同入院，互相指教，僥緣偶中，即充法司，請給等依書令史例幫行，又且補授、轉官，賞典非輕，大爲僥倖。況私名既不練歷於擬斷，獄案必致差誤。乞將進擬案法司已補承信郎方得作闕，許六曹曾經貢院試中、已補充正貼司之人，經刑部陳狀，就貢院附試，候試中，且令帶本處正貼司舊請，於進擬案習學，候已補官法司及一年離司，却行補正。」從之。（職官一五之二八）

十二年七月七日，詔：「前僞地白身宗子趙善長特補承信郎，趙汝舟、趙汝良並特補保義郎，差監潭州南嶽廟。内善長興化軍，汝舟汀州，汝良漳州，各居住，并放行合得請給，仍將各人家口隨州軍分撥，照北來人體例錢米養贍。白身等人，令江淮制置司契勘的實人數，分往别州軍，亦照北來體例支給錢米。繳到告二十二段，并宗圖公據，令分樁庫寄收。劄下泉州照會。」以江淮制置司言：

「據東海軍前知密州于詳申：領兵至密州諸城縣，有趙善長等首領忠義人歸順，取密州膠西縣城池。稱係皇朝子孫，陷没僞地。今因韃靼侵擾，僞差汝舟充義軍副都統把軍，爲見制司文牓，首倡大義，將帶精兵千餘，招伏宋山、史玉四千餘人，前來東海，欲效忠節。本司審驗得善長等曾高祖允昇，賜平陽郡王，高祖宗旦、祖仲瓊、父士絪，見有仲瓊勳封五色綾結，及描畫宗枝圖，及士絪秉義郎官資於僞地例换公據顯證。照得善長等係是宗室，難以臨邊，已差人伴送南外宗正司養贍外，善長、汝舟、汝良共五十八口，白身老小七十一口，乞將善長等補授官資，親屬照北來人體例支給。」故有是命。（兵一六之一六）

二十一日，池州都統制武師道放罷。以臣僚言其懵而無知，懦而不武，豈足以勝總戎御衆之任。（職官七五之二二）

七月二十六日，詔步軍司中軍統制時暫權照管侍衛馬步軍司事務黄之穎，令禮部特與放行牒試。先是以都省言，黄之穎乞牒子姪監試。據禮部備國子監申，雖未有行過體例，緣之穎目今管幹馬步軍職事，即與其他小使臣任軍將官事體不同，合議施行。故有是命。（選舉六之三二）

續編兩朝綱目備要卷十五

秋七月丙申（三日），張福伏誅。

庚子（七日），張威生擒賊衆一千三百餘人，誅之。以莫簡自殺言于宣撫司，紅巾賊悉平。

癸亥(三十日),李全至齊州,僞知州王贇以城降。

續宋中興編年資治通鑑卷十五

癸亥(三十日),京東總管李全舉兵至齊州,金守臣王贇以城降。

宋史全文卷三十

秋七月丙申(三日),張福伏誅。董居誼復奪一官,永州居住。

庚子(七日),張威生擒賊衆一千三百餘人,誅之。以莫簡自殺言於宣撫司。紅巾賊悉平。

癸亥(三十日),李全引兵至齊州,僞知州王贇以城降。

匯編

1 七月甲午朔(一日)。

2 乙未(二日),樞密院言:「縣尉之職,以警盜爲先,不得其人,則害可勝言哉!六合四年前後兩尉,皆出於進納,彼其初以資得之,龍斷之念、駔儈之態蟠結於中,安知官業之爲如何?選部以其初筮,不問其地之緊慢,人之賢愚,例以尉授之,而不知利害夐絶。欲乞自今有擬注淮邑尉者,必先問其出身,精加揀擇。有如進納之人,止授之以繁難監當。將見任人令監司精加揀擇,堪任職守人許令終滿。其已差未赴人，令赴部別注授合入差遣。及自今後，雖依條破格，亦不許注授。」從之。

3丙申（三日），張福伏誅。

4同日，前四川制置董居誼更降兩官，送永州居住。以兼給事中宣繒言其虜騎衝突，倉皇無策，我師失利，乃用輕儇之人爲將帥，掊刻軍士，以致潰散之卒反爲虜人鄉道，降官罷職，罰未當罪故也。

5庚子（七日），張威捕賊衆一千三百餘人，誅之。莫簡自殺，紅巾賊悉平。

6同日，臣僚言：「竊見大理寺右治獄法司間有闕人，即以正貼司就貢院收試。今刑部進擬案法司擬斷諸路州軍獄案，事體尤重，却以六曹寺監私名就試。此等入未久，年齒尚幼，結連成黨，雷同入院，互相指教，夤緣偶中，即充法司，請給等依書令史例幫行，又且補授、轉官，賞典非輕，大爲僥倖。況私名既不練歷於擬斷，獄案必致差誤。乞將進擬案法司已補承信郎方得作闕，許六曹曾經貢院試中、已補充正貼司之人，經刑部陳狀，就貢院附試，候試中，且令帶本處正貼司舊請，於進擬案習學，候已補官法司及一年離司，却行補正。」從之。

7同日，詔：「前僞地白身宗子趙善長特補承信郎，趙汝舟、趙汝良並特補保義郎，差監潭州南嶽廟。內善長興化軍，汝舟汀州，汝良漳州，各居住，并放行合得請給，仍將各人家口隨州軍分撥，照北來人體例錢米養贍。白身等人，令江淮制置司契勘的實人數，分往別州軍，亦照北來體例支給錢米。繳到告二十二段，并宗圖公據，令分樁庫寄收。劄下泉州照會。」以江淮制置司言：「據東海軍前知密州于詳申：領兵至密州諸城縣，有趙善長等首領忠義人歸順，取密州膠西縣城池。稱係皇朝子孫，陷没僞地。今因韃靼侵擾，僞差汝舟充義軍副都統把軍，爲見制司文牓，首倡大義，將帶精兵千餘，招伏宋山、史玉四千餘人，前來東海，欲效忠節。本司審驗得善長等曾高祖允昇，賜平陽郡王，高祖宗旦、祖仲瓊、父士絪，見有仲瓊勳封五色綾結，及描畫宗枝圖，及士絪秉義郎官資於僞地例换公據顯證。照得善長等係是宗室，難以臨邊，已差人伴送南外宗正司養贍外，善長、汝舟、汝良共五十八口，白身老小七十一口，乞將善長等補授官資，親屬照北來人體例支給。」故有是命。

8壬寅（九日），進信陽軍守臣趙綸官二等，旌其守禦之勞也。

9同日，太白歲星合於井。

10甲寅（二十一日），盛章奏乞先降糴本，令臨安府、兩浙漕司差人運至極邊諸郡，廣糴米斛，以寬淮民。

11同日，池州都統制武師道放罷。以臣僚言其懵而無知，懦而不武，豈足以勝總戎御衆之任。

12己未（二十六日），詔步軍司中軍統制時暫權照管侍衛馬步軍司事務黄之穎，令禮部特與放行牒試。先是以都省言，黄之穎乞牒子姪監試。據禮部備國子監申，雖未有行過體例，緣之穎目今管幹馬步軍職事，即與其他小使臣任軍將官事體不同，合議施行。故有是命。

13庚申（二十七日），蠲天水軍嘉定十一年分貢瑞慶節銀絹，以經虜寇焚蕩故也。

14辛酉(二十八日),光州奏虜犯光山縣,知縣許洎、權統制韓貴叶力捍禦。貴鏖戰屢捷,以寡不敵衆陣殁。洎守城不屈而死。詔贈洎武翼郎、貴修武郎,並與一子承信郎,仍各給其家錢千緡。

15癸亥(三十日),李全引兵至齊州,知州王贇以城降。

玉牒

八月甲子朔（一日）。

丙寅（三日），胡衛奏今後該封襲嗣濮王、安定郡王之人，令寓居州軍審驗堪拜跪者，津遣至宗正司銓量，都堂審察，令奏事訖，取旨除授。或序當承襲，不堪拜跪者，特轉一官，與一子恩澤，却於以次人選襲[一]。又奏選擇老成更練之人爲知宗。並從之。詔户部申嚴州縣受租苛取之禁，漕臣察其違者劾之。

庚午（七日），臣僚奏，江西、浙東等處和糴並以一色官會，近乎抑配，乞以金銀品搭[二]。從之。

壬申（九日），太白犯權御女星。

甲戌（十一日），詔四川制置司依舊利州置司，令安丙往來興元府等處措置邊面。

丁丑（十四日），太白犯權左角少民星。

壬午（十九日），蠲建寧府七縣嘉定七年至九年第五等户積欠税租，爲緡錢十萬，從守臣史彌堅請也。

癸未（二十日），月入井。

甲申（二十一日），月犯熒惑。

庚寅（二十七日），李楠奏：「朝紳進對、監司守臣條上五事〔三〕，與夫草茅獻議，多有可采而未及行。乞置籍記録，委官考察，其可行者，條列取旨。」從之。

校勘

〔一〕却於以次人選襲　「人」，原誤作「入」，據四庫本改。

〔二〕乞以金銀品搭　「搭」，原誤作「格」，據四庫本改。

〔三〕監司守臣條上五事　「條」，原誤作「僚」，據四庫本改。

集證

宋史卷四十寧宗紀

八月戊辰（五日），復合利州東西路爲一。

宋會要輯稿

嘉定十二年八月三日，臣僚言：「國家襲封王爵，主奉祠事，從獻郊廟，所以崇德廣恩，羽儀磐石，非特示一時之恩寵而已。嗣秀王屬族既近，班位自高，以序受封，固無可議。獨嗣濮安定郡王，近年以來，率自下僚，例行承襲；且多癃老疾病，不能起跪，至有賜履在列，竟未嘗一覲清光而趍朝謁者。照得先降雖有擇年高行尊之文，然高宗皇帝朝，儀王仲湜以德望俱隆，越仲綜而選拜。武德郎士𧼮次當襲爵，以其官卑，乃命士㒟權奉祠事，越十六載，始正士俴之封。則斟酌劑量，又在宸意，初不拘一定常行之例也。今若專以德望爲選，則又恐啓争奪之風，創經營之路。謂當參稽中制，自後凡有合該封襲之人，先行下寄居州軍審驗，委堪拜跪，即與保明申上，津遣至宗司銓量，繼赴都堂審察，閤門引見奏事訖，然後取旨除授。或序當承襲，本州、宗司見其不能拜跪，與特轉一官，及一子恩澤，文武隨資，以華其老；却於以次人内更行選襲。庶幾尚年、尊德之典並行，奉先睦族之意增重。」從之。（帝系二之五五，又見帝系七之一六）

十二年八月三日，臣僚言：「大宗正司專糾合宗盟之職，所宜望實素著，乃能觀聽具孚。今以嗣秀王兼總，深爲允當。乞今後除授知宗，須擇老成更練之人，庶幾肅示表儀，同歸信厚，尤稱陛下彊宗之意。」從之。（崇儒一之二三，又見帝系七之二三）

十二年八月三日，都省勘會：「人户合納今年苗米，竊慮州縣有增收多量之弊，理合預先禁約。」詔令户部日下遍牒諸路州軍，各嚴行約束當職官吏，將受納苗米不得過數增收及多量斗面。如有違戾，許人户越訴。（食貨六八之二三）

十二年八月四日，臣僚言：「國家駐驛吴會，置守之重，略倣開封。雖官儀期復於舊京，僚屬難同於往制。但彈壓之所，最爲煩劇，服寀分曹，僅與外州郡比，甚非所以壯商邑之極、隆漢輔之威也。

乞將簽判官公事、節度推官、觀察推官四闕改作堂除。其簽書判官差曾經作縣有政績人，任滿理通判資序；餘推、判官差注有舉主人，任滿無遺闕，比附作縣令例入幹官差遣。有能顯著聲績，並量材

擢用。仍須見闕，始差下政，以重其選。其見在任人，京官即與近闕屬官，選人即與近闕堂除一次。

已差下人赴部重行注授，優給占射兩年。如見任而情願就部，亦同上項恩例，庶幾幕屬得人。」從之。

（職官四八之一六）

十二年八月七日，臣僚言：「臣觀淳熙、紹熙間，班行序進率二三載，未聞下之人以遲速而窺其上，上之人未嘗爲人擇官、求悅於下也。謗木諫鼓，〔道〕人使言，一謀一猷，皆國之利，但存忠實，何嘗厭聞！乃有奏篇甫上，從否未決，遊談聚議，遽謂禍機，致使勇者或過於言，怯者或沮於言，是就睽而去泰，可不懼歟！乞詔大臣，申儆在列，洪開誠心，各乎至意，俾之修職業以俟簡知，摅言論以備擇用，豈特一時集嘉靖之福哉！」從之。（職官七九之二五）

八月九日，殿前司左軍統制張健、神勇軍統領崔震並放罷。以監察御史張次賢言：「健以妾妻逆曦，緣此陞差，出戍揚州，贓濫不法非一；震元係御馬院白身，軍務莫曉，牧馬平江，恣所欲爲。」

（職官七三之五三）

八月九日，臣僚言：「今日楮券之弊，較之開禧之前固不若彼之甚。州縣稱提，久而厭玩，不無折閱去處，然振起其折閱之漸，而杜絶其致弊之因，其策在錢而不在楮，蓋錢者所以權乎楮也。今日

之錢，鼓鑄不登，滲漏不貲，鉟銷日蠹，私家藏匿。疊是四弊，固宜銅錢日少，而無以濟楮幣之流行。乞申明禁令，凡坑冶鼓鑄責之所司，必欲歲數增衍。至於蕃賈之滲漏，工匠之鉟銷，豪民贓吏之藏積，嚴行禁止，無尚虚文，無恤浮議，則銅錢可以漸裕，子母可以相權，楮幣之價不至於隨起而隨仆矣。至若州縣稱提之策，則民賦輸納、官吏俸給一用錢會中半之説，猶可奉行，而嘉定九年臣僚所奏具在可覆。乞檢舉頒下州縣，務在必行。」從之。（刑法二之一四三）

八月九日，前通判盱眙軍尤爚罷祠禄。以監察御史徐龜年言其常時節義自許，俾貳邊郡，就攝軍事，顧乃見敵在前，終日憂懼，形於涕泣。平居大言，事至一籌莫措，幾致誤國。（職官七五之二二）

八月十一日，詔四川宣撫使依舊利州置司，令安丙往來興元府等處措置事。（職官四一之四三）

八月十五日，國子監發解，命監察御史徐龜年監試，侍右郎中林岊、考功郎中樓觀、著作郎危稹考試，太府寺丞方灼、秘書省正字兼翰林權直徐鳳、秘書省正字盧祖皋、籍田令黄灝、太社令王夢龍、主管吏部架閣文字楊璘、主管禮兵部架閣文字陶崇、監左藏庫中門皇甫曄點檢試卷，避親別試，秘書郎蕭舜咨考試，主管户部架閣文字葛從龍、朝奉郎應鏞、監贍軍南外酒庫胡剛中點檢試卷。（選舉二一之一六）

二十七日，新知惠州陳士元罷新任。以右諫議大夫李楠言其居家恃彊吞併，結怨閭里；在官貪汙狼籍，流毒生民。（職官七五之二三）

二十八日，新通判臨江軍趙善稌與祠禄。以左司諫盛章言其試邑鉛山，以科斂被按；爲屬浙漕，以納賂抨彈；洎倅黄州，以貪黷遭斥。需次鄂州糧料，别與閑慢差遣，豈可不爲他日之慮。（職官七五之二三）

同日，江州通判趙希惠、新台州通判韓休卿並放罷。以右正言胡衛言：「希惠令倅九江，貪虐益甚；休卿蒞官所至，率無聲稱。」（職官七五之二三）

二十八日，臣僚言：「伏睹朝廷申飭諸路漕司，戒約州縣受納秋苗增收斛面之弊。仰見清朝軫念黎元，愛養基本，德至渥也，命令之頒，大率視爲故常，未見有及於民者。且多爲名色，增衍任情，一斛之輸，費幾三斛，一倍之收，加至再倍，民則何以堪之！折納價錢，法之所禁；畸零舊欠與夫深山窮谷，搬運孔艱，則或從權，以爲民便。今所至受納，赢餘既多，會計支供，稍可及數，則亟立高價，悉使折錢。富者其力有餘，得以及時輸送本色，貪者難於措畫，不無稽緩，所納多抑以錢。至有窮居遐僻，登陟險峻，負擔而趨，米至城邑而折納之令已行，則不免於低價而售，其費滋多，故貧下之民受弊尤甚。乃若一二年來，浙東之郡又有不止於爲民之害者，開場未幾，隨即折變，既高其直，以病乎民，復以低價入廣收糴。給散軍糧，知利其赢，而糠粃惡雜，一不之問，軍士怨忿，尤有疾視之心，任牧馭之責者，其忍爲是哉！乞下臣此章，嚴賜戒飭。受輸之際，或過數增收及高立苗價，彊民納錢與夫貴折賤糴以爲軍民之害者，許令臺諫彈奏，重賜施行。」從之。（食貨六八之二四）

續編兩朝綱目備要卷十五

八月戊辰（五日），復合利州東、西爲一路。

續宋中興編年資治通鑑卷十五

八月，合利州東西爲一路。

宋史全文卷三十

八月戊辰，復合利州東西路爲一。

匯　編

1 八月甲子朔（一日）。

2 丙寅（三日），胡衛奏：「『國家襲封王爵，主奉祠事，從獻郊廟，所以崇德廣恩，羽儀磐石，非特示一時之恩寵而已。嗣秀王屬族既近，班位自高，以序受封，固無可議。獨嗣濮安定郡王，近年以來，率自下僚，例行承襲；且多癃老疾病，不能起跪，至有賜履在列，竟未嘗一覲清光而趍朝謁者。照得先降雖有擇年高行尊之文，然高宗皇帝朝，儀王仲湜以德望俱隆，越仲綜而選拜。武德郎士𩑺次當襲爵，以其官卑，乃命士㒟權奉祠事，越十六載，始正士㒟之封。則斟酌劑量，又在宸意，初不拘一定常行之例也。今若專以德望爲選，則又恐啓争奪之風，創經營之路。謂當參稽中制，自後凡有合該封襲之人，先行下寄居州軍審驗，委堪拜跪，即與保明申上，津遣至宗司銓量，繼赴都堂審察，閤門引見奏事訖，然後取旨除授。或序當承襲，本州、宗司見其不能拜跪，與特轉一官，及一子恩澤，文武隨資，以華其老；却於以次人内更行選襲。庶幾尚年、尊德之典並行，奉先睦族之意增重。」又奏：「大宗正司專糾合宗盟之職，所宜望實素著，乃能觀聽具孚。今以嗣秀王兼總，深爲允當。乞今後除授知宗，須擇老成更練之人，庶幾肅示表儀，同歸信厚，尤稱陛下彊宗之意。」並從之。

3同日，都省勘會：「人户合納今年苗米，竊慮州縣有增收多量之弊，理合預先禁約。」詔令户部日下遍牒諸路州軍，各嚴行約束當職官吏，將受納苗米不得過數增收及多量斗面。如有違戾，許人户越訴。」

4丁卯（四日），臣僚言：「國家駐蹕吴會，置守之重，略倣開封。雖官儀期復於舊京，僚屬難同於往制。但彈壓之所，最爲煩劇，服寀分曹，僅與外州郡比，甚非所以壯商邑之極、隆漢輔之威也。乞將簽判官公事、節度推官、觀察推官四闕改作堂除。其簽書判官差曾經作縣有政績人，任滿理通判資序；餘推、判官差注有舉主人，任滿無遺闕，比附作縣令例入幹官差遣。有能顯著聲績，並量材擢用。仍須見闕，始差下政，以重其選。其見在任人，京官即與近闕屬官，選人即與近闕堂除一次。已差下人赴部重行注授，優給占射兩年。如見任而情願就部，亦同上項恩例，庶幾幕屬得人。」從之。

5戊辰（五日），復合利州東西爲一路。

6 庚午(七日),臣僚奏,江西、浙東等處和糴並以一色官會,近乎抑配,乞以金銀品搭。從之。

7 同日,臣僚言:「臣觀淳熙、紹熙間,班行序進率二三載,未聞下之人以遲速而窺其上,上之人未嘗爲人擇官、求悦於下也。謗木諫鼓,〔道〕人使言,一謀一猷,皆國之利,但存忠實,何豯厭聞!乃有奏篇甫上,從否未決,遊談聚議,遽謂禍機,致使勇者或過於言,怯者或沮於言,是就睽而去泰,可不懼歟! 乞詔大臣,申儆在列,洪開誠心,各孚至意,俾之修職業以俟簡知,攄言論以備擇用,豈特一時集嘉靖之福哉!」從之。

8 壬申(九日),太白犯權御女星。

9 同日,殿前司左軍統制張健、神勇軍統領崔震並放罷。以監察御史張次賢言:「健以妾妻逆曦,緣此陞差,出戍揚州,贓濫不法非一;震元係御馬院白身,軍務莫曉,牧馬平江,恣所欲爲。」

10 同日,臣僚言:「今日楮券之弊,較之開禧之前固不若彼之甚。州縣稱提,久而厭玩,不無折閲去處,然振起其折閲之漸,而杜絶其致弊之因,其策在錢而不在楮,蓋錢者所以權乎楮也。今日之錢,鼓鑄不登,滲漏不貲,鉟銷日蠹,私家藏匿。疊是四弊,固宜銅錢日少,而無以濟楮幣之流行。乞申明禁令,凡坑冶鼓鑄責之所司,必欲歲數增衍。至於蕃賈之滲漏,工匠之鉟銷,豪民贓吏之藏積,嚴行禁止,無尚虚文,無恤浮議,則銅錢可以漸裕,子母可以相權,楮幣之價不至於隨起而隨仆矣。至若州縣稱提之策,則民賦輸納、官吏俸給一用錢會中半之説,猶可奉行,而嘉定九年臣僚所奏具在可覆。乞檢舉頒下州縣,務在必行。」從之。

11同日，前通判盱眙軍尤爚罷祠禄。以監察御史徐瓛年言其常時節義自許，俾貳邊郡，就攝軍事，顧乃見敵在前，終日憂懼，形於涕泣。平居大言，事至一籌莫措，幾致誤國。

12甲戌（十一日），詔四川制置司依舊利州置司，令安丙往來興元府等處措置邊面。

13丁丑（十四日），太白犯權左角少民星。

14戊寅（十五日），國子監發解，命監察御史徐瓛年監試，侍右郎中林岊、考功郎中樓觀、著作郎危稹考試，太府寺丞方灼、秘書省正字兼翰林權直徐鳳、秘書省正字盧祖皋、籍田令黄灝、太社令王夢龍、主管吏部架閣文字楊璘、主管禮兵部架閣文字陶崇、監左藏庫中門皇甫曄點檢試卷，避親別試秘書郎蕭舜咨考試，主管户部架閣文字葛從龍、朝奉郎應鏞、監贍軍南外酒庫胡剛中點檢試卷。

15壬午（十九日），蠲建寧府七縣嘉定七年至九年第五等户積欠税租，爲緡錢十萬，從守臣史彌堅請也。

16癸未（二十日），月入井。

17甲申（二十一日），月犯熒惑。

18庚寅（二十七日），李楠奏：「朝紳進對、監司守臣條上五事，與夫草茅獻議，多有可采而未及行。乞置籍記録，委官考察，其可行者，條列取旨。」從之。

19同日，新知惠州陳士元罷新任。以右諫議大夫李楠言其居家恃彊吞併，結怨閭里；在官貪汙狼籍，流毒生民。

20辛卯(二十八日),新通判臨江軍趙善稌與祠禄。以左司諫盛章言其試邑鉛山,以科歛被按;爲屬浙漕,以納賂抨彈;洎倅黄州,以貪黷遣斥。需次鄂州糧料,别與閑慢差遣,豈可不爲他日之慮。

21同日,江州通判趙希惠、新台州通判韓休卿並放罷。以右正言胡衛言:「希惠令倅九江,貪虐益甚;休卿涖官所至,率無聲稱。」

22同日,臣僚言:「伏睹朝廷申飭諸路漕司,戒約州縣受納秋苗增收斛面之弊。仰見清朝軫念黎元,愛養基本,德至渥也,命令之頒,大率視爲故常,未見有及於民者。且多爲名色,增衍任情,一斛之輸,費幾三斛,一倍之收,加至再倍,民則何以堪之! 折納價錢,法之所禁;畸零舊欠與夫深山窮谷,搬運孔艱,則或從權,以爲民便。今所至受納,贏餘既多,會計支供,稍可及數,則亟立高價,悉使折錢。富者其力有餘,得以及時輸送本色,貧者難於措畫,不無稽緩,所納多抑以錢。至有窮居遐僻,登陟險峻,負擔而趨,米至城邑而折納之令已行,則不免於低價而售,其費滋多,故貧下之民受弊尤甚。乃若一二年來,浙東之郡又有不止於爲民之害者,開場未幾,隨即折變,既高其直,以病乎民,復以低價入廣收糴。給散軍糧,知利其贏,而糠粃惡雜,一不之問,軍士怨忿,尤有疾視之心,任牧馭之責者,其忍爲是哉! 乞下臣此章,嚴賜戒飭。受輸之際,或過數增收及高立苗價,彊民納錢與夫貴折賤糴以爲軍民之害者,許令臺諫彈奏,重賜施行。」從之。

玉牒

九月癸巳朔（一日）。

庚子（八日），侍讀徐應龍讀寶訓，「有自東京來者云張九成投僞齊，帝曰，朕固知其不然。」應龍奏曰：「非高宗聖明，九成必遭中傷。」上曰：「飛語烏足信？」又讀「張常先、汪召錫、莫汲、范洵等告訐，帝曰，可並與追削編置。」應龍奏曰：「詩云，取彼譖人〔一〕，投畀豺虎，高宗可謂深得詩人疾讒之意。」上曰：「此誠可爲子孫家法。」

甲辰（十二日），李楠進讀寶訓，至「帝諭輔臣曰，朕欲治贓吏，須檢舉祖宗舊法，先告諭，庶行之不暴。」上曰：「祖宗治贓吏至棄市。」楠奏：「高宗嘗曰，不必至此，笞黥足矣。　繼今有贓敗者，乞並遵高宗聖訓，杖脊流之嶺表。」

乙巳（十三日），徐應龍進讀通鑑，至「吴起爲將，與士卒最下者同衣食，分勞苦。卒有病疽者，起爲吮之。」應龍奏曰：「昔之將帥，與士卒同甘苦，得其死力。今之將帥，事掊剋而不恤士，欲其臨危效命〔二〕，得乎？　惟陛下嚴戒飭之。」

癸丑（二十一日），詔令皇城司招刺三百人配填親從等闕，省衢州西安縣西尉，置龍游縣主簿，從臣僚請也〔三〕。

乙卯（二十三日），以皇叔保康軍節度使、開府儀同三司、嗣秀王、判大宗正事師禹爲少保，保寧軍承宣使、知閤門事楊石爲保寧軍節度使，奉國軍承宣使〔四〕、知閤門事楊谷爲奉國軍節度使。徐應龍進讀寶訓，至「紹興二十六年樊光遠進對云，近投荒者還官職，物故者復資品，録子孫。又帝諭輔臣曰，往時士子，或上書忤秦檜，押往本貫〔五〕，或它處聽讀，致妨應舉，可並放逐便。」上曰：「當時秦檜用事，在朝賢者斥逐去盡。」應龍奏曰：「高宗既爲之復官職，録子孫，至於聽讀士人，亦令逐便，恩亦厚矣。陛下觀書，能察及此，公道幸甚。」

丙辰（二十四日），月入太微垣。

己未（二十七日），建康都統許俊奏前軍統領張世忠策應濠州，畏怯逗撓，委棄衣甲。詔張世忠鐫三官，降準備將。

辛酉（二十九日），臣僚奏沿邊令尉須年六十以下，方許差注。見任人令各州察其疲老不堪任使者，赴部别行注授。從之。

校勘

〔一〕取彼譖人　「譖」，原誤作「讒」，據四庫本并詩經巷伯改。

〔二〕欲其臨危效命　「效」，原誤作「効」，據四庫本改。

〔三〕從臣僚請也　「請」，原誤作「諸」，據四庫本改。

〔四〕奉國軍承宣使　「奉」，原誤作「奏」，據四庫本改。

〔五〕押往本貫　「往」字原無，據宋刻本、四庫本補。

集證

宋史卷四十寧宗紀

九月丙午（十四日），罷江淮制置司，置沿江、淮東西制置司，以寶文閣待制李大東爲沿江制置使，淮南轉運判官趙善湘爲主管淮西制置司公事，淮東提刑賈涉爲主管淮東制置司公事兼節制京東、河北路軍馬。

宋會要輯稿

九月二十一日癸丑，其日立冬，風從東南方巽位上來。（運曆二之三五）

十二年九月二十一日，臣僚言：「伏見衢州西安縣知縣、丞、簿之外，元止一尉而已。因前知州孫子直以西安縣疆界廣闊，申乞添置一尉爲東、西，却廢罷本縣南銀場監官，俾西尉兼總其事。西尉乃居城闉，遇有幹旋行出鄉，似若優閑。所隸弓手五十名，雖於東尉司撥到二十名外，創立三十名，月支庸錢歲計一千六百二貫，未免均敷於民。以贅員之官，徒爲民困，今欲復省而廢之，所隸弓手二十名撥還東尉司外，餘人住罷，及將西安縣每歲增科役錢一千六百二貫，亦行免敷。所有南銀場人煙稀少，不成井邑，兼在山澤之内，月收課額併令東尉掌管。龍游縣亦係繁劇去處，與西安、江山兩縣事體一同。西安、江山乃有丞、簿、尉三員分領其事，獨龍游縣止有縣丞及縣尉兼主簿二員而已。緣本縣管下一十一鄉四十九都，路當孔道，稅賦繁夥，周回數百餘里，若遇差委或丞、尉有他故，更無別員(司)[可]差。今欲廢罷西安尉，却於龍游縣置主簿一員，俾職任各得其當。」從之。（職官四八之八六）

九月二十七日，國子司業王棐言：「科舉取士，自唐以來，蓋數百年。鴻儒名士，社稷之臣，由此塗出。方其應試也，雜來泛取，濫得幸中，不知其幾。故我藝祖常難其選，興學校，專師儒，欲教而後用，養而後取之。蓋鄉舉里選，其法既廢，兼采譽望，有司猶得以執其權。自糊名謄録之法密，則一於言語文字工拙而已。法行既久，未易驟變。來者愈多，有司考校，精神有限，去取苟且，則併其言語文字擇之不精，毋怪乎人才之愈下。南渡以來，嘉尚正學，中間諸老先生雖所得源委不能盡同，究析義理，昭若日星。士子手抄口誦，講疑問難，上者有深造自得之功，下者不失爲規矩準繩之士。權臣誤國，立爲標榜，痛禁絶之，以中庸、大學爲諱，所趨者惟時文，前後相襲，陳腐愈甚。夫積漸於數十年之久，其説之方行，大壞於數年之間，其論幾熄。更化以來，崇獎雖至，丕變未能。故體貼愈精，字面雖新而不貫於義理；華藻愈盛，浮言雖多而不本於義理。務爲纖巧而氣益卑，更相蹈襲而見益下。臣謂當此大比，戒諭考官，悉心選取，必據經考古，渾厚典實，理致深純，辨析該通，出於胸臆，有氣概者，理勝文簡爲上，文繁理寡爲下。秋闈既精，上之春官，進之天庭，爲異時天下之用，豈云小補。」從之。（選舉六之三二）

九月二十七日，臣僚言：「縣令之職，撫字催科，號爲繁劇，而沿邊諸邑亦非内地比。尉曹之官，所資彈壓，而沿邊諸邑亦非内地比，豈容輕畀？乞令吏部左右選，應文官注授沿邊知縣、縣尉差遣，須年六十以下之人，其六十以上並不許差注，庶幾官使得人，事功易集。」從之。（職官四八之四九）

二十八日，右諫議大夫李楠言：「自昔取士必由學校，後世變爲科舉，尚謂學而後仕也。厥今之弊，曰傳義，曰挾書，曰見燭，未若代筆，最失本意。蓋科舉以其業儒能文，而後設棘闈之防，門關之禁，監試有官，巡邏有人，隄防伺察，慮其有弊。今賂賄公行，代筆中選，十常二三。秋試已畢，省闈在望，乞檢照科舉條法，申嚴行下，重立賞格，如有代筆，許人告首。仍下州縣，預令通知。」【貼黄】臣竊見丙子舉，奏請州郡召保給據，前赴省試。續以試期迫近，權就禮部檢元解帖給據就試，而貪婪無藉之徒，乃用情解已死姓名投狀，或用弟兄親戚同鄉姓名脱漏給據，專爲假手，試訖委而棄之。乞下所屬，照指揮就各州保明給據赴省。如違，定不收試。此革代筆之一端。至有門外假手，遞稿入院，或内外通同交卷，曆子先上姓名，旋將見成卷子傳入填納，或封彌之初，私置别本記其名號，計囑吏人塗改，以圖必取。乞立罪賞，嚴戒巡邏官吏，其令人代試及代人試者，從條科罪。如有行賕，計贓重作施行。從之。（選舉六之三三）

九月二十九日，詔沿邊縣尉年六十已上人，並不許差注。（職官四八之八七）

九月二十九日，毛當時罷宮觀。以左司諫盛章言其頃守雷州，嘗爲臺臣論奏；今居鄉邑，長惡不悛。（職官七五之二三）

十二年九月，權禮部侍郎楊汝明兼太子侍讀，司封郎中高文善兼太子舍人。汝明十三年三月陞兼右諭德。（職官七之四六）

續編兩朝綱目備要卷十五

九月丙午（十四日），罷江淮制置司，置沿江、淮東西制置司，寶文閣待制李大東爲沿江制置使，淮南轉運判官趙善湘爲主管淮西制置司公事，淮東提刑賈涉爲主管淮東制置司公事兼節制京東、河北路軍馬。

續宋中興編年資治通鑑卷十五

九月丙午（十四日），以李大東爲沿江制置使，趙善湘主管淮西制置司公事，賈涉主管淮東制置司公事兼節制京東、河北路軍馬。

宋史全文卷三十

九月丙午（十四日），罷江淮制置司，置沿江、淮東西制置司，寶文閣待制李大東爲沿江制置大使，淮南轉運判官趙善湘爲主管淮西制置司公事，淮東提刑賈涉爲主管淮東制置司公事兼節制京東、河北路軍馬。

匯編

1九月癸巳朔（一日）。

2庚子（八日），侍讀徐應龍讀寶訓，「有自東京來者云張九成投僞齊，帝曰，朕固知其不然。」應龍奏曰：「非高宗聖明，九成必遭中傷。」上曰：「飛語烏足信？」又讀「張常先、汪召錫、莫汲、范洵等告訐，帝曰，可並與追削編置。」應龍奏曰：「詩云，取彼譖人，投畀豺虎，高宗可謂深得詩人疾讒之意。」上曰：「此誠可爲子孫家法。」

3甲辰（十二日），李楠進讀寶訓，至「帝諭輔臣曰，朕欲治贓吏，須檢舉祖宗舊法，先告諭，庶行之不暴。」上曰：「祖宗治贓吏至棄市。」楠奏：「高宗嘗曰，不必至此，笞黥足矣。　繼今有贓敗者，乞並遵高宗聖訓，杖脊流之嶺表。」

4乙巳（十三日），徐應龍進讀通鑑，至「吴起爲將，與士卒最下者同衣食，分勞苦。　卒有病疽者，起爲吮之。」應龍奏曰：「昔之將帥，與士卒同甘苦，得其死力。　今之將帥，事掊剋而不恤士，欲其臨危效命，得乎？惟陛下嚴戒飭之。」

5丙午（十四日），罷江淮制置司，置沿江、淮東西制置司，以寶文閣待制李大東爲沿江制置使，淮南轉運判官趙善湘爲主管淮西制置司公事，淮東提刑賈涉爲主管淮東制置司公事兼節制京東、河北路軍馬。

6癸丑（二十一日），詔令皇城司招刺三百人配填親從等闕，省衢州西安縣西尉，置龍游縣主簿，從臣僚請也。

7同日，臣僚言：「伏見衢州西安縣知縣、丞、簿之外，元止一尉而已。因前知州孫子直以西安縣疆界廣闊，申乞添置一尉爲東、西，却廢罷本縣南銀場監官，俾西尉兼總其事。西尉乃居城闉，遇有幹旋行出鄉，似若優閑。所隸弓手五十名，雖於東尉司撥到二十名外，創立三十名，月支庸錢歲計一千六百二貫，未免均敷於民。以贅員之官，徒爲民困，今欲復省而廢之，所隸弓手二十名撥還東尉司外，餘人住罷，及將西安縣每歲增科役錢一千六百二貫，亦行免敷。所有南銀場人煙稀少，不成井邑，兼在山澤之内，月收課額併令東尉掌管。龍游縣亦係繁劇去處，與西安、江山兩縣事體一同。西安、江山乃有丞、簿、尉三員分領其事，獨龍游縣止有縣丞及縣尉兼主簿二員而已。緣本縣管下一十一鄉四十九都，路當孔道，税賦繁夥，周回數百餘里，若遇差委或丞、尉有他故，更無別員（司）〔可〕差。今欲廢罷西安尉，却於龍游縣置主簿一員，俾職任各得其當。」從之。

8乙卯（二十三日），以皇叔保康軍節府使、開府儀同三司、嗣秀王、判大宗正事師禹爲少保，保寧軍承宣使、知閤門事楊石爲保寧軍節度使，奉國軍承宣使、知閤門事楊谷爲奉國軍節度使。徐應龍進讀寶訓，至「紹興二十六年樊光遠進對云，近投荒者還官職，物故者復資品，録子孫。又帝諭輔臣曰，往時士子，或上書忤秦檜，押往本貫，或它處聽讀，致妨應舉，可並放逐便。」上曰：「當時秦檜用事，在朝賢者斥逐去盡。」應龍奏曰：「高宗既爲之復官職，録子孫，至於聽讀士人，亦令逐便，恩亦厚矣。陛下觀書，能察及此，公道幸甚。」

9丙辰（二十四日），月入太微垣。

10己未（二十七日），建康都統許俊奏前軍統領張世忠策應濠州，畏怯逗撓，委棄衣甲。詔張世忠鐫三官，降準備將。

11同日，國子司業王棐言：「科舉取士，自唐以來，蓋數百年。鴻儒名士，社稷之臣，由此塗出。方其應試也，雜來泛取，濫得幸中，不知其幾。故我藝祖常難其選，興學校，專師儒，欲教而後用，養而後取之。蓋鄉舉里選，其法既廢，兼采譽望，有司猶得以執其權。自糊名謄録之法密，則一於言語文字工拙而已。法行既久，未易驟變。來者愈多，有司考校，精神有限，去取苟且，則併其言語文字擇之不精，毋怪乎人才之愈下。南渡以來，嘉尚正學，中間諸老先生雖所得源委不能盡同，究析義理，昭若日星。士子手抄口誦，講疑問難，上者有深造自得之功，下者不失爲規矩準繩之士。權臣誤國，立爲標榜，痛禁絶之，以中庸、大學爲諱，所趨者惟時文，前後相襲，陳腐愈甚。夫積漸於數十年之久，其説之方行，大壞於數年之間，其論幾熄。更化以來，崇獎雖至，丕變未能。故體貼愈精，字面雖新而不貫於義理；華藻愈盛，浮言雖多而不本於義理。務爲纖巧而氣益卑，更相蹈襲而見益下。臣謂當此大比，戒諭考官，悉心選取，必據經考古，渾厚典實，理致深純，辨析該通，出於胸臆，有氣概者，理勝文簡爲上，文繁理寡爲下。秋闈既精，上之春官，進之天庭，爲異時天下之用，豈云小補。」從之。

12同日，臣僚言：「縣令之職，撫字催科，號爲繁劇，而沿邊諸邑亦非内地比。尉曹之官，所資彈壓，而沿邊諸邑亦非内地比，豈容輕畀？乞令吏部左右選，應文官注授沿邊知縣、縣尉差遣，須年六十以下之人，其六十以上並不許差注，庶幾官使得人，事功易集。」從之。

13庚申（二十八日），右諫議大夫李楠言：「自昔取士必由學校，後世變爲科舉，尚謂學而後仕也。厥今之弊，曰傳義，曰挾書，曰見燭，未若代筆，最失本意。蓋科舉以其業儒能文，而後設棘闈之防，門關之禁，監試有官，巡邏有人，隄防伺察，慮其有弊。今賂賄公行，代筆中選，十常二三。秋試已畢，省闈在望，乞檢照科舉條法，申嚴行下，重立賞格，如有代筆，許人告首。仍下州縣，預令通知。」〔貼黄〕臣竊見丙子舉，奏請州郡召保給據，前赴省試。續以試期迫近，權就禮部檢元解帖給據就試，而貪婪無藉之徒，乃用情解已死姓名投狀，或用弟兄親戚同鄉姓名脱漏給據，專爲假手，試訖委而棄之。乞下所屬，照指揮就各州保明給據赴省。如違，定不收試。此革代筆之一端。至有門外假手，遞稿入院，或内外通同交卷曆子，先上姓名，旋將見成卷子傳入填納，或封彌之初，私置别本記其名號，計囑吏人塗改，以圖必取。乞立罪賞，嚴戒巡邏官吏，其令人代試及代人試者，從條科罪。

如有行賕，計贓重作施行。從之。

14辛酉（二十九日），臣僚奏沿邊令尉須年六十以下，方許差注。見任人令各州察其疲老不堪任使者，赴部別行注授。從之。

15同日，詔沿邊縣尉年六十已上人，並不許差注。

16同日，毛當時罷宫觀。以左司諫盛章言其頃守雷州，嘗爲臺臣論奏；今居鄉邑，長惡不悛。

17九月，權禮部侍郎楊汝明兼太子侍讀，司封郎中高文善兼太子舍人。汝明十三年三月陞兼右諭德。

玉牒

十月癸亥朔(一日)。

甲子(二日),朝獻景靈宫。

丁卯(五日),臣僚奏乞戒敕監司、郡守,各察其屬,舉賢糾惡,歲終具數來上,省部置籍稽考,違者臺臣覺察重罰。從之。

己巳(七日),詔權殿前司事務王端理獻錢會叁拾萬貫,令本司樁管。

庚午(八日),月入羽林。

辛未(九日),張次賢奏:「淮西陸運,舊分兩路。東路自安豐運至無爲,無爲運至廬,廬運至濠。西路自蘄運至黄,黄運至光,地之相去,各不下三百里,半月可以往復,民亦樂趨。近歲邊吏措畫乖方,東路之夫遣往西路,甚或不給路費,顛踣道路。乞戒敕諸司,勿得越境借夫。諸邊吏假軍期科擾者,必罰無貸。」從之。

甲戌(十二日),工部郎中張午進對,奏:「前此方面之臣及江淮諸將類無可恃,當急收賢望,拔用智勇。」上曰:「然。」又奏:「内帑之積無餘,版曹之用不繼。」上曰:「内帑誠不及向來。」午奏:「聖德恭儉,宜貫朽粟紅。今中外之財,皆若不足,必有其故,當節用，不當取民。」上曰：「誠是。」又奏邊事，上曰：「蜀中兵火可念。」午奏：「陛下軫念遐遠如此，天下無十全之利，圖事揆策，固當惟目前之安，而銷患制變，亦不可不熟計其後。」上曰：「當慮後。」

戊寅（十六日），以瑞慶節賜武臣宴於貢院。

庚辰（十八日），群臣上壽。

辛巳（十九日），賜文臣宴於貢院。

癸未（二十一日），大燕集英殿。

丙戌（二十四日），李楠奏乞下提舉常平司，申嚴州縣推排陞降之法〔一〕，違者憲漕互察以聞。從之。

辛卯（二十九日），胡衛奏知欽州林千之殺人爲饌，乞差大理寺官審勘。上曰：「然。」又奏乞令四蜀守臣，各修軍政。廂禁軍弓手之籍闕者，日下招填，仍令逐路帥臣督察其奉行不虔者。從之。臣僚奏淮東提刑兼知揚州洪伋退縮辭難〔二〕，乞別與州郡。從之。時朝議移帥閫於楚州，伋有異論故也。

校勘

〔一〕申嚴州縣推排陞降之法　此句「陞」原誤作「陛」，且衍「下」字，據四庫本删改。

〔二〕淮東提刑兼知揚州洪伋退縮辭難　「淮東」下原衍「刑」字，據四庫本删。又「伋」原作「汲」。檢宋會要輯稿職官七五之二三載：「（嘉定十二年）十月二十九日，淮東提刑、兼知揚州洪伋別與州郡差遣。」據此并四庫本改。

集證

宋會要輯稿

十二年十月五日，臣僚言：「竊惟國家設官分職，内外錯立，激揚所繫，舉刺並行。詳内略外，固非分治本意，而有舉無刺，任按察者可不究心乎！蓋人主深居九重，人才賢否不能遍察，故内而彈擊則責之御史，外而按刺則責之監司。比年以來，臺臣奏劾無月無之，而監司、郡守各不舉職。夫有舉必有刺，二者宜兼行之。今也連連累牘，紛紛來上，或舉政績，或舉所知，或舉廉吏，或舉科目，有獨銜而特薦者，有連銜而列薦者，有一狀而薦至五六人者，每至將替，尤爲猥衆。其間固有時取姦贓，廉按一二，然類多吐剛茹柔，莫肯任怨。至有終歲而不按一人，終任而不劾一吏者，豈部内官吏皆賢而無可論者耶！上下相蒙，孰視不問。雖言責之地，得其風聞，不敢緘默，而外臺容庇，漏網實多。乞戒飭監司各察其屬，舉賢糾惡，參舉並行。仍令省部每遇剌舉來上，或舉多剌少，或舉少剌多，並置籍稽考，略倣臺臣月劾之例，少加旌别。如有任滿不按一吏，終歲不劾一人者，並令臺臣覺察，重與責罰。庶幾官曹肅清，姦貪知畏。」從之。（職官四五之四三）

十月二十六日，刑部郎中費埏、大理寺丞留碩並與祠禄。以右諫議大夫李楠言：「埏倖中金科，兩玷臺議，躐處郎省，豈所宜得；碩自領左符，受成吏手，今佐詳讞，何所建明？」（職官七三之五三）

十二年十月二十七日，詔知尚書内省事、新安郡夫人何從謹除主管大内公事，轉吉國夫人，直筆尚字王氏除知尚書内省事、轉宜春郡夫人，賜名從信，並依禄式支破諸般請給。（后妃四之二九）

十二年十月二十九日，臣僚言：「廣西經略司奏，知欽州林千之殺人爲饌，本於横州發覺，傳諸四方，莫不驚異。近觀經略司勘到情節，有李滿、阿陳等供述已詳，但未曾攝取千之伏辯。而其子友直進狀，乃復支離，若有囑託。成謀於下而欲機自上發，官益疑焉。乞特自朝廷差大理寺清彊官帶推獄於静江府、湖南鄰郡鞫勘，毋苟同以入其罪，毋苟異以出其情。如事皆孚寔，則千之非復人類，他日明正典刑。凡官當蔭贖等法，皆不可行。倘或不然，則千之遂可免爲禽獸之歸，豈特亶一時之刑辟而已。」從之。（職官五之六二）

十月二十九日，淮東提刑、兼知揚州洪伋别與州郡差遣。以右正言胡衛言其自爲譸張，舉措失宜，始至既已退縮，稍久必誤國事。（職官七五之二三）

匯編

1十月癸亥朔(一日)。

2甲子(二日),朝獻景靈宫。

3丁卯(五日),臣僚奏乞戒敕監司郡守,各察其屬,舉賢糾惡,歲終具數來上,省部置籍稽考,違者臺臣覺察重罰。從之。

4同日,臣僚言:「竊惟國家設官分職,内外錯立,激揚所繫,舉刺並行。詳内略外,固非分治本意,而有舉無刺,任按察者可不究心乎! 蓋人主深居九重,人才賢否不能遍察,故内而彈擊則責之御史,外而按刺則責之監司。比年以來,臺臣奏劾無月無之,而監司、郡守各不舉職。夫有舉必有刺,二者宜兼行之。今也連連累牘,紛紛來上,或舉政績,或舉所知,或舉廉吏,或舉科目,有獨銜而特薦者,有連銜而列薦者,有一狀而薦至五六人者,每至將替,尤爲猥衆。其間固有時取姦贓,廉按一二,然類多吐剛茹柔,莫肯任怨。至有終歲而不按一人,終任而不劾一吏者,豈部内官吏皆賢而無可論者耶! 上下相蒙,孰視不問。雖言責之地,得其風聞,不敢緘默,而外臺容庇,漏網實多。乞戒飭監司各察其屬,舉賢糾惡,參舉並行。仍令省部每遇刺舉來上,或舉多刺少,或舉少刺多,並置籍稽考,略倣臺臣月劾之例,少加旌别。如有任滿不按一吏,終歲不劾一人者,並令臺臣覺察,重與責罰。庶幾官曹肅清,姦貪知畏。」從之。

5己巳（七日），詔權殿前司事務王端理獻錢會叁拾萬貫，令本司樁管。

6庚午（八日），月入羽林。

7辛未（九日），張次賢奏：「淮西陸運，舊分兩路。東路自安豐運至無爲，無爲運至廬，廬運至濠。西路自蘄運至黄，黄運至光，地之相去，各不下三百里，半月可以往復，民亦樂趨。近歲邊吏措畫乖方，東路之夫遣往西路，甚或不給路費，顛踣道路。乞戒敕諸司，勿得越境借夫。諸邊吏假軍期科擾者，必罰無貸。」從之。

8甲戌（十二日），工部郎中張午進對，奏：「前此方面之臣及江淮諸將類無可恃，當急收賢望，拔用智勇。」上曰：「然。」又奏：「内帑之積無餘，版曹之用不繼。」上曰：「内帑誠不及向來。」午奏：「聖德恭儉，宜貫朽粟紅。今中外之財，皆若不足，必有其故，當節用，不當取民。」上曰：「誠是。」又奏邊事，上曰：「蜀中兵火可念。」午奏：「陛下軫念遐遠如此，天下無十全之利，圖事揆策，固當惟目前之安，而銷患制變，亦不可不熟計其後。」上曰：「當慮後。」

9戊寅（十六日），以瑞慶節賜武臣宴於貢院。

10庚辰（十八日），群臣上壽。

11辛巳（十九日），賜文臣宴於貢院。

12癸未（二十一日），大燕集英殿。

13丙戌（二十四日），李楠奏乞下提舉常平司，申嚴州縣推排陞降之法，違者憲漕互察以聞。

從之。

14戊子(二十六日),刑部郎中費埏、大理寺丞留碩並與祠禄。以右諫議大夫李楠言:「埏倅中金科,兩玷臺議,躐處郎省,豈所宜得;碩自領左符,受成吏手,今佐詳讞,何所建明?」

15己丑(二十七日),詔知尚書内省事、新安郡夫人何從謹除主管大内公事、轉吉國夫人,直筆尚字王氏除知尚書内省事、轉宜春郡夫人,賜名從信,並依禄式支破諸般請給。

16辛卯(二十九日),臣僚言:「廣西經略司奏,知欽州林千之殺人爲饌,本於横州發覺,傳諸四方,莫不驚異。近觀經略司勘到情節,有李滿、阿陳等供述已詳,但未曾攝取千之伏辯。而其子友直進狀,乃復支離,若有囑託。成謀於下而欲機自上發,官益疑焉。乞特自朝廷差大理寺清彊官帶推獄於静江府、湖南鄰郡鞫勘,毋苟同以入其罪,毋苟異以出其情。如事皆孚寔,則千之非復人類,他日明正典刑。凡官當蔭贖等法,皆不可行。倘或不然,則千之遂可免爲禽獸之歸,豈特逭一時之刑辟而已。」從之。又奏:「乞令四蜀守臣,各修軍政。廂禁軍弓手之籍闕者,日下招填,仍令逐路帥臣督察其奉行不虔者。」從之。

17同日,淮東提刑、兼知揚州洪伋别與州郡差遣。以右正言胡衛言其自爲譸張,舉措失宜,始至既已退縮,稍久必誤國事。時朝議移帥閫於楚州,伋有異論故也。

玉牒

十一月癸巳朔（一日）。

丁酉（五日），以雪，賜輔臣宴於尚書省。徐鼐年奏：「前主管川、秦監牧公事趙彦縉靳吝本錢〔一〕，不盡支散，致四川都統司戰馬闕數〔二〕，乞寢彦縉召命。」從之。

己亥（七日），日南至。御文德殿〔三〕，群臣朝賀，有流星大如太白。

癸卯（十一日），詔臨安北山劍門嶺，今後毋得於其所鑿山伐石，以張次賢論其泄山川陰陽之氣故也。

甲辰（十二日），遣大理正孫涇鞫林千之獄於全州。

辛亥（十九日），以少傅、岳陽軍節度使、充萬壽觀使、永陽郡王楊次山爲太保〔四〕、安德昭慶軍節度使，進封會稽郡王致仕。尋薨，輟視朝二日，贈太師。

戊午（二十六日），以前四川安撫制置使聶子述爲寶謨閣待制〔五〕、提舉江州太平興國宮。給事中宣繒奏〔六〕，子述入蜀之初，不能拊定潰卒，乃悉誅之，激而爲亂〔七〕，害及王人。驚惶奔竄，僅以身免。乞將子述奪職罷祠。從之。

己未（二十七日），李楠奏於無事爲有事之備。上曰：「極是。寧有備而無事，不可無備，而事至無所措手。」楠奏：「殘虜雖已垂亡〔八〕，宜加意設備。」上曰：「困獸猶鬭。」

壬戌（三十日），詔置安邊所幹辦公事一員。臣僚奏今後宗室監試，無官應舉，照鎖廳以七人取二人〔九〕，省試乞下禮部，將三舉所放數上之朝廷，如取應例，立爲定額。從之。

校勘

〔一〕前主管川秦監牧公事趙彦綰靳吝本錢　「靳吝」，四庫本作「靳給」。

〔二〕致四川都統司戰馬闕數　「川」字原脱，據四庫本補。

〔三〕御文德殿　「文」，原誤作「史」，據四庫本改。

〔四〕永陽郡王楊次山爲太保　「楊」，原誤作「陽」，據四庫本改。

〔五〕以前四川安撫制置使聶子述爲寶謨閣待制　「待」，原形誤作「侍」，據四庫本改。

〔六〕給事中宣繒奏　「繒」，原誤作「贈」，據宋刻本、四庫本改。

〔七〕激而爲亂　「爲」字原脱，據四庫本補。

〔八〕楠奏殘虜雖已垂亡　四庫本無「楠奏」二字，且「殘虜雖已垂亡」作「邊塞近雖稍安」。

〔九〕照鎖廳以七人取二人　「廳」，原誤作「應」，據四庫本改。

集　證

宋史卷四十寧宗紀

十一月辛亥（十九日），進封楊次山爲會稽郡王。

宋會要輯稿

十一月一日，樞密院言：「殿前司見行擇日教閱本司諸軍馬軍官兵呈使器械，並呈試驍騎。」詔除本司自行支犒外，令椿庫日下支降官會二萬貫付殿前司，更特等第支犒一次。（兵二〇之四二）

十一月三日，刑部郎官應元衮、宗學諭黄克仁並與宫觀，理作自陳。以監察御史張次賢言：「元衮年事浸高，精神昏憒；克仁闒茸無聞，何能論導？」（職官七三之五三）

十一月五日，前都大主管川秦茶馬監牧公事趙彦綰召赴行在指揮寢罷，與宫觀，理作自陳。以監察御史徐龜年言〔其〕以死損之馬支破價錢，及都統司取馬，動以無馬却之。（職官七五之二三）

十二年十一月五日，臣僚言：「竊見茶司之馬，每歲發卒取隸諸軍，積而計之，宜不可勝數，而諸軍之馬曾不加多。嘗訪其故，蓋緣馬生西北，驟至東南，已失其性。兼萬里馳逐，沿塗馬驛止留一宿，不得休息；且官給糧草，多是折錢，吏卒侵用，餧飼失時，暨發至諸軍，已勞苦饑瘁，所以倒斃者多，虛費官兵請給，何益於用。臣愚以爲漢陽當道里之中，舊有馬監，便於牧養，廢罷日久，欲乞行下湖北運司相度，隨宜興復，使川秦之送馬者至監而止，俾之從容飼養。候諸軍闕馬，旋發卒取之。馬既得休息之所，不致病死，而取馬官兵之費，亦可減省。」詔依。其興復漢陽馬監事理，仍令湖北轉運司相度，申尚書省。」（兵二六之二二）

十一月十一日，臣僚言：「錢塘爲天子之行都，神京之禁地，三數年來，庸人販夫詭親王貴胄之名，占他人墳壟之地，以爲石蕩，打擊穿鑿，豈獨山川鬼神爲之不寧，而山居之民亦不得安跡。乞行下所屬嚴切禁止，不許仍舊公然打鑿，所是已鑿空洞，亦乞旋行填塞，以實舊址。」從之。（刑法二之一四三）

十二日，新廣西提刑万俟佀與宮觀，理作自陳。以監察御史徐龜年言其苛刻峭深，迹其歷任，廣西敗績尤多。（職官七五之二三）

十二年十一月十七日，詔利州更與差置兵馬監押一員，仍鼇務。以四川宣撫司言：「據利路轉運司申，利州地臨劍外，正係蜀漢往來衝要去處，總所倉庫之聚，戎司軍馬之屯。嘉定而後，始以漕臣兼之，今止有兵馬都監一員，獨力管幹。乞倣興元府例，更置兵馬監押一員，仍鼇務。其差注格例，照興元府見差小使臣親民資序人。竊見目即正任添差指使數内，多是癃老，虛廢帑廩，無補公家，所當減汰。乞將見任指使三員候終滿日，並乞廢罷，却以此俸補助支給。」故有是命。（職官四九之九）

三十日，新知桂陽軍左慕與祠禄。以左司諫盛章言其爲士之日干預邑政，有「左押禄」之號；及玷周行，率多兜攬，有「左水功」之名。（職官七五之二三）

宋史全文卷三十

十一月辛亥（十九日），楊次山進封會稽郡王。

癸丑（二十一日），楊次山薨。

匯編

1十一月癸巳朔（一日）。樞密院言：「殿前司見行擇日教閱本司諸軍馬軍官兵呈使器械，並呈試驍騎。」詔除本司自行支犒外，令椿庫日下支降官會二萬貫付殿前司，更特等第支犒一次。

2乙未（三日），刑部郎官應元衮、宗學諭黄克仁並與宫觀，理作自陳。以監察御史張次賢言：「元衮年事浸高，精神昏憒；克仁闒茸無聞，何能諭導？」

3丁酉（五日），以雪，賜輔臣宴於尚書省。徐龜年奏：「前主管川、秦監牧公事趙彦縮靳吝本錢，不盡支散，致四川都統司戰馬闕數，乞寢彦縮召命。」從之。

4，同日，臣僚言：「竊見茶司之馬，每歲發卒取隸諸軍，積而計之，宜不可勝數，而諸軍之馬曾不加多。嘗訪其故，蓋緣馬生西北，驟至東南，已失其性。兼萬里馳逐，沿塗馬驛止留一宿，不得休息；且官給糧草，多是折錢，吏卒侵用，餧飼失時，暨發至諸軍，已勞苦饑瘁，所以倒斃者多，虛費官兵請給，何益於用。臣愚以爲漢陽當道里之中，舊有馬監，便於牧養，廢罷日久，欲乞行下湖北運司相度，隨宜興復，使川秦之送馬者至監而止，俾之從容飼養。候諸軍闕馬，旋發卒取之。馬既得休息之所，不致病死，而取馬官兵之費，亦可減省。」詔依。其興復漢陽馬監事理，仍令湖北轉運司相度，申尚書省。」

5己亥（七日），日南至。御文德殿，群臣朝賀，有流星大如太白。

6癸卯（十一日），臣僚言：「錢塘爲天子之行都，神京之禁地，三數年來，庸人販夫詭親王貴胄之名，占他人墳壟之地，以爲石蕩，打擊穿鑿，豈獨山川鬼神爲之不寧，而山居之民亦不得安跡。乞行下所屬嚴切禁止，不許仍舊公然打鑿，所是已鑿空洞，亦乞旋行填塞，以實舊址。」從之。

7同日，詔臨安北山劍門嶺，今後毋得於其所鑿山伐石，以張次賢論其泄山川陰陽之氣故也。

8甲辰（十二日），遣大理正孫涇鞫林千之獄於全州。

9同日，新廣西提刑万俟侶與宮觀，理作自陳。以監察御史徐龜年言（其）苛刻峭深，迹其歷任，廣西敗績尤多。

10己酉（十七日），詔利州更與差置兵馬監押一員，仍釐務。以四川宣撫司言：「據利路轉運司申，利州地臨劍外，正係蜀漢往來衝要去處，總所倉庫之聚，戎司軍馬之屯。嘉定而後，始以漕臣兼之，今止有兵馬都監一員，獨力管幹。乞倣興元府例，更置兵馬監押一員，仍釐務。其差注格例，照興元府見差小使臣親民資序人。竊見目即正任添差指使數内，多是癃老，虚廢帑廩，無補公家，所當減汰。乞將見任指使三員候終滿日，並乞廢罷，却以此俸補助支給。」故有是命。

11辛亥（十九日），以少傅、岳陽軍節度使、充萬壽觀使、永陽郡王楊次山爲太保、安德昭慶軍節度使，進封會稽郡王致仕。

12癸丑（二十一日），楊次山薨，輟視朝二日，贈太師。

13戊午（二十六日），以前四川安撫制置使聶子述爲寶謨閣待制、提舉江州太平興國宫。給事中宣繒奏，子述入蜀之初，不能拊定潰卒，乃悉誅之，激而爲亂，害及王人。驚惶奔竄，僅以身免。乞將子述奪職罷祠。從之。

14己未（二十七日），李楠奏於無事爲有事之備。上曰：「極是。寧有備而無事，不可無備，而事至無所措手。」楠奏：「殘虜雖已垂亡，宜加意設備。」上曰：「困獸猶鬭。」

15壬戌（三十日），詔置安邊所幹辦公事一員。臣僚奏今後宗室監試，無官應舉，照鎖廳以七人取二人，省試乞下禮部，將三舉所放數上之朝廷，如取應例，立爲定額。從之。

16同日，新知桂陽軍左慕與祠禄。以左司諫盛章言其爲士之日干預邑政，有「左押禄」之號；及玷周行，率多兜攬，有「左水功」之名。

玉　牒

十二月癸亥朔（一日）。

甲子（二日），臣僚奏鹽官縣海潮衝突，沙岸傾坍，去縣逼近，人皆皇皇。乞行下浙西諸司築捺，仍撥上供錢米爲工役費。從之。

丙寅（四日），著作郎陳德豫進對，奏畢，上曰：「人主緊切，無出敬天親賢二事。卿言極當。」

辛未（九日），詔以歲晚嚴寒，出豐儲倉米三萬石，賑贍臨安貧民。詔省闈增置點檢試卷官二員，專考宗子試卷。

辛巳（十九日），胡衛奏權刑部侍郎何焯久苦末疾，弗爲去就。詔焯與宫觀。

乙酉（二十三日），臣僚奏乞飭泉、廣二司及諸州舶務，除依條抽分和市外，毋得和買，違者計贓論。從之。

丙戌（二十四日），臣僚奏乞諭三邊制帥、逐路帥臣，搜訪偏裨之有武勇智慮者奏聞，令樞密院審察陞擢〔一〕。從之。

丁亥（二十五日），臣僚奏前知瓊州楊炎正大言無實，激成黎人之變。知貴州陳士廉專事欺誕，妖寇跳梁，副吏何彬爲賊謀主而不能察。詔炎正、士廉各鐫一秩罷之。又奏申嚴京官臺參之制[二]，謂如有過犯未改正者，本臺未與放參，銓曹注擬亦視臺關爲準。今或於未應參選，徑欲參臺，乞下臺部。自今京官劾罷，元犯應二年，若一年半參選者與仍舊外，其有限半年放參者，並展作一年。從之。

戊子（二十六日），臣僚奏：「戰士歿於行陣者，增支請給一年半，因傷歸栅身死者，增支九箇月，而孝糧兩月在其外。此開禧二年、嘉定十一年旨揮也。近歲主將諱敗，陣歿者申逃亡[三]、因傷歸栅者云病死，請給截日住支，老幼轉爲乞丐。」乞下諸軍，痛革此弊[四]。」從之。

己丑（二十七日），以陳立爲興元副都統制，程信爲利州副都統制。

是歲，兩浙路户二百八十九萬八千七百八十二，口五百八十三萬九千七百八十七。福建路户一百六十八萬六千六百一十五，口三百四十八萬九千六百一十八。斷死刑一百六十八人[五]。

校　勘

〔一〕令樞密院審察陞擢　「陞」，原誤作「陛」，據四庫本改。

〔二〕又奏申嚴京官臺參之制　「奏」字原脱，據宋刻本、四庫本補。

〔三〕陣歿者申逃亡　「申逃亡」三字原脱，據宋刻本、四庫本補。

〔四〕痛革此弊　「痛」，原誤作「病」，據四庫本改。

〔五〕斷死刑一百六十八人　「百六」二字原脱，據宋刻本、四庫本補。

集證

宋史卷四十寧宗紀

十二月壬申（十日），京東節制司言復京東、河北二府九州四十縣。

乙亥（十三日），築興元府城。

丁丑（十五日），雅州蠻入盧山縣。

己卯（十七日），四川宣撫司遣兵取洮州，召諸將議出師招諭中原豪傑。

辛巳（十九日），蠻焚碉門砦，邊丁大敗。

乙酉（二十三日），金人犯鳳州之長橋。

丁亥（二十五日），四川宣撫司命罷洮州之師。

己丑（二十七日），京湖制置司遣統制扈再興等引兵六萬人分三道出境。

庚寅（二十八日），賞茗山捕賊功。

宋會要輯稿

十二年十二月二日，臣僚言：「夫民必有争而後形於訟。訟之所起，始於其鄉而達於其邑，使邑有賢宰，則訟可息，争可定。自其縣未足以平其心，然後訴之於州，州又未足以平其心，然後訴之於監司，已出於其勢之不得已，孰知其又有經臺部而猶未止者。乞下此章，申儆州縣，凡有民訟，隨時斷遣。或遇臺部送下狀詞，亦仰監司及所部郡縣察詳事理，疾速施行。其或以獄爲市，淹延歲時，紊亂曲直，臣當次第覺察以聞，重寘典憲。」從之。（刑法三之四二）

十二月二日詔：「歸順人邢德特補訓武郎、通判青州、兼京東路兵馬鈐轄；成江修武郎、通判齊州，兼提舉；張聚修武〔郎〕、知棣州，統轄棣、濱州兵馬；王賓修武郎，知齊州，兼京東路兵馬鈐轄；郭全從義郎、知濱州，兼總轄本州軍馬；寇智秉義郎、簽書青州判官、兼總轄；王安忠翊郎、忠勇軍馬軍統制、兼青州兵馬鈐轄；劉江忠翊郎、忠勇軍先鋒統制；趙澤忠翊郎、忠勇軍中軍統制，兼京東安撫司帳前總轄；張彬成忠郎、忠勇軍統制、兼知密州；朱琛成忠郎、忠勇軍統制、兼知濰州；衡穩成忠郎、忠勇統制、兼知登州；郭堅成忠郎、忠勇軍統制、兼知淄州；高顯承節郎、忠勇軍前軍統制；張松承節郎、忠勇軍左軍統制；張山承節郎、忠勇軍後軍統制；劉源、張樞、崔欽並承節郎、京安撫司帳前統制。」以京東路節制司言：「邢德等本是遺民，不忘舊主，赤心歸順，忠節可嘉。近准朝廷給降空名誥命六十一道，本司今先書填給付外，乞照應。」（兵一六之一六）

十二月三日，臣僚言：「天祐我宋，百年故土挈之來歸，虜日敗亡，正不足慮。第惟邊城穡事屢以稔告，而彼疆旱潦無歲無之，反聞虜得竊糴吾境，姦民趨利，公然般販，非細故也。虜之長技，所恃爲馬，連年師徒販擾，十耗七八。彼平時取馬，或於西界，仇怨以來，既不復通，遂乃厚捐珍寶，竊市於吾襄漢間，甚而膠鰾亦從而往，借寇兵、資盜糧，莫此爲甚。乞行下沿邊州郡。應民間移運米穀及有交易，並令本鄉總保或鄰甲保識，委無出界情弊，方許通行。如已保識而故違出界者，併保識人同罪。及賣膠鰾軍須等物，併令所屬官司嚴切巡捕。如或奉行不虔，別致發覺，官吏重行責罰鐫罷。」從之。（刑法二之一四三）

十二月八日，詔：「盱眙軍、楚州、光州、濠州、安豐軍、淮陰縣、光山縣、固始縣、安豐縣、霍丘縣出戍、戰禦、筑城、開濠等工役大軍，并武定諸軍人兵，又差出沿邊往來巡逴雄勝軍人兵內，統制官特支錢五十貫，統領官三十貫，正將二十貫，副將一十五貫，準備將一十貫，撥發訓練官七貫，部隊將合干人四貫。官軍、武定軍人兵每名二貫。其逐州縣屯駐兵效并淮陰縣屯駐水軍內，統制官特支錢三十貫，統領官二十貫，正將一十貫，副將七貫，準備將五貫，撥〔發〕訓練官三貫，部隊將合干人二貫，官兵每名一貫。合用錢仰各州縣於有管官錢內以一色會子照數日下一併點名給散。續行開具的實支散過人錢數目，申取指揮科撥還元借窠名，不得稍有泛濫減剋。」以樞密院言久戍極邊，隆寒暴露，乞議支犒故也。十五年十二月，亦有是命，併入海州。（兵二〇之四三）

十二月九日，臣僚言：「考校差官，力有所限，居有不安，詎能運我精神，校人優劣。歲當大比，試於春官，知舉主文衡，參詳審當否，至於考校去取之責，實繇點檢試卷官，每舉例選二十員，莫非文藝器識。試越一日，分房考卷，自朝抵夜，一月甫能竣事。脱有病者，又難分考。莫若就點檢官内添一二員，俾我能勝文，文不我窘，所謂力有限者此也。貢院地勢卑下，春陽地氣上騰，非有板居，恐爲濕氣所襲。有司已鋪一半，莫若鋪足，俾四體展布，一意文字，所謂身有不安者焉可誣也。乞下臣此章，詳加討論，亟賜施行。」都省照得，近來宗子到省人數倍於常舉，其點檢試卷官，若仍舊止差二十員，竊慮考校不精，合議施行。詔更添置點檢試卷官二員，專一考校宗子試卷。（選舉六之三四，選舉二二之二六）

十二月十九日，權刑部侍郎何刕與宫觀，理作自陳。以右正言胡衛言其洎登禁近，廼乏廉隅，既苦末疾，間至曹局。（職官七三之五三）

十二年十二月二十二日，臣僚言：「京官知縣在法按罷，如曾經推勘體究，罪狀顯著，滿二年後參用；有不經取勘體究，而贓證明白者，滿一年半後參選。其有按章内無贓濫實跡，止因職事曠弛，放罷後半年參選。此臺、部見遵守之法也。臣竊謂官於近地者除道塗日月之外，猶有三兩月閑廢。官於湖、廣、福建、江東西等處，則治裝般挈與道塗之程必須數月，洎至中都，則半年之限已滿，到即參部詣臺，初無拘礙。則是雖經按罷，而罰不治其毫毛。況有當敗壞之邑，日欲求脱，以罷爲幸，换授注闕，反爲得計。乞行下臺部，如二年、一年半爲限者，仍舊限；半年者，自今後令展作一年。須絶無贓濫，方許參選。如有違法科斂之人，仍舊以年半爲限，不許援一年之例。庶幾遭論而歸者，略使家居循省，伺候限滿，不敢遽萌僥倖之望。」從之。（刑法一之六〇）

二十二日，臣僚言：「場屋弊極，法禁當嚴。請言秋試一二，復以省闈當謹者陳之。近甸今歲貢闈，詞賦過韻，寘之前列，小義錯繆，處之魁選，有以杜預左氏之序出爲傳題，鹵莽可知。甚者身不入場，榜出高中，詞訟未已。浙漕類試，其弊尤多，或名貫年代一同而納兩卷，或次場夾賦卷而同納，或二名貫雖異，祖父名諱、年甲則同。别試之所，蓋避親嫌，漕闈合避二百六十餘人，類以孤經牒還大院，别院所試僅二十人，安有孤經若是之衆？借曰避考校，寧保其無囑託？别院考畢，仍歸大院同考，别院之設，特具文爾。試卷封彌所用塗注印記，而謄録所爲無後梢，發還封彌，不止一二，豈非吏貼，輒毀其卷。近者敗獲塗改，皆此類也。近郡若此，四方可知。精選詳擇，所藉甄别，特省試爾。八廂伺察，以防挾書、代筆。比年玩習，鎖試之前，富室勢家結約入試，包藏所攜，首爲奇留。試題一出，密令檢閲，蠅書滿庭，莫之憚也。群聚假手，八廂所合巡視；頂名入試，書鋪所當認識。囑託既行，皆不之問。傳義以線從地引入，飲食公然傳入，彈圓隨水注入，機巧百出。封彌謄録，弊倖尤多。監官貼書，不許相見，正心傳泄，公然往來。封彌既畢，撥過謄録，號簿付之吏手，姓名皆得而知，豈容不關防哉。夫群天下之士試之禮闈，彼抱實學正欲自見，而聖時望於得人，姦欺冒濫，材能湮鬱，豈選舉之意。乞諭大臣，嚴爲措置，巡視八廂、書鋪。知情故縱，重寘於法。封彌謄録，乞差朝士二員機察。引試之日，令臨安府多差廂官，四圍巡邏，簽廳官提督，如有捕獲，准條推賞，因事敗露，亦議責罰。注水之地，引試之日，廂官監視，卯時注入。入場之後，不許注水。照得貢舉制，舉人懷挾殿四舉，有官人衝替，注令人爲人同，非不至嚴，士子類多挾書，堆積盈滿，條制蕩然。今秋宗子解試，有懷文入場，所出之題，一人有十二篇，已用其一，餘以惠人，悉皆預榜，真才黜落，莫不惋憤。多器以計得，固自不可，況清官要職皆由此選。今來省闈，深慮循習，乞以臣此章，嚴行禁止，專委監試措置，搜邏違犯之人，必罰無赦。巡鋪八廂不行覺察，取旨責罰。」從之。（選舉六之三五）

二十三日，新通判饒州徐習罷新任。以殿中侍御史盛章言其頃倅永嘉，大商漏舶乳香直以萬計，所犯非輕。（職官七五之二四）

十二月二十三日，臣僚言：「泉、廣舶司日來蕃商浸少，皆緣剋剥太過，既已抽分和市，提舉監官與州税務又復額外抽解和買，宜其懲創消折，憚於此來。乞嚴飭泉、廣二司及諸州舶務，今後除依條抽分和市外，不得衷私抽買。如或不悛，則以贓論。」從之。（食貨三八之二四）

二十五日，前知瓊州楊炎正降一官，罷宫觀；知貴州陳士廉放罷。以監察御史徐龜年言：「諸黎猖獗，炎正撤兵不備，群黎大肆劫掠；士廉專事欺誕，賊首嘯聚，本州副吏何彬實爲謀主，士廉必欲出脱其罪，竟從輕典。」（職官七五之二四）

二十六日，右諫議大夫李楠言：「恭聞高宗因輔臣進呈殿試升降格，嘗曰：『初召考官，以鯁正居上，諛佞居下，此以示朕好惡。凡士人須自其初進，便當别其忠佞，庶可冀其有爲。』大哉聖謨，誠選舉之良法。近世科舉，亦古人明試以言之意，顧以乏才爲歎，何耶？是非人才之罪也。欲正六律音，必委善知樂；欲得千里駿，責之善相馬。今欲得碩大英偉、忠諒鯁正之人以爲世用，則必選擇中正而不頗，識超而詳練，氣剛而肅恭，充以學問該通，付以較藝之責，庶乎其可矣。然更有千慮一得之見，甲戌省闈，臣備數點檢試卷，以撤棘日淺，考官焚膏繼晷，頃刻不暇，得無點檢稍緩乎？乞比常限略展三日，量增日用，使考官精詳，編次去取，不其美歟。」從之。（選舉六之三六）

十二月二十六日，詔：「鄭莊孫昨任閤門看班祗候，曾於户部關借金腰帶一條，可特與就賜，許令服繫。」（輿服五之三二）

十二月□日，新通判常德府楊圭、新通判郴州趙汝璔並罷新任。以監察御史張次賢言：「二人者居家有醜行，居官無善狀，得倅名邦，未厭公論。」（職官七五之二四）

續編兩朝綱目備要卷十五

十二月，克復州縣。

壬申（十日），京東路帥司言克復京東、河北二府九州四十縣。

乙亥（十三日），築興元府城。

丁丑（十五日），雅州蠻入盧山縣。

己卯（十七日），議取洮州，不克。四川宣撫司遣兵取洮州。詔諸將議出師，招諭中原豪傑官民，勸以歸附。

辛巳（十九日），焚碙門寨，邊丁大敗。

乙酉（二十三日），會虜人攻鳳州之長橋。

丁亥(二十五日),宣撫司命罷洮州之師。

己丑(二十七日),京湖制置司出師,遣統制扈再興等引兵六萬人分三道出境。

庚寅(二十八日),賞茗山捕賊功。

續宋中興編年資治通鑑卷十五

十一〔二〕月,京東路帥司言克復京東、河北二府九州四十縣。

十一〔二〕月乙亥(十三日),築興元府城。

丁丑(十五日),雅州蠻入廬山縣。

己卯(十七日),四川宣撫司議出師取洮州。招諭中原豪傑官民,勸以歸附。

乙酉(二十三日),金人犯鳳州之長橋,乃引兵出援,命罷洮州之師。

己丑(二十七日),京湖制置司遣統制扈再興等引兵六萬人,分三道取中原。

庚寅(二十八日),賞茗山捕賊功。

宋史全文卷三十

十二月壬申(十日),京東路節制司言剋復京東、河北二府九州四十縣。

乙亥(十三日),築興元府城。

丁丑(十五日),雅州蠻入盧山縣。

己卯(十七日),四川宣撫司遣兵取洮州,召諸將議出師,招諭中原豪傑、官民,勸以歸附。

辛巳(十九日),焚碉門寨,邊丁大敗。

乙酉(二十三日),金人犯鳳州之長橋。

丁亥(二十五日),四川宣撫司命罷洮州之師。

己丑(二十七日),京湖制置司遣統制扈再興等引兵六萬人分三道出境。

庚寅(二十八日),賞茗山捕賊功。

匯編

1十二月癸亥朔(一日)。

2甲子(二日),臣僚奏鹽官縣海潮衝突,沙岸傾坍,去縣逼近,人皆皇皇。乞行下浙西諸司築捺,仍撥上供錢米爲工役費。從之。

3同日,臣僚言:「夫民必有争而後形於訟。訟之所起,始於其鄉而達於其邑,使邑有賢宰,則訟可息,争可定。自其縣未足以平其心,然後訴之於州,州又未足以平其心,然後訴之於監司,已出於其勢之不得已,孰知其又有經臺部而猶未止者。乞下此章,申儆州縣,凡有民訟,隨時斷遣。或遇臺部送下狀詞,亦仰監司及所部郡縣察詳事理,疾速施行。其或以獄爲市,淹延歲時,紊亂曲直,臣當次第覺察以聞，重寘典憲。」從之。

4同日，詔：「歸順人邢德特補訓武郎、通判青州、兼京東路兵馬鈐轄；成江修武郎、通判齊州，兼提舉；張聚修武〔郎〕、知棣州，統轄棣、濱州兵馬；王贇修武郎，知齊州，兼京東路兵馬鈐轄；郭全從義郎、知濱州，兼總轄本州軍馬；寇智秉義郎、簽書青州判官、兼總轄；王安忠翊郎、忠勇軍馬軍統制、兼青州兵馬鈐轄；劉江忠翊郎、忠勇軍先鋒統制；趙澤忠翊郎、忠勇軍中軍統制，兼京東安撫司帳前總轄；張彬成忠郎、忠勇軍統制、兼知密州；朱琛成忠郎、忠勇軍統制、兼知濰州；衡穩成忠郎、忠勇統制、兼知登州；郭堅成忠郎、忠勇軍統制、兼知淄州；高顯承節郎、忠勇軍前軍統制；張松承節郎、忠勇軍左軍統制；張山承節郎、忠勇軍後軍統制；劉源、張樞、崔欽並承節郎、京安撫司帳前統制。」以京東路節制司言：「邢德等本是遺民，不忘舊主，赤心歸順，忠節可嘉。近准朝廷給降空名誥命六十一道，本司今先書填給付外，乞照應。」

5乙丑（三日），臣僚言：「天祐我宋，百年故土挈之來歸，虜日敗亡，正不足慮。第惟邊城穡事屢以稔告，而彼疆旱潦無歲無之，反聞虜得竊糴吾境，姦民趨利，公然般販，非細故也。虜之長技，所恃爲馬，連年師徒販擾，十耗七八。彼平時取馬，或於西界，仇怨以來，既不復通，遂乃厚捐珍寶，竊市於吾襄漢間，甚而膠鰾亦從而往，借寇兵、資盜糧，莫此爲甚。乞行下沿邊州郡。應民間移運米穀及有交易，並令本鄉總保或鄰甲保識，委無出界情弊，方許通行。如已保識而故違出界者，併保識人同罪。及賣膠鰾軍須等物，併令所屬官司嚴切巡捕。如或奉行不虔，別致發覺，官吏重行責罰鐫罷。」從之。

6丙寅(四日),著作郎陳德豫進對,奏畢,上曰:「人主緊切,無出敬天親賢二事。卿言極當。」

7庚午(八日),詔:「盱眙軍、楚州、光州、濠州、安豐軍、淮陰縣、光山縣、固始縣、安豐縣、霍丘縣出戍、戰禦、筑城、開濠等工役大軍,并武定諸軍人兵,又差出沿邊往來巡逴雄勝軍人兵內,統制官特支錢五十貫,統領官三十貫,正將二十貫,副將一十五貫,準備將一十貫,撥發訓練官七貫,部隊將合干人四貫。官軍、武定軍人兵每名二貫。其逐州縣屯駐兵效并淮陰縣屯駐水軍內,統制官特支錢三十貫,統領官二十貫,正將一十貫,副將七貫,準備將五貫,撥〔發〕訓練官三貫,部隊將合干人二貫,官兵每名一貫。合用錢仰各州縣於有管官錢內以一色會子照數日下一併點名給散。續行開具的實支散過人錢數目,申取指揮科撥還元借窠名,不得稍有泛濫減剋。」以樞密院言久戍極邊,隆寒暴露,乞議支犒故也。十五年十二月,亦有是命,併入海州。

8辛未(九日),詔以歲晚嚴寒,出豐儲倉米三萬石,賑贍臨安貧民。詔省闈增置點檢試卷官二員,專考宗子試卷。

9同日,臣僚言:「考校差官,力有所限,居有不安,詎能運我精神,校人優劣。歲當大比,試於春官,知舉主文衡,參詳審當否,至於考校去取之責,實繇點檢試卷官,每舉例選二十員,莫非文藝器識。試越一日,分房考卷,自朝抵夜,一月甫能竣事。脱有病者,又難分考。莫若就點檢官內添一二員,俾我能勝文,文不我窘,所謂力有限者此也。貢院地勢卑下,春陽地氣上騰,非有板居,恐爲濕氣所襲。有司已鋪一半，莫若鋪足，俾四體展布，一意文字，所謂身有不安者焉可誣也。乞下臣此章，詳加討論，「亟賜施行。」都省照得，近來宗子到省人數倍於常舉，其點檢試卷官，若仍舊止差二十員，竊慮考校不精，合議施行。詔更添置點檢試卷官二員，專一考校宗子試卷。

10 壬申（十日），京東節制司言復京東、河北二府九州四十縣。

11 乙亥（十三日），築興元府城。

12 丁丑（十五日），雅州蠻入廬山縣。

13 己卯（十七日），四川宣撫司遣兵取洮州，召諸將議出師招諭中原豪傑官民，勸以歸附。

14 辛巳（十九日），胡衛奏權刑部侍郎何剡久苦末疾，弗爲去就。詔剡與宫觀。

15 同日，蠻焚碉門砦，邊丁大敗。

16 甲申（二十二日），臣僚言：「京官知縣在法按罷，如曾經推勘體究，罪狀顯著，滿二年後參用；有不經取勘體究，而贓證明白者，滿一年半後參選。其有按章内無贓濫實跡，止因職事曠弛，放罷後半年參選。此臺、部見遵守之法也。臣竊謂官於近地者除道塗日月之外，猶有三兩月閑廢。官於湖、廣、福建、江東西等處，則治裝般挈與道塗之程必須數月，洎至中都，則半年之限已滿，到即參部詣臺，初無拘礙。則是雖經按罷，而罰不治其毫毛。況有當敗壞之邑，日欲求脱，以罷爲幸，换授注闕，反爲得計。乞行下臺部，如二年、一年半爲限者，仍舊限；半年者，自今後令展作一年。須絶無贓濫，方許參選。如有違法科斂之人，仍舊以年半爲限，不許援一年之例。庶幾遭論而歸者，略使家居循省，伺候限滿，不敢遽萌僥倖之望。」從之。

17同日，臣僚言：「場屋弊極，法禁當嚴。請言秋試一二，復以省闈當謹者陳之。近甸今歲貢闈，詞賦過韻，寘之前列，小義錯繆，處之魁選，有以杜預左氏之序出爲傳題，鹵莽可知。甚者身不入場，榜出高中，詞訟未已。浙漕類試，其弊尤多，或名貫年代一同而納兩卷，或次場夾賦卷而同納，或二名貫雖異，祖父名諱、年甲則同。別試之所，蓋避親嫌，漕闈合避二百六十餘人，類以孤經牒還大院，別院所試僅二十人，安有孤經若是之衆？借曰避考校，寧保其無囑託？別院考畢，仍歸大院同考，別院之設，特具文爾。試卷封彌所用塗注印記，而謄録所爲無後梢，發還封彌，不止一二，豈非吏貼，輒毁其卷。近者敗獲塗改，皆此類也。近郡若此，四方可知。精選詳擇，所藉甄別，特省試爾。八廂伺察，以防挾書、代筆。比年玩習，鎖試之前，富室勢家結約入試，包藏所攜，首爲奇留。試題一出，密令檢閱，蠅書滿庭，莫之憚也。群聚假手，八廂所合巡視；頂名入試，書鋪所當認識。囑託既行，皆不之問。傳義以線從地引入，飲食公然傳入，彈圓隨水注入，機巧百出。封彌謄録，弊倖尤多。監官貼書，不許相見，正心傳泄，公然往來。封彌既畢，撥過謄録，號簿付之吏手，姓名皆得而知，豈容不關防哉。夫群天下之士試之禮闈，彼抱實學正欲自見，而聖時望於得人，姦欺冒濫，材能湮鬱，豈選舉之意。乞諭大臣，嚴爲措置，巡視八廂、書鋪。知情故縱，重寘於法。封彌謄録，乞差朝士二員機察。引試之日，令臨安府多差廂官，四圍巡邏，簽廳官提督，如有捕獲，准條推賞，因事敗露，亦議責罰。注水之地，引試之日，廂官監視，卯時注入。入場之後，不許注水。照得貢舉制，舉人懷挾殿四舉，有官人銜替，注令人爲人同，非不至嚴，士子類多挾書，堆積盈滿，條制蕩然。今秋宗子解試，有懷文入場，所出之題，一人有十二篇，已用其一，餘以惠人，悉皆預榜，真才黜落，莫不惋憤。多器以計得，固自不可，況清官要職皆由此選。今來省闈，深慮循習，乞以臣此章，嚴行禁止，專委監試措置，搜邏違犯之人，必罰無赦。巡鋪八廂不行覺察，取旨責罰。」從之。

18乙酉（二十三日），臣僚奏乞飭泉、廣二司及諸州舶務，除依條抽分和市外，毋得和買，違者計贓論。從之。

19同日，金人犯鳳州之長橋。

20同日，新通判饒州徐習罷新任。以殿中侍御史盛章言其頃倅永嘉，大商漏舶乳香直以萬計，所犯非輕。

21同日，臣僚言：「泉、廣舶司日來蕃商浸少，皆緣剋剥太過，既已抽分和市，提舉監官與州税務又復額外抽解和買，宜其懲創消折，憚於此來。乞嚴飭泉、廣二司及諸州舶務，今後除依條抽分和市外，不得衷私抽買。如或不悛，則以贓論。」從之。

22丙戌（二十四日），臣僚奏乞諭三邊制帥、逐路帥臣，搜訪偏裨之有武勇智慮者奏聞，令樞密院審察陞擢。從之。

23丁亥（二十五日），臣僚奏前知瓊州楊炎正大言無實，激成黎人之變。知貴州陳士廉專事欺誕，妖寇跳梁，副吏何彬爲賊謀主而不能察。詔炎正、士廉各鐫一秩罷之。又奏申嚴京官臺參之制，謂如有過犯未改正者，本臺未與放參，銓曹注擬亦視臺關爲準。今或於未應參選，徑欲參臺，乞下臺部。自今京官劾罷，元犯應二年，若一年半參選者與仍舊外，其有限半年放參者，並展作一年。從之。

24同日，四川宣撫司命罷洮州之師。

25戊子(二十六日)，臣僚奏戰士歿於行陣者，增支請給一年半，因傷歸栅身死者，增支九箇月，而孝糧兩月在其外。此開禧二年、嘉定十一年旨揮也。近歲主將諱敗，陣歿者申逃亡，因傷歸栅者云病死，請給截日住支，老幼轉爲乞丐。乞下諸軍，痛革此弊。從之。

26同日，右諫議大夫李楠言：「恭聞高宗因輔臣進呈殿試升降格，嘗曰：『初召考官，以鯁正居上，諛佞居下，此以示朕好惡。凡士人須自其初進，便當别其忠佞，庶可冀其有爲。』大哉聖謨，誠選舉之良法。近世科舉，亦古人明試以言之意，顧以乏才爲歎，何耶？是非人才之罪也。欲正六律音，必委善知樂；欲得千里駿，責之善相馬。今欲得碩大英偉、忠諒鯁正之人以爲世用，則必選擇中正而不頗，識超而詳練，氣剛而肅恭，充以學問該通，付以較藝之責，庶乎其可矣。然更有千慮一得之見，甲戌省闈，臣備數點檢試卷，以撤棘日淺，考官焚膏繼晷，頃刻不暇，得無點檢稍緩乎？乞比常限略展三日，量增日用，使考官精詳，編次去取，不其美歟。」從之。

27同日，詔：「鄭莊孫昨任閤門看班祗候，曾於户部關借金腰帶一條，可特與就賜，許令服繫。」

28己丑（二十七日），以陳立爲興元副都統制，程信爲利州副都統制。

29同日，京湖制置司遣統制扈再興等引兵六萬人分三道出境。

30庚寅（二十八日），賞茗山捕賊功。

31是月，新通判常德府楊圭、新通判郴州趙汝璔並罷新任。以監察御史張次賢言：「二人者居家有醜行，居官無善狀，得倅名邦，未厭公論。」

32是歲，兩浙路户二百八十九萬八千七百八十二，口五百八十三萬九千七百八十七。福建路户一百六十八萬六千六百一十五，口三百四十八萬九千六百一十八。斷死刑一百六十八人。

下編　研究編

宋代玉牒考

一、緒論

在古代文獻的記載中，玉牒一般指重要典策、封禪書或釋道經典。玉字有時是虛指，僅表示對經典的尊敬，有時則是實指，即典册真的是以玉爲之。筆者在臺灣故宫博物院曾看到過宋真宗泰山封禪時使用的以條狀玉石編綴的册書實物，就是屬於後一類玉牒。然而，歷史上還存在有另一種玉牒，這就是從「以紀帝系，以載歷數，以籍昭穆」〔一〕的基礎上發展起來的玉牒，這類玉牒專記皇帝活動及皇族事務。對這類

〔一〕〔宋〕林駉古今源流至論前集卷四「玉牒」，臺北臺灣商務印書館影印文淵閣四庫全書本。

玉牒，在學界儘管不是一無所知，但幾乎都想當然地將其當作譜牒的一種〔一〕。其實，這是一種誤解。至少在宋代，這類玉牒應當視爲一種史書。

玉牒作爲史書中的一種，迄今爲止，幾乎還不爲研究者所認識。這種狀況固然是由於玉牒在今天已經基本散佚無存，人們難以考察造成的，但更主要的是，玉牒在當時就是「嚴奉寶藏」，一般人難以窺其奥秘。宋代是玉牒修纂的鼎盛時期，但即使是在這個時期，許多地位很高、學識淵博的人也不得其詳。如北宋王鞏的聞見

〔一〕近年來，在網上看到一篇提及筆者原刊於文獻（第四期，一九九一年）的宋代玉牒考的文字便如是説：「玉牒，即皇帝家族的家譜。七月十四日至二十七日，『尋根稽譜：上海圖書館館藏家譜精品展』上，一件罕見的玉牒格外引人注目，它就是宋代皇室家譜仙源類譜。該譜記録了宋太祖（趙匡胤）、太宗（趙光義）和魏王（趙廷美）之下六世以後的皇親世系，是今天能够見到的最早玉牒。這部玉牒成譜年代約爲南宋初年，雖僅存殘譜一頁，但由於存世宋代玉牒極少，這部皇室家譜彌足珍貴。此皇室家譜目前只有兩件，分别藏於國圖和上圖。宋史專家王瑞來指出，在宋代，除參與修纂的人之外，多數人對玉牒狀況不甚了解。正如建炎以來繫年要録卷一四五）所説：『本朝國書嚴奉寶藏，未有如玉牒者也。』專家稱，宋代文獻中，有關玉牒的記載並不多見，保存下來的這些玉牒被稱爲『秘籍』毫不爲過。」（中國文明網 2009 年 8 月 7 日轉引中國文化報文章家譜：連綿不斷的家族史 http：//archive．wenming．cn/zt/2009－08/07/content_17334786_1．htm）顯然，文章作者並未讀過筆者的文章，望題生意而言。並且，作者把仙源類譜視爲玉牒也不準確。

近録載：

予初白執政官，乞修寺書。自司馬丞相、吕丞相以下，無一人知此典制者。皆曰：「玉牒，用玉簡刊刻如册者也。」其玉牒典制尚不悉知，書之廢亦宜矣。〔一〕

又如南宋朱勝非的秀水閒居録載：

本朝國書嚴奉寶藏，未有如玉牒者也。……士大夫罕有知其制度者。予頃在朝廷，因宗正丞謝伋白本寺事，論及玉牒，問宰執諸公制度，趙元鎮曰：「不過刻玉如册爾。」予曰：「國家宗支之繁，自古無之，每朝爲一牒，宗室官稱、名行，女與其夫皆録，以玉刊，不亦難乎？」〔二〕

〔一〕〔宋〕王鞏聞見近録，戴建國整理本，收入全宋筆記第二編，鄭州大象出版社，二〇〇六年。

〔二〕〔宋〕李心傳建炎以來繫年要録卷一四五紹興十二年五月辛丑條注引，胡坤點校本，北京中華書局，二〇一四年。

爲什麽連修纂過史學鉅帙資治通鑑的司馬光、位至宰相的吕公著和趙鼎都不清楚玉牒爲何物而直鬧笑話呢？我認爲這是由玉牒修纂制度所決定的。

宋會要輯稿載：

（紹興十二年）七月十二日，試起居舍人兼充修玉牒官楊愿等劄子：「勘會玉牒所事干國體，最爲機密，令檢準御寶，令漏洩玉牒宗枝，並依軍法。無本所，依史館例，諸處投下文字及納帖子整會事節人，並於所門外計會把門人，轉入係整會文字。如呼叫，聽入。輒入者流三千里。凡所見聞因而漏洩，並當軍令。欲乞朝廷依史館例，給降黄榜一道，付本所張掛，約束施行。」從之。〔一〕

宋會要輯稿職官二〇之六一記載有這樣的規定：「差到武臣，每日專輪一員，在所宿直。」職官二〇之六二又載：「令本所守門親事官將出入之人並行搜檢。」

〔一〕〔清〕徐松輯宋會要輯稿職官二〇之五九，北京中華書局影印本，一九五七年。

玉牒所人員出入要檢查，擅自入内者要流放三千里，如此警備森嚴，嚴科重律，恐怕没有人原意去以身犯險自找麻煩。這就使一般無關的人無法知曉玉牒的奥秘，提及玉牒，也只好想當然地推測。

這種狀況，也使許多宋代文獻、特别是官方文獻隱去或略去了玉牒的修纂、進呈、制度討論等史實，對玉牒本身也語焉不詳。比如宋史的本紀，在北宋時期幾乎就没有關於玉牒的記載〔一〕。這反映了原來國史帝紀的實際情況。此外，南宋趙汝愚編修的國朝諸臣奏議〔二〕也未收入一篇關於玉牒修纂的奏疏，儘管實際上這方面的奏疏並不少。如此看來，對於玉牒這種記録最高統治者情況的人事檔案，在當時人們是諱莫如深的。這就爲後世研究玉牒帶來了很大困難。今天我們只能從零散的史料中大致勾稽出有關宋代玉牒的情況，並做一些初步的探索。

〔一〕〔元〕脱脱宋史，北京中華書局點校本，一九八五年。
〔二〕〔宋〕趙汝愚國朝諸臣奏議，上海上海古籍出版社影印本，一九八六年。

二、宋代玉牒修纂制度

作爲「以紀帝系，以載歷數，以籍昭穆」的玉牒，其淵源可以追溯到很早。秦代設立九卿之一的宗正來負責皇族事務，實際上已在做這方面的工作。然而概念清晰、名目確定的玉牒，恐怕是到了唐代才出現。在唐代，已設專人負責修纂玉牒，歸屬宗正寺掌管。唐朝的玉牒以記載皇族的譜系爲主。在宋朝，玉牒也承襲唐朝的傳統，同樣歸屬宗正寺管理，並專門設置有玉牒所。宋會要輯稿載：

太宗至道初，詔刑部郎中張洎與駕部郎中、史館修撰梁周翰同編皇屬籍。未成，張洎卒，止周翰領其事。真宗咸平初，詔於宗正寺建屬籍樓，又詔督修玉牒。周翰又奏宗正卿趙安易同領其事。遂於秘閣廳編纂之。……大中祥符六年正月，判宗正寺趙世長、趙可封言：「有唐修玉牒官李衢等奏，以聖唐玉牒與史册並驅，乞於玉牒之上特創嘉名。尋詔以皇唐玉牒爲名。今乞於皇屬籍之上，

別崇懿號。」詔以皇宋玉牒爲名。〔一〕

據此可知，宋朝玉牒最初叫作「皇屬籍」，到了大中祥符六年（一〇一三），始命名爲「皇宋玉牒」。因而宋人羅大經在鶴林玉露丙編卷三有宋朝玉牒始修於大中祥符之説〔二〕。又宋人林駉古今源流至論引述職源云：

聖朝祥符六年，始設局置官，仿唐制也。八年，建玉牒殿於新寺。景祐元年，宗正寺修玉牒官李淑申請，詔以編修院西閣子充修纂玉牒之所。……熙寧三年，玉牒於三班院置局，後從編修院。〔三〕

此條還在注文中記載：

〔一〕宋會要輯稿職官二〇之五五。
〔二〕〔宋〕羅大經鶴林玉露丙編卷三玉牒，王瑞來點校本，北京中華書局，一九八三年。
〔三〕古今源流至論前集卷四玉牒。

聖朝祥符九年，以知制誥劉筠、夏竦爲修玉牒官，自後置一員或二員。熙寧三年，皇帝玉牒十年一修，玉牒並以學士典領。自元豐官制行，分隸宗正寺官。

看來，以循名責實爲目標的元豐官制改革，參照唐朝舊制，對玉牒修纂工作也做了明確規定。元豐改制後，玉牒修纂才得以「分隸宗正寺官」。修纂玉牒的人員、地點也由不固定到固定。玉牒修纂制度基本定型。

靖康之變，幾乎粉碎了宋王朝龐大的統治機器。隨著南宋王朝的建立，政府的各種機構才漸次恢復起來，玉牒修纂機構也是如此。宋史職官志載：「南渡後，紹興十二年始建玉牒所。提舉一人或二人，以宰相、執政爲之，以侍從官一人兼修，宗正卿、少而下同修纂。……分案五，置吏十。」〔一〕

關於主持修纂玉牒的官員，文獻通考載：「故事，玉牒以首相領之。自後相府有

〔一〕宋史卷一六四職官志四。

闕，則以首參兼領，仍帶權字。」〔一〕據宋會要輯稿職官記載，在北宋，蔡京曾提舉修纂英宗玉牒、神宗玉牒〔二〕。不過，宰臣兼領修纂玉牒在北宋並不普遍。作爲一種制度的形成，當在南宋。前面引述的古今源流至論在「玉牒」條還記載：

其提舉以宰臣，充修以侍從，纂修以宗正卿、少而下，則見於紹興之初者如此。其不置修書檢討，獨以少卿、丞編修，既而宰臣提舉，而修書之一員仍舊，則見於紹興之末者如此。在乾道則以參樞提舉，初不專繫於宰相。在今日則提舉有監修，有修玉牒，有檢討，皆以宰臣侍從他官兼。至於纂修，則卿、丞、

〔一〕〔元〕馬端臨文獻通考卷五五職官考「宗正寺」條，北京中華書局點校本，二〇一一年。
〔二〕宋會要輯稿職官二〇之五八載：「政和二年二月八日，詔：『神宗皇帝玉牒局官吏可依下項：提舉官何執中與男志同轉一官，蔡京轉一官回授有官有服親，修纂官鄭久中、蔡薿各轉一官，内鄭久中許回授有官有服親。人吏點檢文字、楷書等有官人各轉一官，有資人各轉一資，無資可轉人及有違礙，比類支賜。不經進書減半，選人依條施行。』」又載：「（政和）五年三月二十九日，太師、魯國公、提舉修史蔡京等奏：『重修到哲宗皇帝玉牒，已具進納。乞降付本院，依神宗皇帝玉牒例，於宗正寺取舊玉牒并匣，别書寫封進請寶訖，擇日迎引於玉牒殿奉安。』詔依所奏。」

簿皆與。

由此可知，以宰臣提舉修纂玉牒，是南宋方固定下來的制度。前引文獻通考所記，當爲南宋之制度。從宋史本紀記載南宋玉牒的進呈情況看，事實亦是如此。南宋宰臣葉顒、陳俊卿、虞允文、梁克家、葉衡、趙雄、王淮、京鏜、陳自强、韓侂胄、史彌遠、史嵩之、鄭清之、程元鳳、賈似道、葉夢鼎等都曾提舉修纂玉牒。如此看來，北宋宰相司馬光、吕公著以及南宋初年宰相趙鼎等人不知玉牒爲何物也不難理解。

具體修纂玉牒的官員，北宋也少於南宋。據上所述，大中祥符九年（一〇一六），以劉筠、夏竦爲宗正寺修玉牒官。此後固定設置修玉牒官一員或二員。南宋紹興十二年（一一四二），開局編修玉牒，宋會要輯稿載：「宰臣秦檜提舉編修，玉牒所就差宗正少卿、丞、簿三員爲額，同修書官，編修玉牒文字。」〔一〕這一年，宋金「紹興和議」簽訂，南宋進入了相對穩定的和平建設時期，因而也有了修纂玉牒的餘裕。

〔一〕宋會要輯稿職官二〇之五九。

紹興二十九年(一一五九),對修玉牒官做了精簡和調整。宋會要輯稿載:

八月二十三日,詔:「玉牒所併入宗正寺,更不置修玉牒官、檢討官,以本寺少卿及丞同領編修事,本寺主簿更不干預。見今玉牒所手分存留兩名外,餘司封差到人及玉牒所額外吏人、三省樞密院堂後官兼供、檢討、點檢、主管文字之類並罷。」以給舍臺諫議減冗費也。〔一〕

據此可知,第一,玉牒所編修玉牒,在宰臣提領下專置一局,具有一定的獨立性。而此次爲了節省財政支出將玉牒所併入宗正寺,等於是削弱了這種獨立性。這恐與進入「後秦檜時代」削弱宰相權勢的全盤考量有關。第二,除主要修書官之外,玉牒所中的點檢、檢討文字等人員與額外人吏頗多。據宋會要輯稿記載,紹興十二年玉牒修纂初開局,就曾把政和年間預修玉牒的一個名叫王亨的小官找回玉牒所,擔任點

〔一〕宋會要輯稿職官二〇之五九。

檢文字〔一〕。玉牒所的人吏數目，雖屢經裁減，但仍然居高不下。這恐怕與玉牒編修的工作量過大有關。特别是在南宋時，玉牒所不光要修本朝玉牒，還要補修北宋歷朝玉牒。對於南宋中期玉牒所官吏的人數，可以從乾道六年再次裁減玉牒所官吏的記載得知。宋會要輯稿載：

六年五月四日，玉牒所狀：「依指揮條具併省吏額。見管人吏一十人，并通引官二人，今減罷點檢文字一人并通引官二人，以十人爲額。其逐人欲乞權候進呈光堯壽聖太上皇帝玉牒畢日罷。」詔依。各從下裁減，將來見闕日，依名次撥填。〔二〕

〔一〕宋會要輯稿職官二〇之五八載：「今踏逐到玉牒所舊人王亨一名，係是政和間曾經修書之人，見係寄理承節郎、新差温、台州海内巡檢，見在臨安府待闕，欲乞時暫差本人權充本所點檢文字。所有合破請給，乞依宗正寺胥長見請給則例支破外，仍乞每月添破特支錢二十貫文，并於本寺大曆内批勘，候本官闕到日發遣前去之任。」

〔二〕宋會要輯稿職官二〇之六一。

三、宋代玉牒進呈與管理制度

宋制，玉牒十年一進。不過，從文獻中記載的宋代各朝玉牒進呈的情況看，這一規定的執行並不十分嚴格，進呈時間或遲或速。玉牒十年一進，有其弊端，因而，元祐元年（一〇八六）宗正寺丞王鞏提出了一個在正式進呈玉牒之前，兩年一具草繳進的補救辦法。這件事記載在宋會要輯稿職官二〇之五七〔一〕。此後，玉牒兩年一具草繳進遂成定制。

玉牒進呈是指送往玉牒殿安奉。安奉要舉行隆重的儀式，在正式舉行儀式之前，往往要將玉牒呈送給皇帝審閱。正式進呈需待皇帝審批後降付玉牒所，才能舉

〔一〕宋會要輯稿職官二〇之五七載：「哲宗元祐元年十月二十五日，尚書省言：『承議郎、宗正寺丞王鞏奏，宗正寺條例，皇帝玉牒十年一進，修玉牒官並以學士典領。玉牒自熙寧中翰林學士范鎮等一進之後，神宗玉牒至今未修。仙源類譜自翰林學士張方平慶曆年進書之後，僅五十年並無成書。自奉行官制，分隸宗正寺官又復累年，未果成。其神宗朝已上文字，臣近已進呈奉安畢，今合修纂皇帝玉牒、類譜等。臣以十年進書之期尚遠，恐寺官因循，異時復成曠墜，請别立法。宗正寺修纂等書，其玉牒官每二年一具草繳進，其會問未足，不得過進期兩季。類譜等亦二年一具草，候及十年類聚修纂成書，進呈奉安如故事，庶幾國朝大典永無廢墜。』從之。」

行儀式。此見於宋會要輯稿職官二〇之五七記載蔡京對哲宗玉牒進呈事項的奏請。

正式儀式，一般是由提舉修纂的宰相率群臣進呈。但南宋有幾次進呈儀式是當朝皇帝親率群臣進行的。這主要是在進呈太上皇帝玉牒時才出現的情況。如宋史卷三六光宗紀記宋光宗在紹熙元年率群臣趨重華宫上孝宗玉牒即是如此。當朝皇帝這樣做，無非是表示對太上皇的恭敬。

玉牒的正式進呈，儀式極爲隆重，有一整套繁文縟節。玉牒一般都是與國史、日曆、會要、聖政等一同進呈。宋會要輯稿職官二〇之四六記載有禮官擬定的進呈孝宗玉牒儀式的方案，其禮儀之繁瑣、隆重，令人嘆爲觀止。

玉牒進呈後，安奉於玉牒殿。北宋玉牒殿的規制已不可考，南宋的玉牒殿創建於紹興二十六年（一一五六），是在高宗玉牒修成，將要進呈時趕建的。宋人王象之輿地紀勝引述中興會要云：「紹興二十六年十月，玉牒所言，本所編修祖宗及今上玉牒將來進呈畢，依舊制，合於玉牒所安奉。今來若别創建，用功不少，欲乞就本所見今廳堂地段及牆外空地，令漕司相度改建。從之。今玉牒所有玉牒之殿。」〔一〕在此

〔一〕〔宋〕王象之輿地紀勝卷一「行在玉牒所」條，成都四川大學出版社，李勇先整理本，二〇〇五年。

之前的紹興二十年，曾進呈過一次題爲中興聖德的高宗玉牒。因當時尚無玉牒殿，則暫時安奉於天禧殿。此亦見於輿地紀勝「玉牒所」條記載。

在編纂時就「其禁甚嚴」的玉牒殿，安奉之後的一套管理制度更爲嚴密。前面引述過，北宋元祐年間曾任修玉牒官的王鞏説：「國書嚴奉未有如玉牒者。」就是説，在所有的國家檔案中，對玉牒的管理最爲重視。但北宋時期的管理制度缺乏詳細的記載，尚不十分清楚。在南宋，玉牒曾由内侍來管理。在宋會要輯稿職官二〇之六一保留的乾道八年一份文件，對南宋玉牒的管理制度所言頗詳，可以參考。

除了編修人員與管理人員外，玉牒所及玉牒殿還有大量的守衛人員。宋會要輯稿載：

開禧元年正月二十五日，玉牒所言：「玉牒殿安奉祖宗玉牒官物浩瀚，全藉軍兵晝夜巡警防護。近雖差撥到看管軍兵，盡皆癃老昏耄。如遇不測風燭，難以倚仗。今來除殿前司已承指揮差到一百二人，不問遠近風燭依前赴所守護外，今措置日後如遇比近去處不測風燭，令本司更行別差軍兵二百人，準備般挈

防護役使。」從之。〔一〕

玉牒所、玉牒殿管理制度之嚴格，分工之細密，機構之龐大，都反映君主制下的統治者對玉牒的重視。

四、宋代玉牒的修纂

宋代玉牒的修纂，按順序敘述，可以分爲北宋時期與南宋時期。此外，在南宋時期，還有對北宋玉牒的補纂。金人入侵，打碎了北宋龐大的國家機器，一百多年積累的文獻檔案也大多蕩然無存。南宋實質上是在幾乎空白的基礎上重建的新王朝。但這個重建王朝的根基是北宋。北宋是南宋王朝賴以維繫正統的依據。所以，南宋不僅處處依照北宋模式組織政權，還在文獻檔案方面做了大量追憶、恢復、補纂的工作。其中，對北宋玉牒的補纂相當重視。這是因爲，在家天下的君主制之下，皇帝血統的接續最足以宣示王朝的正統性。對於南宋，先有强金，後有凶蒙，必須向王朝内

〔一〕宋會要輯稿職官二〇之五一。

外顯示其是中國大陸上的唯一受命於天的正統王朝。這就是南宋的玉牒修纂制度詳於北宋、玉牒修纂作業勤於北宋的根本原因。

(一)北宋玉牒修纂考

宋會要輯稿載：「(真宗咸平)四年正月，修玉牒官宗正卿趙安易、知制誥梁周翰上新修皇屬籍三十三卷。詔宗正寺，仍令接續編纂。」這是現存文獻記載的最早一部宋代玉牒。宋朝玉牒的修纂初期，張洎、趙安易先後預其事，但始終從事修纂的則是梁周翰。宋史梁周翰傳載：「咸平三年，召入翰林爲學士，受詔與趙安易同修屬籍。唐末喪亂，籍譜罕存，無所取則，周翰創意爲之，頗有倫貫。」〔一〕

繼梁周翰草創之後，使宋朝玉牒修纂體制更進一步完備的是趙安仁。宋會要中記載了趙安仁不少帶有創制性質的奏議。如宋會要輯稿載：「(大中祥符)八年，詔建玉牒殿、屬籍堂於新寺，命宗正卿趙安仁重修玉牒、屬籍。……十二月，兼宗正卿趙安仁言：『宗正寺每年編修玉牒，自親王已下，只會問逐宮監宮使臣及管勾南供北宅，

〔一〕宋史卷四三九。

所供到轉遷官封爵秩多不周備。乞自今並令中書、樞密院具録舊銜及加恩新命下寺。』從之。」又載：「（大中祥符）九年三月，趙安仁言：『按有唐故事，祖宗玉牒皆首載混元皇帝，今乞以御製聖祖降臨記冠於列聖玉牒。』……又請以知制誥劉筠、夏竦爲宗正寺修玉牒官。並從之。自後，皆置修玉牒官一員或二員。天禧元年二月，趙安仁言：『宗正寺所掌宗廟祠祭及編修玉牒、屬籍，並未有經書文籍檢閲故實。除通典、會要及前代親屬圖牒文字，欲將本寺公用錢寫置外，其國子監印本書籍，乞各賜一本。』從之。二年二月，兼宗正卿趙安仁言：『臣修玉牒，望詔史館據所借國史紀傳，付臣抄録即封還史館。』詔安仁與晁迥就史館據合要事目抄録。」〔一〕

據上引述，可知趙安仁爲修纂玉牒的官員編制圖書資料，以及與各部門的溝通聯繫等，做了大量工作。他的一些奏請，其後遂成定制。經過梁周翰與趙安仁等人的先後努力，宋代玉牒修纂體制大體底定。此外，從上述趙安仁所言「宗正寺每年編修玉牒，自親王已下，只會問逐宫監宫使臣及管勾南供北宅，所供到轉遷官封爵秩多不周備」還可知，宋初的玉牒與記録皇族譜牒的屬籍的區分並不嚴密。這一點與不

〔一〕宋會要輯稿職官二〇之五五、五六。

載皇族譜牒的後來玉牒，在性質上有著很大區别。但從趙安仁要求在玉牒所配備通典、會要以及國子監印本書籍，並要求抄録國史紀傳看，自趙安仁的時代起，玉牒已經開始與皇族譜牒分離，逐漸成爲以記録皇帝活動爲主的一種史書。這種玉牒性質的變化，亦與趙安仁的創制努力密不可分。

關於北宋各朝玉牒的修纂情況，文獻記載簡略。宋會要輯稿載：「寶元二年十月六日，翰林侍讀學士李淑言：『奉敕修宗正寺玉牒、屬籍，今先次修纂皇帝玉牒二卷、皇子籍一卷，具浄草進呈，并悼獻太子名元祐，咸平中薨，今緣玉牒修纂，欲自此後只書祐字。』從之。」又載：「神宗熙寧元年十一月四日，玉牒所上仁宗皇帝玉牒四卷、英宗皇帝玉牒四卷。」〔一〕

宋會要輯稿職官二〇之五六記載元祐元年王鞏參預編修的，當是神宗玉牒。蘇軾在用王鞏韻送其姪震知蔡州一詩中提到王鞏修玉牒時的情形：「阿戎修玉牒，未憚筆削煩。」〔二〕

〔一〕宋會要輯稿職官二〇之五六。按，此事亦載宋人孫逢吉職官分紀卷一八。

〔二〕〔宋〕蘇軾東坡全集卷一六，臺北臺灣商務印書館影印文淵閣四庫全書本。

此外，宋會要輯稿載：「徽宗崇寧三年十月三十日，命刑部尚書管師仁重修神宗皇帝玉牒及看詳哲宗皇帝玉牒。」[一]重修神宗玉牒以及看詳審查哲宗玉牒的原因，與當時先後産生的朱墨本兩種神宗實録一樣[二]，是出於激烈的黨争。在黨争的政治背景之下，不同的政治集團上臺執政，都要改寫歷史，爲本集團樹立豐碑，同時也把政敵釘在恥辱柱上。重修的神宗玉牒，大約完成於政和二年（一一一二）。這從宋會要輯稿職官二〇之五七記載神宗皇帝玉牒局官吏轉官可以考知：「政和二年二月八日，詔神宗皇帝玉牒局官吏可依下項……各轉一官。」

在崇寧間看詳審查的哲宗玉牒，最終也没有擺脱重修的命運。重修的哲宗玉牒完成於政和五年（一一一五）。此見於宋會要輯稿職官二〇之五八的記載：「（政和）五年三月二十九日，太師、魯國公、提舉修史蔡京等奏：『重修到哲宗皇帝玉牒已具進納，乞降付本院，依神宗皇帝玉牒例，於宗正寺取舊玉牒并匣，别書寫封進請寶訖，擇日迎引於玉牒殿奉安。』詔依所奏。」

[一] 宋會要輯稿職官二〇之五七。
[二] 宋史卷二〇三藝文志二載：「神宗實録朱墨本三百卷，舊録本用墨書，添入者用朱書，删去者用黄抹。」

（二）南宋玉牒修纂考

南宋建立後，在軍民的共同奮戰下，僅剩下半壁江山的宋，與金在軍事力量對比上基本平衡，形成南北對峙的局面。這種客觀現實的直接産物，便是「紹興和議」。獲得暫時喘息的南宋朝廷，這時候才有機會百廢俱興，在制度上努力恢復北宋的舊日規模。作爲被士大夫視爲「正九族、壯本枝，備中興之盛典，立萬世之宏規」的玉牒，南宋統治者自然予以極大的重視。然而，故典皆已蕩然無存，現任官員對舊制又不甚了了，復興舊制，殊非易事。因此，南宋朝廷在玉牒修纂之初，進行了一系列討論舊制、搜訪遺書的準備工作。

文獻中對於南宋歷朝玉牒修纂的記載遠較北宋爲詳。南宋修纂玉牒的討論，始於紹興十一年（一一四一）。關於南宋玉牒修纂再開的背景與提案，宋會要輯稿載：

高宗紹興十一年十月十三日，宗正寺丞鄧大受（瑞來按，宋史職官志作「邵大受」，當是。）奏：「嘗講求宗正寺舊掌之書，其目有四：曰皇帝玉牒；曰仙源積慶圖；曰宗藩慶系録；曰宗枝屬籍。頃因建炎南渡，寺官失職，悉舉四書於江滸而逸之。

今重加修舉，書成，賜名仙源慶系屬籍總要，合圖、録、屬籍三者而一之，固無愧於昔矣。獨玉牒一書未經修舉。宜下民間，立賞搜訪所遺逸之書，俾先朝秘册，復獲崇奉，仍詔有司討論舊制，修纂陛下踐祚玉牒，以正九族、以壯本枝，備中興之盛典，立萬世之宏規。」從之。〔一〕

兩個月後，南宋朝廷正式開局修纂玉牒，由宰相秦檜提舉編修。此見於宋會要輯稿職官二〇之五九記載。這次編修的玉牒，是在秦檜死後的紹興二十七年（一一五七）進呈的，並且從後面引述的史料可知，僅從南宋開始的建炎元年（一一二七）編修到紹興二年（一一三一）。輿地紀勝載：「紹興二十年夏四月，初，起居舍人兼玉牒所檢討官王曮等言：見修今上皇帝等玉牒，先修到今上聖德，乞以中興聖統爲名。至是，書成，己丑奉安於天禧殿聖相天尊大帝之西。」〔二〕玉海卷五一也對此次高宗玉牒的進呈有記載。

〔一〕宋會要輯稿職官二〇之五七。
〔二〕輿地紀勝卷一「行在所玉牒所」條。

高宗玉牒的第二次進呈在孝宗乾道六年（一一七〇）。宋會要輯稿職官二〇之六〇載：「（乾道）五年十二月九日，吏部侍郎、兼修玉牒官陳彌作、宗正少卿胡襄、丞陸之望、主簿林同言：本所依已降指揮供修到光堯壽聖太上皇帝玉牒，係自紹興三年接續起修，至紹興十二年，並已成書。竊緣本所昨自紹興二十七年首進之後，今已及一十二年，未經再進。欲望敷奏，許令進呈。從之。」

在玉牒所這次進呈的請求得到批準之後，據宋史卷三四孝宗紀的記載，玉牒所於翌年五月正式進呈了第二批高宗玉牒。從上述記載可知，這部第二批高宗玉牒是接續第一批高宗玉牒，從紹興三年（一一三三）修至紹興十二年（一一四二）。於是，在三年之後的乾道九年又有了第三批高宗玉牒的進呈。宋史卷三四孝宗紀載：「（乾道九年）九月丙申，梁克家等上中興會要、太上皇及皇帝玉牒。」在此之後，再未發現有高宗玉牒的進呈記録。由此推測，這次進呈的第三批高宗玉牒當是迄止於紹興三十二年（一一六二）的最後一批。

宋孝宗即位之初，在尚未啓用新年號之時，便下令修纂本朝玉牒。宋會要輯稿職官二〇之五九載：「紹興三十二年六月二十一日，詔尚書左僕射陳康伯提舉編修玉牒。八月八日，玉牒所言：『恭遇今上皇帝登寶位，本所合自皇帝誕聖之後編修玉牒，

正要百司關報被受指揮照應修纂。』」〔一〕

孝宗玉牒的首次進呈，據上引宋史卷三四孝宗紀記載，在乾道九年（一一七三）九月。第二批進呈則是在淳熙四年（一一七七）。宋會要輯稿載：「（淳熙）四年三月九日，玉牒所上……今上皇帝玉牒，官吏照例推恩。」接著又記載：「四月六日，詔……今上皇帝玉牒自乾道九年以後接續修纂。」〔二〕由此可知，這批孝宗玉牒内容訖止於乾道九年。從時間起訖没有延長來看，第二批孝宗玉牒或爲第一批玉牒之修訂版。孝宗玉牒的第三批成書，是在淳熙十六年（一一八九）十一月。此時孝宗已禪位於光宗趙惇。宋會要輯稿職官二〇之四四載：「（淳熙十六年）十一月十六日，宗正少卿耿秉等言：『本所恭修到至尊壽皇聖帝玉牒，係自乾道九年接續起修，至淳熙九年，計一十年，並已成書。欲候日曆進書日許令一就同日進呈。』從之。」在進呈的請求得到批準之後，於次年的八月進呈。此見於宋史卷三六光宗紀的記載。

孝宗玉牒的最後一批成書，是在紹熙三年（一一九二）。宋會要輯稿載：「（紹熙）

〔一〕宋會要輯稿職官二〇之四二。
〔二〕宋會要輯稿職官二〇之四二。

三年四月七日，吏部侍郎兼修玉牒官羅點等言：『本所接續修纂至尊壽皇聖帝玉牒，係自淳熙十年以後至十六年二月一日，將以成書，欲候國史、日曆所進呈聖政日，許令一就同日進呈。』」[一]據宋史卷三六光宗紀的記載，這批玉牒於是年十二月進呈。至此，孝宗玉牒遂成全帙。

光宗玉牒進呈於宋寧宗慶元六年（一一九五）。宋會要輯稿載：「（慶元）六年二月二十日，進呈聖安壽仁太上皇帝玉牒四十卷。」[二]「聖安壽仁」是慶元元年群臣爲光宗所上的尊號。另外，玉海卷五一記載光宗玉牒「又進於十三年五月」。檢宋史卷四〇寧宗紀，的確於嘉定十三年五月有玉牒進呈的記録：「戊戌，史彌遠等上玉牒及三祖下第七世宗藩慶系録。」不過，是年史彌遠等進呈的玉牒並非光宗玉牒。通過對宋史本紀記載玉牒的考察可知，僅書「皇帝玉牒」或「玉牒」者，均指本朝玉牒。凡是記前朝玉牒，則均著其名。因此，宋史寧宗紀記載嘉定十三年所進呈的玉牒，當爲寧宗玉牒，玉海所記不確。

〔一〕宋會要輯稿職官二〇之四五。
〔二〕宋會要輯稿職官二〇之五一。

寧宗玉牒的首批進呈在嘉泰四年（一二〇四）。宋會要輯稿載：「（嘉泰）四年八月九日，上今上皇帝玉牒五十卷。」[一]這批玉牒的時間起訖，在宋會要輯稿記載另一次寧宗玉牒成書時作了披露：「（嘉定）六年二月二十五日，禮部侍郎兼中書舍人兼修玉牒官范之柔等言：『本所昨承指揮編修宣祖皇帝以後宗派，除已於淳熙五年進呈第六世仙源類譜外，所有第七世仙源類譜已及三十餘年，未經進呈。今來編修，並已成書。並今上皇帝玉牒，除自誕聖、即位至慶元六年已行修進外，今續自嘉泰元年修至開禧元年，計五年，亦已成書。伏睹近承指揮，刊正玉牒辯誣之書，繕寫附進，欲乞許令本所進呈。』從之。」[二]據此可知，嘉泰四年進呈的首批寧宗玉牒，記事僅至慶元六年（一二〇〇）。嘉定六年進呈的第二批玉牒，據宋史卷三九寧宗紀記載，於是年閏九月由史彌遠等進呈。前述玉海誤記爲光宗玉牒的嘉定十三年進呈者，是久掌權柄的史彌遠進呈的第三批寧宗玉牒。在宋理宗淳祐二年（一二四二），又有第四批寧宗玉牒進呈，事見宋史理宗紀。

[一] 宋會要輯稿職官二〇之五一。
[二] 宋會要輯稿職官二〇之五三。

理宗玉牒亦分多批修成。在宋史理宗紀，有當朝五次進呈理宗玉牒的記録。第一次是在淳祐二年正月，「戊戌，右丞相史嵩之等進玉牒及中興四朝國史、孝宗經武要略、寧宗玉牒、日曆、會要、實録。」十年後，第二次進呈：「(淳祐十一年)二月乙未，左丞相鄭清之等上玉牒、日曆、會要及光宗、寧宗寶訓、寧宗經武要略。」寶祐五年(一二五七)第三次進呈：「閏四月乙丑，程元鳳等進玉牒、日曆、會要、經武要略及中興四朝志傳。」第四次進呈是在景定二年(一二六一)三月：「戊寅，賈似道等上玉牒、日曆、會要、經武要略及孝宗、光宗、寧宗實録，詔似道、皮龍榮、朱熠、沈炎各進二秩。」景定四年(一二六三)六月，理宗玉牒第五批進呈：「庚午，宰執進玉牒、日曆、會要、經武要略及徽宗長編、寧宗實録，詔賈似道以下官兩轉。」理宗玉牒的修竣，當在度宗咸淳四年(一二六八)，此由宋史四六度宗紀的記載推知：「(咸淳四年)八月壬寅，奉安寧宗實録、理宗實録、御集、日曆、會要、玉牒、經武要略、咸淳日曆、玉牒，賈似道、葉夢鼎、馬廷鸞各轉兩官，諸局官若吏推恩有差。」

度宗玉牒，從上述宋史度宗紀的記載可知，在度宗即位四年後的咸淳四年，亦已部分修成。這是有記載的宋朝最後一次進呈玉牒。

爲了清晰觀察南宋歷朝玉牒的修纂情況，現將以上所述列表如左：

南宋歷朝玉牒修纂表

歷朝玉牒	起訖時間	進呈時間	主持人	史料來源
高宗玉牒（一）	建炎元年—紹興二年	紹興二十七年	秦檜	宋會要
高宗玉牒（二）	紹興三年—紹興十二年	乾道六年	陳俊卿	宋會要 宋史孝宗紀
高宗玉牒（三）	紹興十三年—紹興三十二年	乾道九年	梁克家	宋史孝宗紀
孝宗玉牒（一）	隆興元年—乾道八年	乾道九年	陳康伯 梁克家	宋會要 宋史孝宗紀
孝宗玉牒（二）	同前	淳熙四年	龔茂良	宋會要 宋史孝宗紀
孝宗玉牒（三）	乾道十年—淳熙九年	淳熙十六年	宋光宗	宋會要 宋史孝宗紀

續　表

歷朝玉牒	起訖時間	進呈時間	主持人	史料來源
孝宗玉牒（四）	淳熙十年—淳熙十六年	紹熙三年	宋光宗	宋會要 宋史光宗紀
光宗玉牒	紹熙元年—紹熙五年	慶元六年	宋寧宗	宋會要 宋史寧宗紀
寧宗玉牒（一）	慶元元年—慶元六年	嘉泰四年	陳自强	宋會要 宋史寧宗紀
寧宗玉牒（二）	嘉泰元年—開禧元年	嘉定六年	史彌遠	宋會要 宋史寧宗紀
寧宗玉牒（三）	開禧二年—嘉定十二年	嘉定十三年	史彌遠	宋史寧宗紀
寧宗玉牒（四）	嘉定十三年—嘉定十七年	淳祐二年	史嵩之	宋史理宗紀
理宗玉牒（一）	寶慶元年—淳祐元年	淳祐二年	史嵩之	宋史理宗紀

續　表

歷朝玉牒	起訖時間	進呈時間	主持人	史料來源
理宗玉牒(二)	淳祐二年—淳祐十年	淳祐十一年	鄭清之	宋史理宗紀
理宗玉牒(三)	淳祐十一年—寶祐四年	寶祐五年	程元鳳	宋史理宗紀
理宗玉牒(四)	寶祐五年—景定元年	景定二年	賈似道	宋史理宗紀
理宗玉牒(五)	景定二年—景定三年	景定四年	賈似道	宋史理宗紀
理宗玉牒(六)	景定四年—景定五年	咸淳四年	賈似道	宋史度宗紀
度宗玉牒	咸淳元年—咸淳三年	咸淳四年	賈似道	宋史度宗紀

（二）南宋補修北宋歷朝玉牒考

北宋歷朝玉牒在靖康宋廷倉皇南渡時皆散失亡佚。有鑑於此，南宋朝廷在修纂中興以後各朝玉牒的同時，對北宋歷朝的玉牒也陸續進行了補修。

補修的太祖玉牒成書於紹興二十七年（一一五七），與第一批高宗玉牒同時進呈。玉海載：「紹興二十七年四月己未，沈該等上太祖、今上玉牒，登進於垂拱殿，副本藏龍圖閣。」〔一〕

太宗玉牒、真宗玉牒的一部分成書於孝宗乾道三年（一一六七）。宋會要輯稿載：「（乾道三年）四月二十六日，閤門狀：『依已降指揮修定五月六日進呈三祖下仙源積慶圖、太宗皇帝玉牒、真宗皇帝玉牒、哲宗皇帝寶訓節次，閤門條具進御如二年閏九月二十九日進三朝帝紀之儀。』」〔二〕

此次進呈的真宗玉牒的記事僅至景德四年（一〇〇七）。此從宋會要輯稿的記

〔一〕〔宋〕王應麟玉海卷五一「太祖玉牒」條，臺北臺灣商務印書館影印文淵閣四庫全書本。

〔二〕宋會要輯稿職官二〇之六〇。

載可以考知：「（乾道三年）五月二十四日，修玉牒官薛良朋等言：『本所見修纂光堯壽聖太上皇帝並今上皇帝玉牒及類譜等文字外，合依元降指揮接續修纂仁宗皇帝一朝并真宗皇帝十年已後一朝玉牒，欲乞依自來體例開局修纂。』從之。」從宋真宗即位之咸平元年後推十年，即爲景德四年。真宗玉牒的全部成書與進呈在淳熙元年（一一七四）。宋會要輯稿職官二〇之四二載：「（淳熙元年）十二月十六日，玉牒所上新修三祖下上五世宗藩慶系録、真宗皇帝玉牒，詔於龍圖閣安奉。」〔一〕

仁宗玉牒的補修，據宋會要輯稿記載，共分四批進行。第一批進呈在淳熙四年（一一七七）：「（淳熙）四年三月九日，玉牒所上仁宗皇帝玉牒、今上皇帝玉牒，官吏照例推恩。」〔二〕這次進呈的仁宗玉牒僅記仁宗在位前十年之事。仁宗玉牒的第二批進呈在淳熙五年。同是宋會要輯稿職官二〇之四二記載：「（淳熙）五年十月八日，玉牒所上三祖下第六世仙源類譜、仁宗皇帝玉牒，官吏照例推恩。」該批仁宗玉牒記事起訖爲明道元年（一〇三二）至慶曆元年（一〇四一）。仁宗玉牒的第三批進

〔一〕宋會要輯稿職官二〇之四二。

〔二〕宋會要輯稿職官二〇之四二。

呈在淳熙七年。宋會要輯稿職官二〇之四二載：「(淳熙)七年四月三日，玉牒所上仁宗皇帝玉牒、哲宗皇帝玉牒，官吏照例推恩。」該批仁宗玉牒的時間起訖爲從慶曆二年到皇祐三年(一〇五一)，這是從進呈第四批仁宗玉牒的記事時間起訖推知的。宋會要輯稿職官二〇之四三載：「(淳熙)十三年十月九日，給事中兼修玉牒官王信等奏：『本所恭修仁宗皇帝玉牒，自皇祐四年至嘉祐八年已成一朝，并英宗皇帝一朝玉牒及三祖下第六世宗藩慶系録已成書。』」至此，仁宗朝四十年玉牒全部完成。

英宗玉牒的進呈在淳熙十三年，已見於前段引文。

神宗玉牒修竣並進呈於慶元三年(一一九七)。宋會要輯稿職官二〇之五一載：「慶元三年二月五日，進呈神宗皇帝玉牒八十卷。」

哲宗玉牒據前引宋會要輯稿職官二〇之四二記載可知，於淳熙七年與第三批仁宗玉牒一併進呈。

徽宗玉牒修竣並進呈於嘉泰三年(一二〇三)。宋會要輯稿職官二〇之五一載：「(嘉泰三年)四月十七日，上徽宗皇帝玉牒一百二十卷。」玉海將重修徽宗玉牒的首次進呈記在淳熙四年三月己酉〔一〕。考宋史卷三四孝宗紀，是日確曾進呈玉牒。不過進呈的是仁宗玉牒與當朝孝宗玉牒。如果説與徽宗有什麽關係的話，則是當日同時還進呈有徽宗實録。玉海誤記。

欽宗玉牒修竣並進呈在開禧元年（一二〇五）。宋會要輯稿職官二〇之五二載：「（開禧元年）閏八月二十四日，上欽宗皇帝玉牒二十册。」

至開禧元年，北宋九朝玉牒均已全部補修完畢。以下，還是以表格的形式將上述南宋對北宋歷朝玉牒的補修情況列出。

南宋補修北宋歷朝玉牒表

歷朝玉牒	起訖時間	進呈時間	主持人	史料來源
太祖玉牒	建隆元年—開寶九年	紹興二十七年	秦檜	玉海

〔一〕玉海卷五一。

續表

歷朝玉牒	起訖時間	進呈時間	主持人	史料來源
太宗玉牒	太平興國元年—至道三年	乾道三年	葉顒	宋會要 宋史孝宗紀
真宗玉牒（一）	咸平元年—景德四年	乾道三年	葉顒	宋會要 宋史孝宗紀
真宗玉牒（二）	大中祥符元年—乾興元年	淳熙元年	葉顒	宋會要 宋史孝宗紀
仁宗玉牒（一）	天聖元年—天聖十年	淳熙四年	龔茂良	宋會要 宋史孝宗紀
仁宗玉牒（二）	明道元年—慶曆元年	淳熙五年	史浩	宋會要 宋史孝宗紀
仁宗玉牒（三）	慶曆二年—皇祐三年	淳熙七年	趙雄	宋會要 宋史孝宗紀

續　表

歷朝玉牒	起訖時間	進呈時間	主持人	史料來源
仁宗玉牒（四）	皇祐四年—嘉祐八年	淳熙十三年	王淮	宋會要 宋史孝宗紀
英宗玉牒	治平元年—治平四年	淳熙十三年	王淮	宋會要 宋史孝宗紀
神宗玉牒	熙寧元年—元豐八年	慶元三年	京鏜	宋會要 宋史寧宗紀
哲宗玉牒	元祐元年—元符三年	淳熙七年	趙雄	宋會要 宋史孝宗紀
徽宗玉牒	建中靖國元年—宣和七年	嘉泰三年	陳自强	宋會要 宋史寧宗紀
欽宗玉牒	靖康元年—靖康二年	開禧元年	韓侂胄	宋會要 宋史寧宗紀

五、宋代玉牒的形式與内容

（一）玉牒的形制

王鞏在聞見近録中記載：「國書嚴奉未有如玉牒者。祖宗以來用金花白羅紙，金花羅漂黄金軸。神宗時，詔以黄金梵夾，以軸大難披閲也。予進神宗玉牒，始用此制。又以黄金爲匣，鎖鑰皆黄金也。」王鞏身爲宗正寺丞，親歷編修玉牒，所記當得其實。

儘管金花白羅紙、金花羅漂黄金軸的玉牒爲了便於披閲，改爲黄金梵夾裝幀，但當玉牒安奉於玉牒殿後，一般也是不能隨便查閲的。那麽，皇帝以及史官要閲覽時怎麽辦呢？原來，玉牒一般在修成繕寫時，便已預備下副本。玉牒謄録副本，始於大中祥符年間。宋會要輯稿載：「詔以皇宋玉牒爲名，又令屬籍别録一本，送秘閣收藏，用備檢討。」〔一〕這種玉牒謄録副本的制度，終宋之世，一直執行。這一點從南宋

〔一〕宋會要輯稿職官二〇之五五。

的記載中可以推測。玉海卷五一「太祖玉牒」條載：「紹興二十七年四月己未，沈該等上太祖、今上玉牒，登進於垂拱殿，副本藏龍圖閣。」

副本的作用，不光是藏諸秘閣，以備檢討，還供皇帝進讀。宋會要輯稿職官二〇之五六載：「康定元年五月九日，宗正寺修玉牒所言：『列聖玉牒，欲今後一年一次貼修，十年一次兑换，及卷本一十二卷，合送宗正寺本殿奉安；册本一十二册，欲留中備聖覽。』從之。」由此可見，玉牒的裝幀形式有兩種。正本爲卷軸裝，稱爲「卷本」，副本爲包背裝，稱爲「册本」。到了王羣講的神宗時期，連正本也改爲包背裝了。

玉牒副本的用紙與裝幀規格，要比正本低一些。宋會要輯稿職官二〇之四四載：「（淳熙十六年）十二月三日，玉牒所言：進呈至尊壽皇聖帝玉牒下項，合用匣仗、梵板、羅紙、帕覆等，乞依體式，令文思院製造。留中及投進重華宫本并副本，係用貢餘三省紙書寫，朱紅欄界。乞從本所具數報雜買務收買。合用雇工雜支等錢，欲依淳熙七年例支降。」

（二）玉牒的内容

「玉牒之書何記乎？記大事也。以記帝系，以載曆數，以籍昭穆。蓋將綿天地，亘古今，爲不朽傳也。以書政令，以記户口，以别封域。蓋將以理亂興衰之大驗固與之爲消長也。有大制誥，大册命，凡關於事之大者皆録之。又將使進退取捨予奪廢置，揆之人情而安布之册書而信也。嗚呼，亦重矣！」這是宋人林駉在古今源流至論「玉牒」條的開篇之語，簡練地概括了玉牒的内容。

玉海還記載了一份玉牒凡例。通過這份玉牒凡例可以更清楚地了解玉牒的内容：「赦令；御札；聖旨；親筆處分；郊祀；行幸；大臣拜罷；試賢良；大議論；更革廢置；大祥瑞災異；户口增減；官雖卑因事賞罰關治體者。」〔一〕

根據文獻記載，宋代玉牒大致包含兩方面的内容。

一是記載皇帝的活動和皇后等皇族事務。這方面的内容可以説是原始玉牒的「遺傳」。關於這方面的内容，宋會要中的記載很多。尤其在宋會要輯稿記載的淳熙十六年閏五月玉牒所奏請所需資料的報告中，反映得很集中：

二十四日，玉牒所言：「恭睹今上皇帝登寶位，本所合自皇帝聖誕之後編修

〔一〕玉海卷五一。

玉牒，申請下項：

一、今來編修今上皇帝玉牒、合書注聖誕以後符瑞及聽讀聖德、初封冠禮并納夫人及節次加封食邑、册立皇太子，至登庸位應干麻制册文典禮及辭免批答等事蹟，欲乞朝廷札下隨龍宫屬等，逐一取降，編類申所。

一、合要今上皇帝即位以後三省、樞密院并中書門下後省應經修進宣諭聖語、時政記、起居注照用，乞從本所依年份旋於逐處關借副本、稿草，赴所抄録，照應編修。

一、欲從本所行下六曹寺監等處，將每遇承受應干續降聖旨指揮及改更詔條事件等，並限日下關報赴所，如有差漏，乞依史館已得指揮施行。」

從之。〔一〕

不過，關於皇帝政務活動方面的資料還易於蒐集，有關皇族事務方面的資料，玉牒官索取頗有困難。身爲修玉牒官的王鞏，在其聞見近録中慨嘆道：「其間最難者，宫禁

〔一〕宋會要輯稿職官二〇之四三。

中事與皇族女夫官位耳。」

二是記載一朝大事。這方面的内容可以説是原始玉牒的「變異」。關於這方面的内容，通過宋會要輯稿記載的嘉定四年十月一日禮部尚書兼修玉牒官章穎等人關於玉牒體例的奏疏可以有所了解：

備數玉牒修纂供職以來，略閲數十年間已進之書及日下將進之草，其體制容有未定，所書凡例亦多有乖牾。蓋玉牒專書一代大事，視昔遷、固，實爲帝紀。而元降格目内分十條，若盡用遷、固帝紀之體，誠爲太簡。然而職以文士，徹之聖聰，金箋寶匣，藏於秘殿。若止一切沿襲案牘之詞，如書軍人口累重大錢，如書宗子濟夫爲患行孝救母等語，登之簡册，似不雅馴。穎等所謂體制之未定者此也。至於每年之事，有當書而不書者。如嘉泰元年三月二十八日之火，此大災也，而不書。雪寒陰雨，放屋地錢，此細事也，而累書之。若此之類，不勝其多，則書不書未有定例也。科舉之詔，三歲一下，而或書或不書。金國使命，每歲三遣，而或並書以名，或分書而及其官。若此之類，不勝其多，則所書之法未有定例也。所謂凡例之乖牾者此也。今欲得稍變案牘鄙俚之語，使之成文可讀可傳，定爲玉牒之體制。仍編成一册，定爲玉牒之凡例。如此則自此以往，上下官吏遵爲成式，先後編集，不至異同。至有非常之事，即俾修纂之人自立言辭，鋪敘本末，隨事删潤，以爲成書，庶幾寶藏，傳之萬世，不負聖朝任使之意。乞明降指揮，以憑修定。從之。〔一〕

從上一篇索取有關資料的奏疏和這篇討論玉牒體例的奏疏，可以更具體地了解宋代玉牒的内容。宋代玉牒是一種以皇帝的活動爲主，比紀傳體史書的帝紀内容更爲詳細豐富，記載一朝重大政事的編年體史書。

六、宋代玉牒與官修史書的關係

（一）玉牒與官修史書的關係

宋代玉牒，雖説是編修於宗正寺的一類檔案，但由其内容所決定，同官修史書的

〔一〕宋會要輯稿職官二〇之五二。

關係極爲密切。其密切的程度，就如同日曆、起居注、時政記、實録、會要等諸種官修史書之間的關係是密不可分的一樣。其實，玉牒本可以躋身於上述史書之列，然而一種與生俱來的神秘一直籠罩著它，使得當世的許多人都未將它視同史書，而這種見解，却影響了後人對玉牒的正確認識。

宋代玉牒與官修史書的關係，我們可以從以下五個方面進行考察。

一、從資料來源看。玉牒仰仗諸種官修史書提供資料。宋會要輯稿職官二〇之四二載：「（淳熙）二年十一月六日，宗正少卿程叔達言：『玉牒修書，止以實録、帝紀爲則，其旁見他書者，未敢廣取，恐未詳盡。乞下修書官屬，許參考諸書修入。事下國史實録院議，本院請除會要、聖政、政要、寶訓、訓典係史館藏書合參照修入外，其他傳記碑刻，竊恐登載未實，難以照用。』從之。」據此可知，玉牒編修是廣采各種官修史書的。但作爲一種原則，便是不采私史，如私家傳記碑刻等。在宋會要輯稿中，有許多兩宋玉牒取資官修史書的記録。

反過來，官修史書有時也需要取資於玉牒。這種現象往往發生於後世修先朝史書，而僅據現有國史又資料不足的情況下。宋會要輯稿職官二〇之五七載：「元符二年正月二十六日，宗正寺丞陳覺民言：『乞將先帝玉牒内聖政，令本寺修玉牒官抄寫封送國史院。』從之。」曾鞏起草的英宗實録院申請，其中就有「乞下玉牒所取英宗皇帝玉牒一本照會」的要求〔一〕。由此可見，影響是雙向交互的。

二、從修纂人員與地點看。宋代玉牒，多以史官充修。我著重考察了北宋初期編修玉牒的一些官員，他們多數曾任史官。如張洎、趙安仁、劉筠、夏竦、李淑等。據宋人胡柯所撰歐陽文忠公年譜，修纂過新唐書和新五代史的文史大家歐陽脩，也在嘉祐三年擔任過宗正寺同修玉牒官。元豐年間撰寫春明退朝録的宋敏求職官繫銜也帶有「史館修撰、修國史、宗正寺修玉牒官」〔二〕。創制玉牒體例的趙安仁，宋史卷二九一其本傳記載他曾修撰真宗實録，擔任過國史院編修官。宋會要輯稿職官二〇之五六記載景祐元年李淑上言：「檢會前修玉牒官馮元，亦是兼編修會要。蓋緣國史、玉牒事節須要照會。」李淑身爲修玉牒官，深知國史、玉牒之間關係密不可分，「事節須要照會」。因此，在他的建議下，玉牒所遷往編修院廳西閣子，以便於國史、玉牒互相參

〔一〕〔宋〕曾鞏元豐類稿卷三二，陳杏珍、晁繼周點校曾鞏集本，北京中華書局，一九八四年。

〔二〕〔宋〕杜大珪名臣碑傳琬琰集中集卷一六范鎮撰宋諫議敏求墓誌銘，臺北文海出版社宋史資料萃編第二輯影印本，一九六九年。

考。據文獻通考卷五五職官考「宗正寺」條記載，熙寧三年，玉牒於三班院置局。而後，再次從往編修院。國史、玉牒的性質相近，決定了二者修纂人員大多互兼其事，而玉牒修纂機構屢屢遷往編修院，也正反映了國史、玉牒在編修上互相參用的密切關係。

三、從玉牒所的制度看。由於玉牒與國史體近，所以朝廷對玉牒所各項制度的規定，以及玉牒所的有關奏請，多是參照國史館、實録院等修史機構的成規來考慮的。如宋會要輯稿職官二〇之五八記載紹興十二年玉牒所重新恢復，吏部頒布條制，就説「乞差三省人充供檢等文字，依見今史館、實録院體例施行」。

四、從玉牒進呈看。無論是宋會要的記載，還是宋史本紀的記載，幾乎所有玉牒的進呈，都是與國史、實録、日曆、會要、聖政等這類史書一同進呈。這也反映出宋朝統治者是把玉牒視同史書的。

五、從玉牒證史看。續資治通鑑長編注文引述有哲宗玉牒：「玉牒云：減定大禮蔭補二府給使恩例即省臺寺諸司吏額。」並在引文後指出：「本紀獨不書此，不曉其故。」〔一〕李燾在他的史學名著續資治通鑑長編中，引述玉牒的史料來與本紀等正統

〔一〕〔宋〕李燾續資治通鑑長編（下簡稱長編）卷四一七元祐三年十一月乙丑條注文，北京中華書局點校本，一九九〇年。

史書相比勘，很顯然，他是把玉牒也同樣視爲史書的。至於他爲何不解「本紀獨不書此」，則是由於對玉牒著重記載君主德政的特點不十分清楚所致。

其實，在宋代只要是參預過編修的，或者是對這種秘籍有一定了解的，都把玉牒看作史書。宋會要輯稿職官二〇之五二記載開禧元年宗正寺主簿常褚的奏疏云：「古者史氏大事，書之於策，今之玉牒是也。」真德秀所草史彌遠進呈寧宗玉牒轉官制詞中也説：「行一政令而史牒記之，講一典禮而會要傳之。使予惕然，益知爲君之難者，亦書之力也。」〔一〕這裏，真德秀直接將玉牒稱爲「史牒」，與「會要」駢對。

（二）玉牒與起居注、時政記、日曆的區別

宋代玉牒與起居注、時政記、日曆都屬於編年體史書。那麼，玉牒與這三類史書有什麼區别呢？在我看來，主要區别在於記事的角度上。而記事的角度則決定了

〔一〕〔宋〕真德秀西山文集卷二二賜金紫光禄大夫右丞相史彌遠辭免進呈安奉三祖下第七世仙源類譜高宗皇帝寶訓今上皇帝玉牒今上皇帝會要禮畢三局提舉官並進呈安奉玉牒禮儀使各特與轉兩官依例加恩令學士院降詔恩命不允詔，臺北臺灣商務印書館影印文淵閣四庫全書本。

史料的取舍。

宋代的起居注、時政記、日曆這幾類史書的體制，均承襲前代。其中起居注的起源最早，相傳在商周時代就有了左史記言、右史記動的制度。但起居注名稱的正式出現，當在西漢武帝時期。隋書經籍志記載當時曾有過「禁中起居注」〔一〕。宋朝對起居注的修纂頗爲重視，專置起居舍人院，由起居舍人負責修纂。時政記起源於唐。宋代的時政記由中書宰臣編修，並附載樞密院之事。玉海載有梁周翰的奏疏云：

今後應有崇政殿、長春殿皇帝宣諭之言，侍臣論列之事，依舊中書編爲時政記，月終送史館。自餘百官封拜除改沿革之事，並令閤報起居院，以備編録，每月送史館。仍命郎、舍人分直崇政殿，以記言動，别爲起居注，每月先進御，後付史館。〔二〕

〔一〕隋書卷三三經籍志二，北京中華書局點校本，一九七三年。
〔二〕玉海卷四八。

由此可見，宋代起居注的内容，與前代並没有什麽不同，主要是記載皇帝的言行。宋代並没有起居注保存下來，但歷史是延續的，我們從現存的清代康熙起居注〔一〕等可以推想宋代起居注的形式。起居注記載皇帝的言行，不僅編年繫日，而且是詳細到記時。它對皇帝臨御朝政、行幸時的言行，事無鉅細，靡所遺漏，均加記載。時政記則是記載二府大臣在朝的奏對和皇帝的宣諭之言，等於是政府的大事記。時政記這種史書的出現，反映了傳統政治體制日臻完備的背景下政府勢力的崛起，以宰相爲首的執政集團所掌控的相權與皇權的分離。

日曆這種史書體裁也是源於唐代。宋代日曆是根據起居注與時政記編纂的。太宗淳化五年，史館修撰張佖奏疏云：「臣欲請置起居院，修左右史之職，以記録爲起居注，與時政記逐月終送史館，以備修日曆。」〔二〕宋代的日曆今亦不存，但從靖康要録〔三〕、中興

〔一〕康熙起居注，北京中華書局，一九八四年。
〔二〕長編卷三五淳化五年三月丙戌條。
〔三〕〔宋〕汪藻靖康要録，王智勇箋注本，成都四川大學出版社，二〇〇八年。

小曆[一]采自日曆的情形看，日曆當是從起居注與時政記中擇取與政事關係密切的資料入書。

起居注、時政記、日曆三者的關係是，起居注記皇帝言動，時政記記二府大事，兩者綜合取舍後即爲日曆。起居注與時政記是日曆的資料來源，而日曆則可以看作是國史、實録的資料彙編。

玉牒雖然也間或從上述史書中取材，但畢竟記事的角度不同。它與起居注同樣記皇帝言行，但起居注是事無巨細的「實録」，而玉牒則是經過仔細篩選、足以反映皇帝各方面德政的檔案。玉牒的主要作用並不是用作進一步修史的「藍本」，而是用來垂法後世的一種獨立的史書。

七、宋代玉牒演變爲史書的原因分析

在唐代，玉牒「以紀帝系，以載歷數，以籍昭穆」爲主，實際上是一種體現宗法社會嫡庶長幼、血緣遠近的皇帝宗譜。這與唐代社會特點有關。在唐代，漢魏六朝以

[一]〔宋〕熊克中興小曆，清人避乾隆皇帝諱，改稱中興小紀，顧吉辰點校本，福州福建人民出版社，一九八五年。

來門閥觀念的餘緒猶存，社會風尚重宗譜、别氏族。所以唐太宗、武則天分别有氏族志〔一〕、姓氏録〔二〕之修。而宋代則不然。這個王朝建立前經過了唐末五代的大動亂，較爲徹底地蕩滌了殘存的門閥觀念。而宋朝皇室的祖先本身，就並非是什麼豪門大族出身，僅是一介武夫，所以並不需要借重修撰氏族宗譜來抬高身份。正是這種原因，使宋代玉牒在「以紀帝系，以載歷數，以籍昭穆」方面的意義減弱了，而記一代大事的史書性質却增强了。這反映了不同時代社會風尚的變化，反映了歷史的進步。

從另一方面看，宋代玉牒分工細密，原本由玉牒一書記載皇族譜系的工作，一分而五。宋史職官志載：

凡修纂牒、譜、圖、籍，其别有五：曰玉牒，以編年之體敘帝系而記其歷數，凡政令賞罰、封域户口、豐凶祥瑞之事載焉；曰屬籍，序同姓之親而策其服紀之戚疏遠近；曰宗藩慶系録，辨譜系之所自出，序其子孫而列其名位品秩；曰仙源積

〔一〕〔後晉〕劉昫舊唐書卷三太宗紀，北京中華書局點校本，一九七五年。
〔二〕〔宋〕司馬光資治通鑑卷二〇〇唐紀，北京中華書局點校本，一九五六年。

慶圖，考定世次枝分派别而系以本宗；曰仙源類譜，序男女宗婦族姓婚姻及官爵遷敘而著其功罪、生死。〔一〕

唐代玉牒已難考見。李衢説過「聖唐玉牒與史册並驅」，或許也具有一定的史的要素。然而，宋代宗正寺所修的五種書的内容，唐玉牒皆在一爐熔之，就不免湮没了那本來就不多的「史」的意味。反過來看，宋代的玉牒一分而五，則更突出了史書的性質。

除了上述兩個因素外，使宋代玉牒具有自己特色的，還有一個因素，這就是「唐末喪亂，籍譜罕存，無所取則」。這種狀況，使宋代朝廷在建立玉牒修纂制度時，除了玉牒之名，已無唐代玉牒可以參考取法，這就決定了宋代玉牒在體制上不會受到唐代玉牒的體制以及記述範圍之束縛，而由宋代士大夫「創意爲之」。並且，宋代士大夫約束人主的思想意識與宋代政治以及社會的實際，也使宋代玉牒這個新胎兒，帶上了史書的「染色體」。

〔一〕宋史卷一六四職官志「宗正寺」條。

八、宋代玉牒與宋代政治

史書，在中國傳統社會裏，最突出的作用，就是「資治通鑑」，鑑往知來。玉牒作爲專記皇帝活動的史書，修成之後，既是給當世皇帝看，也是爲了給後世皇帝看。在位的君主，幾乎無一不想使自己的形象更輝煌些，以追跡於上古聖王，垂法於後世子孫。因此，玉牒的政治作用之一，就是可能會使在位的君主更爲注意自己的一言一動。正如前引真德秀在其所書制詞中説：「行一政令而史牒記之，講一典禮而會要傳之。使予惕然，益知爲君之難者，亦書之力也。」

中國古代史書，從孔子改編春秋時起，便負有另外一個使命，這就是使「亂臣賊子懼」。在儒學思想陶鑄下的中國傳統士大夫，無一不想彪炳青史、流芳千古。然而，史書並不是上帝的裁判，它帶有修纂者强烈的主觀意圖與政治傾向，特别是在黨争激烈的宋代。因此，玉牒既然是史，尤其又是官修之史，那麽就不可避免地帶有史的弊端，不可避免地受到政治風浪的波及。有宋一代，朝廷中的黨派之争此起彼伏，十分熾烈。無論哪一個政治集團上臺，都要從各自的政治立場出發，根據各自的好惡，來重新書寫歷史，因爲任何人都不願被人釘在歷史的恥辱柱上。在宋代歷史上，出現過朱墨本的神宗實録，同樣也出現過被反復塗抹的神宗玉牒。宋會要輯稿職官二〇之五七記載的崇寧二年重修神宗玉牒和看詳哲宗玉牒就反映了這一歷史事實。

按宋制，玉牒修成進呈之後，一般不能改動，只能附加内容。正如宋會要輯稿記載開禧元年宗正寺主簿常褚欲在高宗玉牒内加入高宗吴皇后事蹟的奏疏中所説：「憲聖紹事十三年事，先期附載，似非紀事之體。緣已經進，難以改移。欲乞明詔玉牒所，自下詳稽后德，亟加述纂，並移前所附載於成書之後。」〔一〕然而，神宗玉牒之所以要重修，哲宗玉牒之所以被審查，則是因爲神宗玉牒在記事上，不可能迴避由王安石變法而引起的劇烈的新舊黨争，而神宗玉牒又恰恰修成於王安石變法反對派司馬光當政的元祐時期，哲宗玉牒又是記載元祐時期的政事。因此，在所謂新黨人士看來，這兩部玉牒自然是有問題的，非改不可。所以，當蔡京上臺後，自稱紹述神宗，紹述王安石，改元「崇寧」，意即崇尚王安石變法的熙寧時期。他們對反對王安石變法的所謂舊黨人士，大加迫害。不光是豎立了「元祐黨人碑」，還要在一切領域内，清除舊黨人士的影響與痕跡。他們甚至連資治通鑑都要毀板，於是乎「嚴奉未有如玉牒

〔一〕宋會要輯稿職官二〇之五二。

者」，也不能倖免斧削的命運。

總之，上述事實反映了作爲史的玉牒，不可避免地要受到政治鬥爭的影響，這正是玉牒的史的性質所決定的。倘若宋代玉牒只是具有「以紀帝系，以載歷數，以籍昭穆」的譜牒作用，而並不帶有政治色彩，它也就不會有時遭斧削之厄了。

九、宋代玉牒的遺存

宋代玉牒，根據宋史卷四七瀛國公紀於德祐元年十月癸卯記載「玉牒殿焚」來推測，恐怕早已灰飛煙滅、蕩然無存了。然而，在南宋劉克莊的文集中，還完整地保存着兩卷玉牒[一]。這兩卷玉牒是南宋寧宗玉牒的一部分，記事爲南宋中期稍後的嘉定十一年至十二年（一二一八—一二一九）。在劉克莊的文集中，這兩卷玉牒題名爲玉牒初草，當是玉牒初稿。

這兩卷宋代玉牒之所以能保存下來，大約首先要感謝當年王罃根據慣例提案的「二年一具草」的玉牒修纂制度。在王罃之前的宋代文獻中，我們便可以找到「二年

[一]〔宋〕劉克莊後村先生大全集卷八二至八三玉牒初草，四部叢刊三編本。

一具草」的事實。前面在考述北宋玉牒修纂情況時曾引用過宋會要輯稿職官二〇之五六的如下記載：「寶元二年十月六日，翰林侍讀學士李淑言：奉敕修宗正寺玉牒、屬籍，令先次修纂皇帝玉牒二卷、皇子籍一卷，具浄草進呈。」這表明寶元二年進呈的兩卷仁宗玉牒，也是像玉牒初草一樣，屬於初稿。

寧宗玉牒初草當是劉克莊擔任玉牒所主簿時所編寫。劉克莊在後村先生大全集卷九九黄慥文卷題跋中自述云：「余爲玉牒所主簿。」又據宋人林希逸撰劉克莊行狀〔一〕，劉克莊除宗正寺主簿在端平元年（一二三四）九月至端平二年六月。可以推知這兩卷玉牒初草修纂於這期間。本來，已經進呈的這兩卷寧宗玉牒當也伴隨著玉牒殿的焚毁灰飛煙滅了，但包括翰林學士以皇帝的名義起草的制誥在内，宋代士大夫即使是因公撰寫的文字，也往往都視爲自己的作品，常常收入自己的文集中。這是寧宗玉牒初草保存下來的最根本的原因。

前面引述過的玉牒官章穎指出：「玉牒專書一代大事，視昔遷、固，實爲帝紀。」又

〔一〕後村先生大全集卷一九四宋修史侍讀工部尚書龍圖閣學士正議大夫致仕莆田縣開國伯食邑九百户贈銀青光禄大夫後村先生劉公行狀。

有一位實際主持修纂玉牒的宗正少卿程叔達説：「玉牒修書，止以實録、帝紀爲則。」史學家李心傳則具體指出，玉牒「如帝紀而差詳」。看來在諸種史書之中，玉牒大概與帝紀最爲相像。因此，考察這兩卷玉牒，最好還是將其與相應的帝紀宋史寧宗紀的嘉定十一年、十二年加以比較。這樣更能清楚地觀察玉牒自身的特點。

（一）帝紀與玉牒之同

首先，在編纂體裁上，二者都采用編年體紀事，編年紀事又均以干支紀日，擇要而書之。這是二者在形式上最主要的相似之處。

其次，在紀事範圍上，二者均記宰輔等重要官員的任免；記天象變化；記重要政令之頒布。這是二者在内容上最主要的相似之處。

（二）帝紀與玉牒之異

首先，記事角度不同。司馬遷創立史書紀傳之體，設置了本紀一門。班固漢書援其例設之，斷代爲記，一代帝紀始具規模，爲後世所因襲。對於本紀一體的原始意義，劉知幾在史通中指出：「紀者既以編年爲主，唯敘天子一人。有大事可書者，則見之於年月。其書事委曲，付之列傳。此其義也。」接著，劉知幾又批評北齊書變亂了本紀之體。他説：「如近代述者、魏著作李安平之徒，其爲書傳體，有異紀文。迷而不悟，無乃太甚。」〔一〕實際上，變例反映了發展。隨著社會的發展，一個朝代的政治、經濟、軍事等各個方面的情況愈加複雜繁富，這必然會使過去以專記君主活動爲主，兼記一朝政事的帝紀，在政事記載方面的比重加大，在帝紀中佔據主要位置。在帝紀中，名義上在君主指導下的政令措施，取代了君主活動的本身，帝紀變成了一朝大事記。

到了宋代，帝紀已不折不扣地變成了大事記，再也看不到史記的本紀中那種多少有血有肉的生動描述了，存在的只是乾枯的骨骼，極爲簡單的政事提綱。帝紀的這種變化，使正史幾乎消失了對皇帝的形象描述，作爲帝王，甚至還不如進入正史的一般人物，有列傳的具體記載。

那麼，君主的活動體現在哪裏呢？君主通過什麼載體再現一個較爲清晰的影像呢？不知事物的發展是否也遵循著守恒定律，總之似乎有缺憾總有補充。宋代

〔一〕〔唐〕劉知幾史通卷二本紀，上海上海古籍出版社點校本，二〇〇八年。

的玉牒基本上替代了過去帝紀記載君主活動的這部分内容。比勘玉牒、帝紀，可以看出，二者在記事角度上有著明顯的不同。

其次，記事範圍有别。嘉定十二年，金宣宗發動了最後一次大規模的侵宋戰争。這次戰争的實質，是女真貴族在北方受到强大的蒙古軍隊的壓迫，企圖向南推進尋找出路。然而，此時的宋金雙方在力量對比上，都不具備壓倒對方的實力，因此這場戰争的雙方互有勝負。宋史寧宗紀在嘉定十二年的前四個月，詳細記載了各個戰場上宋金雙方的交鋒。然而，這樣大的事情，竟在玉牒初草中没有隻字體現，彷彿其時風平浪静。當然，這絶不是玉牒修纂者載筆有闕，而是玉牒之體使然。相反，玉牒初草中大量詳載的侍讀學士爲寧宗講讀經史，以及君臣間問答，這些内容則在帝紀中亦無隻字記載。同樣，這也不是修纂帝紀者的疏忽，而是帝紀之體使然。作爲宋金戰争這樣的大事，帝紀作爲大事記，必書無疑。而近臣講讀，君臣問答，表現君主的篤學以及政治素養、政治見解則很重要。因此作爲以記載皇帝活動爲主的玉牒，大書特書，亦屬自然之事。如此看來，帝紀與玉牒在記事上，以皇帝的親身參預與否爲標準，有一個内外之别。

此外，在政令、政事的記載上，帝紀多是客觀地記載已行之既成事實，而玉牒則多是記載未然之臣僚奏請，體現政令起因這樣一個過程。自然，在這個過程中就體現了皇帝的活動與作用。

如本紀於十二年四月癸巳記「董居誼落職奪三官」，玉牒則於是日載：「李楠奏董居誼誤國害民，出蜀席卷，乞重行黜責。並從之。居誼褫職鐫三秩。」玉牒的記載，較之本紀多了臣僚彈劾、君主從違這樣一個過程。而本紀僅記事情的結局，没有突出皇帝在其間的作用。

又如，本紀於十二年五月丁酉記載：「減兩淮、荆襄、湖北、利州路沿邊諸州雜犯死罪囚，釋流以下，仍蠲今年租税。」玉牒則於這一政令之上，全文收録了宋寧宗一道二百多字的詔書，以此來體現皇帝的德政。

文淵閣本四庫全書的後村集前的提要也提及了玉牒初草。其云：「第四十三、四十四兩卷載玉牒初草，紀寧宗嘉定十一、十二年事，蓋用韓愈集編順宗實録例也。」如果僅從作者執筆的史書編入文集的角度説，四庫提要「蓋用韓愈集編順宗實録例」的説法大概可以説得通，但要説玉牒體近實録，則是不確的。如果用「左史記言，右史記動」來概括的話，帝紀主要記動，而玉牒則着重在記言。

十、結語

宋代玉牒的基本概貌，通過以上的考述，相信讀者可以大致窺得。探微發覆，是本文的第一個目的；第二個目的，則是要爲玉牒正名，爲其在史學史上争得一席之地。通過考察，我們可以看到，無論是從玉牒的資料來源、修纂機構的設置、修纂人員的選擇，還是從玉牒的内容與特點，都不能把宋代玉牒從史的領域内驅趕出去。考察遺存至今的兩卷玉牒初草，更堅定了我的這一看法。然而，玉牒之所以不爲人們承認是史書的一種，主要還是由於其鮮爲人知。讀了本文的考察，我想史學史的研究者是會給予宋代玉牒以相應的地位的。

「君德成就責經筵」

——聚焦玉牒初草記録的帝王教育與君臣互動

緒說

中國傳統社會的皇帝雖然稱作「天子」，其實並没有被神化，是普通的凡人。既然是凡人，就有可能犯錯誤，就需要接受教育。儘管皇權逐漸走向象徵化，皇帝始終没有脱離行政長官的角色，最終的裁決還要回到皇帝那裏。因此，如何決策，如何應對紛至沓來的各種複雜的政治問題，都需要智慧，需要知識。這些，都要學習。作爲帝王學，有諸如資治通鑑之類的許多教科書，還有各種儒學經典。不過，皇帝除了個人閲讀之外，還需要有博學碩儒來進行講解輔導。所以，御前講習的制度便應運而生。

御前講習由來已久。在西漢，便開石渠閣，有諸儒爲宣帝講説五經異同〔一〕。追溯經筵講讀的歷史，宋人認爲「經筵之所始乎此」〔二〕。東漢明帝命張酺「以尚書教授，數講於御前」〔三〕。嗣後章帝也仿「石渠故事」，召集諸儒在白虎觀討論五經異同〔四〕。唐代的皇帝更是「選儒學之士，日使入内侍讀」〔五〕，並設置集賢院侍講學士〔六〕，御前講習逐漸制度化。五代時期，「四方多事，時君尚武，不暇向學」〔七〕，御前講習有所中斷。入宋以後，崇文抑武，太祖曾數請儒者講説周易〔八〕，太宗則設置翰林侍讀、侍

〔一〕〔漢〕班固漢書卷八宣帝紀，北京中華書局點校本，一九六二年。
〔二〕〔宋〕林駉古今源流至論續集卷九經筵，臺北商務印書館影印文淵閣四庫全書本，一九八六年。
〔三〕〔南朝宋〕范曄後漢書卷四五張酺傳，北京中華書局點校本，一九六五年。
〔四〕後漢書卷三章帝紀。
〔五〕〔宋〕司馬光資治通鑑卷二一一唐紀，北京中華書局點校本，一九五六年。
〔六〕〔後晉〕劉昫舊唐書卷四三職官志，北京中華書局點校本，一九七五年。
〔七〕〔宋〕范祖禹帝學卷二，臺北商務印書館影印文淵閣四庫全書本，一九八六年。
〔八〕〔宋〕彭百川太平治跡統類卷二七祖宗聖學，揚州江蘇廣陵古籍刊行社影印本，一九九〇年。

書，在翰林院或禁中輪流值宿〔一〕，此舉被宋人看作是「國朝經筵之始」〔二〕。御前講習在宋代稱作經筵。以經筵形式的御前講習貫穿於兩宋三百年間，制度的設置亦極臻完備。

制度層面的研究，朱瑞熙先生的長文宋朝經筵制度鈎玄索隱，利用大量散見的史料，對經筵制度給予了完整而詳密的復原，幾無補闕之餘地〔三〕。不過，關於宋朝經筵這種御前講習的具體狀況如何，除了在一部分講讀官員的文集中可以看到一些講稿以及相關片斷記録之外，人們難以獲得比較完整的經筵講讀具象。因此，今人也鮮有這方面的評述。這主要是由於文獻難徵而出現的記述闕如。瑞來早年曾撰有宋代玉牒考一文〔四〕，近年又重拾舊稿，撰寫玉牒初草集證，從宋人劉克莊編纂的玉牒初草中看到許多記載經筵講讀的場面。這些比較集中的場面，對於講讀人員的

〔一〕〔宋〕李燾續資治通鑑長編（下簡稱長編）卷二四，太平興國八年十一月己卯條，北京中華書局點校本，二〇〇四年。
〔二〕古今源流至論續集卷九經筵。
〔三〕文載中華文史論叢第五十五輯，一九九六年。又收入氏著疁城集，上海華東師範大學出版社，二〇〇一年。
〔四〕文載文獻第四期，一九九一年。

構成，講讀教材的選擇，以及講讀時的君臣互動，都有清晰的記録。據此，可以在一定程度上對宋朝經筵講讀情形做出動態復原，可以清楚地觀察到士大夫對皇帝的施教和引導，從而通過一個側面證實士大夫主導下的君臣共治，作爲宋代的政治特徵誠非虚言。有鑑於此，申論如下。

一、玉牒初草何以有大量經筵講讀的篇幅

玉牒初草是部什麽書，何以會有很多經筵講讀的記載？或許這是許多人都會首先産生的疑問。玉牒初草這部不大爲人所知的文獻，是南宋劉克莊在擔任玉牒所主簿時撰寫的一部玉牒初稿，撰寫於金朝滅亡之際的端平元年（一二三四）至二年之間，共兩卷。

玉牒産生於唐代，最初只是作爲皇族譜牒，主要是起「以紀帝系，以載歷數，以籍昭穆」的作用〔一〕。不過，由於「唐末喪亂，籍譜罕存，無所取則」〔二〕，到了宋代，無本可

〔一〕古今源流至論前集卷四玉牒。
〔二〕〔元〕脱脱等宋史卷四三九，北京中華書局點校本，一九八五年。

依而另起爐灶的玉牒，儘管依然跟皇族有關，但只是在名目上承襲了唐代。內容則一分爲五，爲玉牒、屬籍、宗藩慶系録、仙源積慶圖、仙源類譜。其中玉牒「以編年之體敍帝系而記其歷數，凡政令賞罰、封域户口、豐凶祥瑞之事載焉」，屬籍「序同姓之親而策其服紀之戚疏遠近」，宗藩慶系録「辨譜系之所自出，序其子孫而列其名位品秩」，仙源積慶圖「考定世次枝分派别而系以本宗」，仙源類譜「序男女宗婦族姓婚姻及官爵遷敍而著其功罪、生死」〔一〕。

玉牒，按王應麟所云「玉牒每朝爲一牒，載人主系序及歷年行事，如帝紀而差詳」〔二〕。宋朝玉牒的這種史書的性質其實也是來自唐朝玉牒的遺傳。唐代的修玉牒官李衢就説「聖唐玉牒，與史册並驅」〔三〕。只不過唐朝的玉牒與屬籍、宗藩慶系録、仙源積慶圖、仙源類譜所記載的内容混雜在一起，幾乎湮没了史書的性質，而宋朝的玉牒從皇族宗譜中抽離出來，强化了史書的性質。然而，由於「本朝國書嚴奉寶藏，未有如

〔一〕宋史卷一六四職官志「宗正寺」條。
〔二〕〔宋〕王應麟玉海卷五一，臺北臺灣商務印書館影印文淵閣四庫全書本。
〔三〕〔清〕徐松輯宋會要輯稿職官二〇之五五，北京中華書局影印本，一九五七年。

玉牒者」，在當時一般不參與修纂的「士大夫罕有知其制度者」〔一〕。連編纂過資治通鑑的司馬光，以及位至宰相的吕公著、趙鼎都誤認爲玉牒就是「用玉簡刊刻如册」〔二〕。更由於宋朝玉牒在宋末伴隨著玉牒殿的焚毁，幾乎没有遺存，其史書性質也未被今天治史者所認識。

二十多年前，我撰寫宋代玉牒考一文，從玉牒仰仗於諸種官修史書提供資料，修纂地點與國史館相鄰，編修人員與國史編修官基本重合，玉牒所的制度參照國史館、實録院等修史機構的成規設置，幾乎所有玉牒都是與國史、實録、日曆、會要、聖政等這類史書一同進呈，以及宋朝史官以玉牒證史，這樣幾個角度來力證宋代玉牒就是衆多史書中的一種。對於玉牒的史書性質，其實宋人也有認識很明確的。比如真德秀所草史彌遠進呈寧宗玉牒轉官制詞中就説：「行一政令而史牒記之，講一典禮而會

〔一〕〔宋〕李心傳建炎以來繫年要録卷一四五，紹興十二年五月辛丑條注引，胡坤點校本，北京中華書局，二〇一四年。

〔二〕〔宋〕王鞏聞見近録，戴建國整理本，收入全宋筆記第二編，鄭州大象出版社，二〇〇六年。

要傳之。使予惕然，益知爲君之難者，亦書之力也。」〔一〕真德秀直接與「會要」駢對，將玉牒稱爲「史牒」。

那麽，作爲史書的玉牒，與起居注、時政記、日曆等傳統意義上的史書又有什麽區别呢？釐清這一區别，將有助於解釋玉牒何以會有大量經筵講讀的記録存在的問題。

起居注的出現很早，據傳殷商時期便有了左史記言右史記動之制，在西漢時期便正式出現了起居注的名稱。宋代起居注的内容，與前代並没有什麽不同，主要是記載皇帝的言行。宋朝專置起居舍人院，由起居舍人負責修纂。宋代的起居注皆已亡佚，從現存的其他朝代的起居注尚可以推想宋代起居注的形式〔二〕。起居注記載皇帝的言行，不僅編年繫日，而且是詳細到記時。它對皇帝處理朝政、行幸時的言行

〔一〕〔宋〕真德秀西山文集卷二二賜金紫光禄大夫右丞相史彌遠辭免進呈安奉三祖下第七世仙源類譜高宗皇帝寶訓今上皇帝玉牒今上皇帝會要禮畢三局提舉官並進呈安奉玉牒禮儀使各特與轉兩官依例加恩令學士院降詔恩命不允詔，臺北商務印書館影印文淵閣四庫全書本，一九八六年。

〔二〕如現存有康熙起居注（北京中華書局點校本，一九八四年），就可以作爲觀察的標本。

的記録，事無鉅細，靡所遺漏。

時政記則是政府大事記，主要記載二府大臣在朝的奏對和皇帝的宣諭之言，起源於唐。在宋代，時政記由中書宰臣編修，並附載樞密院之事。

同樣源出於唐代的日曆，是根據起居注與時政記編纂的。宋代的日曆今亦不存，但從靖康要録[一]、中興小曆[二]采自日曆的情形看，日曆當是從起居注與時政記中擇取與政事關係密切的資料入書。

起居注、時政記、日曆三者的關係，太宗淳化五年，史館修撰張佖奏疏中的一段話説得很清楚：「臣欲請置起居院，修左右史之職，以記録爲起居注，與時政記逐月終送史館，以備修日曆。」[三]就是説，起居注記皇帝言動，時政記記二府大事，兩者綜合取捨後即爲日曆。起居注與時政記是日曆的資料來源，而日曆則可以看作是國史、實録的資料彙編。

[一]〔宋〕汪藻靖康要録，王智勇箋注本，成都四川大學出版社，二〇〇八年。

[二]〔宋〕熊克中興小曆，顧吉辰點校本，福州福建人民出版社，一九八五年。

[三]長編卷三五，淳化五年三月丙戌條。

從體裁形式上看，玉牒與起居注、時政記、日曆一樣，皆爲編年體，並且彼此關係密切，後出的玉牒主要從上述史書以及國史、實録、會要中取材，但在記事内容上的側重則有很大不同。玉牒與起居注親緣比較接近，都是以皇帝的言行爲中心。不過，起居注是像是未加剪接的録影，事無鉅細地呈現，而玉牒則像是經過仔細編輯的電影，篩選留下的多爲能够反映皇帝各方面德政的檔案。從功用上看，玉牒並不是用作進一步修史的資料，而是用來垂法後世的一種獨立的史書，猶如皇帝的編年體墓誌銘，歌功頌德的神道碑。當然，這種歌功頌德並非憑空揑造，而是透過具體史實的自然體現。

此外，正如前面引述王應麟所言玉牒「如帝紀而差詳」，就是説，除了起居注，玉牒跟帝紀也像是孿生兄弟。二者不僅在形式上均爲編年體，並且在内容上也主要記宰輔等重要官員的任免，記天象變化，記重要政令之頒布。不過，玉牒與帝紀相比較，畢竟有很大的不同。帝紀爲一朝大事記，皇帝的影像在其中比較抽象。而玉牒則是既記政事，又記皇帝的言行，皇帝在其中的影像具體而生動，猶如紀傳體史書中列傳中的一個個段落。從記事範圍上看，帝紀是大事必載，而玉牒則並非事事皆書，取捨標準是皇帝的親身參與或決策的程度。此外，對於政令或政事的記載，帝紀多是客觀地記載已行之既成事實，而玉牒則多是記載未然之臣僚奏請。以反映政令起因的過程來體現皇帝的活動與作用。

以皇帝爲主角的史籍種類，還有聖政、寶訓等。這類的史籍儘管多數已經散佚，但從不多的遺存觀察〔一〕，與玉牒還是有一定區别的。聖政或寶訓著重體現皇帝的德政與言論，接受教育的經筵講讀内容則基本缺席。

通過與各類史書比較，我們可以清楚玉牒這種特殊史書的特點。正是這種特點決定了玉牒必然會大量詳載侍讀學士爲皇帝講讀經史，以及君臣間的問答，而這些内容則在帝紀中則鮮有著筆。因爲經筵講讀中的君臣問答互動，對於表現君主的篤學以及政治素養、政治見解很重要，所以自然會大書特書。這就是經筵講讀的記録主要存在於玉牒的根本原因。

〔一〕現存宋朝寶訓，有不著撰人的改編本太平寶訓政事紀年（臺北文海出版社宋史資料萃編第四輯影印本，一九八一年）；聖政則從皇朝中興兩朝聖政（北京北京圖書館出版社影印本，二〇〇七年）和宋季三朝政要（王瑞來箋證本，北京中華書局，二〇一〇年）可見崖略。

二、玉牒初草所見之經筵講讀

宋朝的玉牒進呈制度規定，玉牒每十年一進呈，兩年一具草〔一〕。劉克莊所編纂的玉牒初草，具名爲「初草」，又僅記載南宋寧宗嘉定十一年、十二年兩年之事，正體現了制度的規定。玉牒初草由於隱身於劉克莊的後村先生大全集之中〔二〕，後來儘管被清末繆荃孫抽出印行於藕香零拾之内〔三〕，但一直不大爲治史者所矚目。朱瑞熙先生的宋朝經筵制度對於經筵制度的史料幾乎網羅殆盡，但也没有用到玉牒初草。其實，僅僅只有兩年記事的玉牒初草，對於經筵講讀有著相當多的具體記録。在現存的宋代史籍中，最完整地記録下經筵講讀的，只有這部篇幅不大的玉牒初草。吉光片羽，彌足珍貴。因此，不避繁冗，將玉牒初草中關於經筵講讀的記載依序逐一引述如下，並略加解説。通過引述與解説以窺宋朝經筵講讀之一斑，這種具體而動

〔一〕宋會要輯稿職官二〇之五七。

〔二〕〔宋〕劉克莊後村先生大全集，辛更儒箋校本，北京中華書局，二〇一一年。

〔三〕〔清〕繆荃孫藕香零拾，北京中華書局影印本，一九九九年。

態的觀察，相信會爲抽象的制度考察提供一個比較形象的認識，二者可以形成互補。

玉牒初草卷上嘉定十一年三月丁酉（二十六日）有一條記事，不是記載經筵講讀，而是對經筵講讀的回顧：

徐應龍等奏，進讀通鑑徹卷，乞宣付史館。並從之。

奏疏是講，資治通鑑在經筵講讀完畢，請將這件事傳達給史館，記録到史書中。寥寥數字平淡的記事背後，其實隱伏著令人驚歎的事實。玉牒初草只是記事，没有録入奏疏。翻檢宋朝的檔案資料宋會要，則全文録入了徐應龍等人的奏疏以及寧宗的從違指示：

（嘉定）十一年三月二十六日，太中大夫、守尚書吏部侍郎、兼修玉牒官、兼侍讀徐應龍，朝奉大夫、新除尚書禮部侍郎、兼同修國史、實録院同修撰、兼侍讀袁燮，朝請大夫、試右諫議大夫、兼侍讀黄序，朝奉郎、殿中侍御史、兼侍講李楠，朝奉郎、右正言、兼侍講劉棠，中奉大夫、行起居郎、兼中書門下省檢正諸房公事、兼玉牒所檢討官、兼權工部侍郎聶子述，朝散郎、行起居舍人、兼國史院編修官、兼實録院檢討官、兼太子侍讀宣繒言：「仰惟皇帝陛下，天資沖澹，惟性高明。日御講筵，就學不倦。經籍奥義，以次咨訪，罔有逸遺。自慶元戊午，至嘉定丙子，凡十徹章。雖商高宗典於終始，周成王學有緝熙，殆不是過。猗歟懿哉！甚盛德也。厥今通鑑進讀，復告訖篇，非汲汲皇皇，疇克臻此！緬惟是書之作，昉我英宗，命司馬光論次於中秘，起周威烈，下竟五代，研精極慮，窮竭日力，久迺克就，卷帙旿分，綱目井列，不但稡擷故實而已，蓋將便清燕之觀，示元龜之鑑也。裕陵欽承先志，寵以序文，謂『天人相與之際，休咎庶證之原，威福盛衰之本，規摹利害之效，良將之方略，循吏之教條，於是悉備』。顯謨大訓，炳若日星。詔燕後人，永永無斁。陛下篤意此書，肆命勸誦，其聞善可爲法、惡可爲戒者，或闢宸聽，有悟聖心，涣發玉音，動與理會。前後侍臣之言，欽聆敬歎，不一而足。維慶元乙卯二月，實始啓帙，除東西魏、陳、隋及五季瀆亂之事，有旨不讀，自餘紀載，弗怠幡閲。逮嘉定戊寅季春，遂底終篇。陛下稽古之懋、典學之勤，可謂同符祖宗，有光帝王矣。昔唐開元中，日選者儒侍讀，以質史籍疑義，然而鋭始怠終，徒文亡實。秉史筆者猶且特書，以爲美談。矧陛下歷覽前代興亡理亂之

故，尊所聞，行所知，首末惟一，顧可不登之汗簡，以詔萬世？欲望睿慈宣付史館。」詔從之。〔一〕

司馬光主持編纂的編年史巨著資治通鑑，始自周威烈王二十三年（公元前四〇三）迄止五代後周世宗顯德六年（九五九），記述了十六朝一千三百六十二年的歷史，凡二百九十四卷，字數逾三百萬。從治平四年（一〇六六）置局始編，到元豐七年（一〇八四）竣事成書，歷時十九年。而我們從上述奏疏所披露的事實可知，在經筵上，宋寧宗和講讀臣僚從慶元元年（一一九五）開講始讀，到嘉定十一年（一二一八）終卷讀畢，也整整歷時十九年，與編纂時間居然完全相同。

資治通鑑儘管文筆生動，但篇幅過長，並且由於諸事紛雜編年並記，對一件事原委本末難以把握，比較難讀。對於資治通鑑的不易閱讀，作爲主編的司馬光本人也清楚。他曾經講過：「自吾爲資治通鑑，人多欲求觀。讀未終一紙，已欠伸思睡。能

〔一〕宋會要輯稿崇儒七之三四。

閱之終篇者，惟王勝之耳。」〔一〕據司馬光所述，只有一個人從頭到尾通讀過他的資治通鑑，而一般慕名閱讀的人，讀不完一頁，就已經哈欠連天了。觀編纂者司馬光如此「夫子自道」，可見寧宗君臣的十九年經筵閱讀，需要君臣都有很大的毅力才做得到。

爲什麼君臣肯花如此之大的功夫去讀資治通鑑呢？從資治通鑑的命名便可以清楚，這是一部政治教科書。以史爲鑑，不僅是古老的傳統，而且是便捷的途徑。與王安石共同發動熙豐變法的宋神宗很理解資治通鑑之於政治的重要性，前引徐應龍等人的奏疏中援引了神宗欽制序文的幾句話：「天人相與之際，休咎庶證之原，威福盛衰之本，規摹利害之效，良將之方略，循吏之教條，於是悉備。」神宗認爲，從天人之間的互動感應、善惡盛衰的本原，到施政的效果、軍事乃至行政的借鑑，資治通鑑無所不包。而爲寧宗講讀的士大夫們也進一步闡述了資治通鑑的意義：「其聞善可爲法、惡可爲戒者，或關宸聽，有悟聖心，渙發玉音，動與理會。」所載史實，正確的可以效法，錯誤的引以爲戒，可以啓悟君主，言行與天理相應。奏疏中的「動與理會」，對「理」的强調，很顯然反映了慶元黨禁之後勃興的道學在經筵的浸透。

〔一〕宋史卷二八六王益柔傳。

對於資治通鑑的意義，爲資治通鑑作注的宋末元初胡三省有更高層次的認識，他説：「爲人君而不知通鑑，則欲治而不知自治之源，惡亂而不知防亂之術；爲人臣而不知通鑑，則上無以事君，下無以治民；爲人子而不知通鑑，則謀身必至於辱先，作事不足以垂後。」「通鑑不特記治亂之跡而已，至於禮樂、歷數、天文、地理，尤致其詳。讀者如飲河之鼠，各充其量而已。」〔一〕南宋通鑑學大盛，有袁樞改編的通鑑紀事本末，有朱熹改編的通鑑綱目，更有衆多的仿作、續作，如李燾的續資治通鑑長編、劉時舉的續宋中興編年資治通鑑等等。可見，胡三省的歸納其實是反映了南宋人的普遍認知。正是由於有這樣的認知，寧宗君臣才在經筵堅持了十九年的閲讀。

從奏疏還可以瞭解到一個有趣的事實，寧宗君臣的經筵閲讀，並非逐字逐句地閲讀，而是稍稍做了一些有意的節略，「東西魏、陳、隋及五季瀆亂之事，有旨不讀」。寧宗在未讀之前，怎麼會知道這些章節記有「瀆亂之事」？其實是應講讀侍臣的請求而下旨的。因爲侍臣講讀之前事先需要認真備課。其時覺得這些章節皇帝不宜，

〔一〕〔明〕賀複征編文章辨體匯選卷二八六新注資治通鑑序。臺北商務印書館影印文淵閣四庫全書本，一九八六年。

所以才提出不讀的請求的。由此可見，用什麼内容做教材，如何教育君主，參與經筵的士大夫們有著縝密心思和明確目的。

對三百萬言的十九年閲讀，寧宗很有成就感，不僅同意宣付史館流芳後世，還大張宴席，款待伴他一同閲讀的講讀官和相關人員。玉牒初草在嘉定十一年四月己未條載：「以經筵進讀資治通鑑終篇，賜宰執、講讀、修注官等燕於秘書省。」

從寧宗即位之始，士大夫們便通過經筵的方式，用資治通鑑給這位已經二十七歲的新皇帝上歷史課和政治課，並且一上就上了十九年。其間，士大夫政治以極致的權臣專權的形式，經歷了韓侂胄和史彌遠主政。思想文化領域則經歷了慶元黨禁和開禁，從此道學成爲弱勢王朝的精神支撑。後繼的皇帝繼承先皇的衣鉢，大力提倡，還獲得了頗有褒獎意味的理宗廟號。

或許資治通鑑給予皇帝最多的，並不是奮發有爲，而是士大夫所期待的無爲而治。如果從這一視點來看，士大夫的資治通鑑經筵講讀無疑是成功的。皇帝自律的平庸作爲因素之一，帶給南宋的是中期寧宗、理宗兩代皇帝長達七十年的平静歲月。七十餘年的經濟發展、文化建設以及百姓的安定生活，遠遠大於政治上的作爲。

僅有兩年記事的玉牒初草，嘉定十一年的三月就記載了經筵講讀資治通鑑終篇的奏疏，接下來則有更多經筵講讀的具體記録。與經筵講讀有關，玉牒初草嘉定十一年七月壬申條載：

右正言李止行奏：「陛下雙隻皆視朝，而延訪之時不久。早晚皆講讀，而作輟之日不常。聽納雖不倦，而議論之見於施行者無幾。奉養雖有節，而帑藏之耗於侵欺者不察。豈非安於小康而有怠心乘之耶？願陛下謹終如始，以興治功。」從之。

這是對寧宗皇帝直言不諱的批評。不過，從這段批評的文字中透露出一些經筵講讀的細節。由「早晚皆講讀，而作輟之日不常」可知，寧宗一天要上兩次課，並且很少休課。玉海載：「寧宗欲增講官至十員，各專講，兩日一次，五人上講，早二晚三，早講殿上，晚小衫坐講。」由此可見寧宗向學之心相當强。設置十位講讀官，各講不同的内容。關於這一點，我們從玉牒初草的記載中可以得到證實。兩日一講，或者説分單雙日隔日開講，是承襲北宋以來的經筵制度。不過，從玉牒初草的記載來看，也有不分單雙，連日開講之時。對於君主的自主向學，士大夫總是給予極大的鼓勵。因爲君主一旦向學，便會被納入士大夫理想的君道規範之中。寧宗一日兩次開講的創制，後來就有士大夫上奏，希望載入史册：「嘉定二年十一月十六日，侍讀章穎等言，前此未有晚講、坐講，自陛下始行之。書之國史，爲法來世。」〔一〕

在玉牒初草卷上十月己酉（十一日）條，首次出現了經筵講讀場面。講讀之際，君臣有如下對話：

> 崇政殿説書柴中行進講，奏曰：「所講唐國風以後詩，諸侯之事也，何足爲陛下道？顧其所述有是非得失興亡治亂之迹，可以爲後世規鑑者。」上曰：「卿以名儒勸講，冀聞忠讜。」

講讀官柴中行爲寧宗講授詩經，對寧宗説，十五國風的唐風以後的詩都是講諸侯的事情，本來没必要爲陛下講，但是其中述説有關是非得失興亡治亂的行跡，可以作爲借鑑。聽到柴中行這樣講，寧宗表示説，你作爲有名的學者來講授，我希望聽到忠誠

〔一〕玉海卷二六紹熙晚講。

正直的言論。

在玉牒初草卷上，十一月份有十多次密集的經筵講讀記錄。講讀之際的君臣對話都很有吟味的價值，在除了玉牒以外的史書中很少能够讀到。不避贅冗，引録如下。

癸酉（五日），袁燮進讀高宗寶訓，至「爲上極難，處一事不合人情，則人得以議。」上曰：「人主作事，豈可不合天下之心？」

又讀至「凡進一人使人皆以爲當用，退一人皆以爲當去，迺爲允當。」因奏：「高宗聖意，以爲進退人才皆當合天下之公論，願陛下以爲法。」上曰：「國人皆曰賢，然後用之，此便是公論。」

又讀至「朝廷多是事急時許人賞典，事平後不能如所許與之，甚不可也。」因奏：「向來諸軍曾立戰功者，賞猶未及遍行。」上曰：「人無信不立，若賞典不信，何以使人？」

又讀至「功過不相掩，則賞罰信。」上曰：「有功則賞，有罪則罰，自是不可相掩。」

講讀之際，看得出寧宗很入戲，很認真，思維也很活躍，並且會順著講讀官的思路和引導發言。次日又有經筵講讀：

甲戌（六日），袁燮進讀寶訓，至「王燮專事交結」，因奏：「將帥交結，非能自出家財，不過掊刻軍士。」上曰：「今日將帥亦有此弊，何以成功？」

又進讀吴璘功賞，寶訓云：「政有賞罰，如醫用藥，不及則不能治病，太過則傷氣，要須適中。」燮奏曰：「自古人君治天下，只是中道，剛柔皆不可不中。」上曰：「柔而不中爲姑息，剛而不中爲霸道，剛柔皆得中爲王道。」燮曰：「誠如聖諭。」

結合講讀高宗寶訓的内容而展開的君臣對話，雙方都没有停留在書本上，而是帶著現實意識去看待歷史。不管寧宗是不是背書，他的回答都很得體。比如剛柔的尺度分爲姑息、霸道和王道的見解，讓作爲講讀官的袁燮也十分首肯。

隔了一天的丙子（八日），經筵繼續開講：

袁燮進讀寶訓云：「土豪等賞似太輕，宜遞加一等。」上曰：「此民兵邪？」燮奏曰：「即民兵也。建炎間，中原陷没，土豪多有能據險自守者，虜不能破。高宗所以優賞之。」因奏：「王辛者，即土豪也。去年光州被兵，辛首立功，以此知土豪可用。」

由此可見，在講讀過程中，講讀官不僅回答皇帝的提問，還會順著講讀内容所牽出的話題，結合現實做一些政治評論。

一周之後，玉牒初草又有了經筵講讀的記録：

辛巳（十三日），刑部尚書徐應龍進讀續帝學，至「詔講讀官遇不開講日，輪進漢唐故事有益政體者二條，仍旬録申三省。」因奏：「近歲止進一條，而不復申省。乞間以一二付外施行。」上曰：「所進故事，便與輪對劄子一同，若有益於治道者，當付出行之。」

這次講讀的内容以及由此展開的君臣對話，涉及經筵制度的規定。從所披露的經筵制度規定看，隔日開講，在不開講的日子，還要給皇帝發講讀官撰寫的學習資料，等於是給皇帝留作業，不讓皇帝閑著。對此，寧宗一點也没有抵觸，並且將學習資料的「所進故事」同官僚輪對時提出的劄子等同視之。對其中特別有益於政治建設的內容，不僅自己看，還在朝廷公開。

辛巳的次日壬午（十四日），又有經筵開講：

袁燮進讀寶訓，至「上書後漢光武紀賜右諫議大夫徐俯手詔曰：卿近進言宜熟看光武紀，以益中興之治。因思讀之十過，未若書一遍之爲愈也。」燮奏云：「高宗所謂讀十過未若書一遍，此語有益聖德。臣聞陛下龍潛時，親書呂公著十事，宜時以此等語灑之宸翰。」上曰：「呂公著有十事，司馬光有五規。」柴中行因言：「臣向於宗寺，恭覽玉牒，載陛下日書三百字，不勝嘆仰。」

這一天的經筵講讀記録出現了兩位講讀官。君臣三人一起對話，兩位講讀官順著講讀的內容，提及寧宗未即位時勤奮向學的往事，大加鼓勵。而從寧宗的談話中，可知他對本朝歷史上的名臣言論也很留意和熟悉。

隔一天的甲申（十六日），經筵再開：

徐應龍進讀續帝學，至「元祐三年五月詔權住進講，八月范祖禹言，昔唐憲宗不對學士兩月，李絳奏曰，爲臣等竊禄偷安之計則便矣，其如陛下何？」應龍曰：「范祖禹意謂人主深居閑燕，接見儒生之日少，恐爲近習所移，故發是論。大凡人主之學，當以此心爲先。祖禹此後又有正心之説，蓋心正則萬事皆正，惟陛下留神。」上曰：「祖禹愛君之切如此。」

這次講讀的内容説到北宋哲宗元祐三年五月曾下詔停講經筵，兩個月過後，范祖禹找出了唐代憲宗兩個月不見學士的故事，並引述唐人議論，認爲臣下偷懶也就罷了，作爲皇帝是不行的。利用這樣的講讀内容，講讀官乘機教育寧宗，説君主閑著不見儒生，就有可能被宦官帶壞。對此，寧宗也趕緊跟著肯定范祖禹的言論是出於愛君。經筵講讀可以説就是對君主進行的「潤物細無聲」式的正心教育，讓皇帝在君道的規範之内不越雷池一步。

緊接著的第二天，經筵連續開講：

乙酉(十七日),袁燮進讀寶訓:「建炎元年詔三省曰:宣仁聖烈皇后保佑哲宗有社稷大功,姦臣懷私,誣衊聖德,其蔡確、蔡卞、邢恕、蔡懋取旨行遣。」燮奏曰:「高宗所以中興者,只爲能辨宣仁之誣,治蔡卞、邢恕等之罪。君子、小人至此方見明白。此所以爲立國之本。」上曰:「邪正豈可以不辨?向來止爲邪正不分,所以致夷狄之禍。」又曰:「今日自是可爲之時。」燮、中行奏曰:「誠如聖訓。天下事未有不可爲者。」中行又奏曰:「更在陛下奮大有爲之志。」上曰:「然。」

圍繞講讀的内容,講讀官指出高宗之所以中興的原因,寧宗則反思靖康之禍的教訓。當寧宗講到當前正是可爲之時,兩位講讀官都加以鼓勵,一個説天下事没有不可爲的,一個説主要在於皇帝本人奮大有爲之志。寧宗認可了他們的説法。可爲,有爲,指的是什麽呢?是鼓勵對金北伐嗎?開禧北伐失敗剛剛十來年,當時正處於宋金和平相處時期。因此可爲與有爲不像是指對外。那麽對内又是指什麽呢?當時正處於史彌遠專權時期,因此君臣所説的可爲與有爲似乎指要對史彌遠專權進行限制。暗流潛行於水面之下,政治鬥争首先起於政治人的心理變化。經筵講讀表面上講歷史,其實也含有暗中的角力。

十八日丙戌，連續經筵開講第三天：

徐應龍進讀續帝學，至「蘇軾所讀淳化二年太宗皇帝謂侍臣曰：諸牧監馬多死，近取十數槽置殿庭下，視其芻秣。軾因進言，馬不能言，無由申訴，太宗皇帝深哀憐之。民雖能言，上下隔絶，不能自訴，無異於馬。四海之衆，又非如馬可致殿庭，惟當廣任忠賢，以爲耳目。若忠賢疏遠，民之疾苦，無由上達。」應龍奏曰：「昔齊宣王不忍一牛之觳觫，孟子謂其恩嘗及百姓。蘇軾因殿庭飼馬事，迺言及民之疾苦。是皆遇物見意，廣其君之仁愛者也。」上曰：「昔人開導其君，類多如此。」又奏曰：「今日之民，困亦甚矣。任牧民之寄，知此理者，十無一二。望陛下與二三大臣講究可以寬民力者。至於除授守臣之際，亦乞審擇。」上然之。

從太宗憐馬的講讀内容，講讀官又引申到孟子講的齊宣王不忍看到祭祀之牛臨死前的恐懼顫抖，由物見意，引導人君關心民間疾苦，從而進言，希望寧宗與大臣商討可以寬民力的政策，還希望朝廷選擇愛民的地方官。玉牒初草對這次講讀内容的摘録也尤有深意。比如引述蘇軾説馬不能言，無法申訴苦狀，苦難的百姓雖會説話，但上下隔絶，無法投訴，也跟不能講話的馬没什麽兩樣。而遠方的民衆又無法像馬那樣可以到達皇城，只有通過地方官來轉達。如果地方官再不好，那麽下情就無法上達了。選擇什麽樣的史料入史，在於修史者的取捨。這些足以警示當世和後世的選擇，應當説是反映了修纂者劉克莊的歷史觀。

數日之後的二十二日庚寅，也有經筵開講的記録：

袁燮進讀寶訓，云：「自古小人陷害君子，立爲朋黨之論。」燮奏曰：「慶元初攻汝愚者，謂之謀逆，所用之人謂之逆黨。汝愚豈謀逆者？」上曰：「此時天下洶洶。」燮奏曰：「賴陛下聖明，察見誣妄。」復奏曰：「逆黨之説，既不足取信，又撰一名，謂之僞學。」上曰：「此謂道學也。若不立此名，則無以排陷君子。」燮等奏：「誠如聖訓。」

次進讀續帝學：「元祐元年司馬康講尚書洪範『乂用三德』，哲宗問曰，只此三德爲更有德。起居舍人王巖叟喜聞玉音，請書於册。」燮奏：「帝王之學要發問，周易言學以聚之，問以辨之，中庸言博學之必曰審問之。臣亦願陛下勤於訪問。」上曰：「問則明。」

這一天的講讀有兩種書。從「燮等奏」的表述看，在場的講讀官並不止袁燮一個人。袁燮進讀寶訓，續帝學的進讀者當是前些天進讀同一書的徐應龍。在進讀寶訓時，就寶訓「自古小人陷害君子，立爲朋黨之論」的話，袁燮直接把話題引到十餘年前發生的慶元黨禁上。對於慶元黨禁，在場的君臣都是當事人。君臣一同反思這一已經平反的事件。講讀續帝學時，講讀官則鼓勵作爲學生的寧宗勇於提出問題。不僅限於學問，「願陛下勤於訪問」的表達，已經將發問的範圍擴大，可以説是擴大到了關注朝廷政治動向，體察下情。

進入十二月，還有經筵講讀的記録：

> 庚子（二日），徐應龍進讀寶訓，至昭慈皇后處瑶華宫事，應龍曰：「兹事其初也，人衆勝天，及其後也，天定能勝人矣。京城之變，昭慈以廢居瑶華不與北徙，既而垂簾聽政，以位授之高宗，豈非宗廟社稷之靈護祐之乎？」上曰：「當時宫中所謂厭勝者，烏有此理？」應龍奏曰：「惟其不信，即無是事。若漢之武帝，惑孰甚焉？」李楠奏曰：「陛下聖明，迺灼見無是理。」

這一天在場的講讀官出現了兩位。在這裏，講讀官用寶訓所述的具體事實來説明人定勝天不過是一時的現象，認同天意難違的天定勝人。與今人所强調的人對抗自然的力量不同，前人認爲人是難以違逆天意的。也就是説人類的行動不能違背自然規律。例如比劉克莊的時代稍早，南宋宰相周必大就在分寧縣學山谷祠堂記一文中寫下這樣一段話：

初坐眉山唱酬，棲遲縣鎮。後被史禍，竄謫兩川。晚以非辜，長流嶺南，遂隕其命。中間翱翔館殿，纔六年耳。右史之拜，復爲韓川沮止。其生不遇如此，蓋人定勝天也。高宗中興，恨不同時，追贈直龍圖閣，擢從弟叔敖爲八坐，置甥徐俯於兩府，皆以先生之故。宸奎天縱，至下取其筆法，戒石刻銘，遍於守令之庭。李杜已遠，遂主詩社。身後光榮，乃至於此，非天定人勝耶？〔一〕

在這裏，周必大認爲黄庭堅一生遭際之種種不幸，反映的是人力所爲，而黄庭堅死後

〔一〕〔宋〕周必大平園續稿十九，文忠集卷五九，臺北臺灣商務印書館影印文淵閣四庫全書本。

所被遇的殊榮則反映了天道所應。周必大以黄庭堅生前身後具有極大反差的遭遇爲例，講述了前者的人定勝天和後者的天定勝人。周必大的説法跟講讀官的認識很一致。明初主編永樂大典的解縉對這兩句話解釋得最爲明晰：「天定勝人，久而必信。人定勝天，偶然一時耳。」〔一〕其實，講讀官向皇帝灌輸天定勝人的道理，並不是讓皇帝遵循自然規律，在很大程度上也是一種神道設教，將天凌駕於皇權之上。

十二月的經筵講讀記録，没有十一月頻繁。不過從十三日起，玉牒初草連續記録了三次：

辛亥（十三日），徐應龍進讀續帝學，至「劉唐老言大學論入德之序」，應龍奏曰：「能知是理，然後可以推而達之天下國家，唐老之言是也。」上曰：「大學之言，甚切治體。」

甲寅（十六日），袁燮進讀寶訓，至「上跋晉王羲之書蘭亭詩序云，覽此叙，因思其人與謝安共登冶城，安悠然遐想，有高世之志。羲之謂曰，今四郊多壘，宜

〔一〕〔明〕解縉文毅集卷八重修家譜題辭。

思自效。而虛談廢務，浮文妨要，恐非當今所宜。登臨放懷之際，不忘憂國之心，令人遠想慨然。」燮因奏：「士大夫虛談廢務，浮文妨要，最計利害。高宗當紹興元年金虜方强、中國多故之時，發爲聖訓。今殘虜未平，邊烽未息，願陛下體高宗之意，激厲士大夫。」上然之。

丙辰(十八日)，徐應龍進讀寶訓，至「紹興三年，殿中侍御史常同言六曹長貳拘守繩墨，宜少假以權，使得隨宜裁決。上曰：國朝以法令御百執事，有司奉法而不敢以私意更令，祖宗成憲不敢改也。」應龍奏曰：「常同之言誤矣。若使得從權裁決，豈復有成法乎？」上深然之。

又讀續帝學，至「呂大防等奏，人君之要，在乎知人，若以正爲邪，以小人爲君子，則不可。」應龍奏曰：「姜公輔，天下皆以爲君子，而德宗乃以爲賣直。盧杞，天下皆以爲奸邪，而德宗乃以爲忠。亂亡相繼，未有不由於是。」上曰：「君子小人，最爲難知。彼小人者，亦能發君子之言，當即其事而觀之。」

三次經筵講讀，讀的還是寶訓和續帝學。從徐應龍也進讀寶訓看，寶訓的講讀官並非只是袁燮一人。這三次講讀的君臣對話，第一次是從經典的闡釋延伸到了行政；

第二次是從高宗聖訓引出扭轉士大夫空談傾向的提議；第三次則是圍繞前人的言論講述權宜行事不若遵從法規。在進讀另一種書時，議論的則是君子小人之辨，寧宗認爲小人也會發君子之言，關鍵還是要看行動。這樣的發言也很可以看出寧宗的見地。

與上述講讀記載僅隔一條，玉牒初草在這一年接近年底的一天，還記録有一次經筵講讀：

庚申（二十二日），徐應龍讀續帝學，至「仁宗皇帝與講讀官講詩至誰能烹魚，溉之釜鬵，謂侍讀丁度曰，老子云治天下若烹小鮮，謂此也。」應龍奏曰：「烹魚煩則碎，治民煩則亂。詩言誰能烹魚者乎，但滌其釜鬵而已。仁宗皇帝四十二年安靖之治，豈非自此言而推之耶？今日爲陛下牧養斯民者，以苛察爲明，以督促爲能。望陛下時有以丁寧訓飭之。」上曰：「然。」

玉牒初草記録這次講讀，轉述續帝學的内容，比較完整地再現了北宋仁宗時期的一次經筵講讀。通過講讀，講讀官針對現實加以發揮，希望皇帝訓導地方官不要「以苛察爲明，以督促爲能」。

按經筵制度規定，通常二月方開講，但進入嘉定十二年，玉牒初草在正月十一日便出現了經筵講讀：

> 戊寅，袁燮進讀寶訓，至「御史中丞趙鼎論宰相呂頤浩過失」，燮奏：「祖宗立國規模，以大臣爲股肱心膂，任以大政，故大臣得以行志。以臺諫爲耳目，無所不言，故大臣不敢爲非。」上曰：「此所謂言及乘輿，則天子改容，事關廊廟，則宰相待罪。上下之情不通，則爲否卦。若臺諫不言，何緣得知？朕只要人來説。」

「言及乘輿，則天子改容，事關廊廟，則宰相待罪」是蘇軾説臺諫作用的兩句很有名的話〔一〕，寧宗之所以牢記並一字不誤地説出，一定是出自士大夫們的不斷灌輸。清楚臺諫的作用，重視信息溝通，就容易接受諫言。從這段君臣議論看，寧宗的認識也很

〔一〕蘇軾這句話見於東坡全集卷五一上皇帝書，宋史卷三三八蘇軾傳也有引録。

難得。

正月甲午二十七日，玉牒初草又出現了經筵講讀：

袁燮進讀續帝學，至「上官均言明君操術自有至要，蓋好學則明天人之道，通古今之變；好問則察群臣之情，達天下之政。」燮奏：「上官均之言，可謂切當。臣願陛下勤於訪問。」柴中行因言：「亦須觀其所問之人。問於正人，必能盡忠。問於邪人，反爲正人之害。」上深然之。燮奏：「人之邪正，亦不難知。但觀其所言爲己乎，爲國乎，則邪正判矣。」

過去一般的認識是，宰相主政，人君職在察人。這一天君臣三人的議論便是圍繞著這個主題，講讀官告誡寧宗察下情要問於正人。而人之邪正則由其言爲己還是爲國來判斷。玉牒初草在引録講讀續帝學的内容時，提到了北宋神宗時士大夫上官均所言「明天人之道，通古今之變」。衆所周知的「究天人之際」，在這裏變成了「明天人之道」。非「究」而「明」的改易，令人饒有興味。檢視典籍，「明天人之道」的説法，儘管在晉書和隋書都可以看到，但還是宋人説的最多。在宋人看來，天人相應的規律重在明瞭，而不在專門探究。與這條記事相印證，真德秀的顯謨閣學士致仕贈龍圖閣學士開府袁公行狀也有相應的記載：

又讀至上官均言好學好問，公言：「人主豈可不好問？不好問則群臣之邪正、政事之得失必不能盡知。」説書柴中行亦奏：「須觀所問之人邪正。」公言：「但觀其所言爲己乎？爲國乎？則邪正辨矣。」上曰：「若爲一身計，便是小人。」〔一〕

真德秀所撰袁燮行狀的内容雖然與玉牒初草的記録有些出入，但大體一致。足證這段君臣對話的真實存在，而非出於杜撰。

是年二月的玉牒初草僅有六條記事，經筵講讀便占了三條：

庚子（三日），太白晝見。袁燮進讀帝學，「崇寧三年幸太學，遂幸辟雍，御製

〔一〕西山文集卷四七。

辟雍記。宣和四年幸秘書省，次幸秘閣。」燮奏：「當時興學崇儒如此，未幾乃有夷狄之禍，何也？皆由邪正不明，是非顛倒，雖崇儒學亦無益。」柴中行言：「當時所作事，不過止是觀美，初非務實，何以能遏夷狄之禍？」

辛丑（四日），徐應龍進讀寶訓，至「紹興八年上謂輔臣，廣南去朝廷遠，宜精擇郡守。」奏云：「臣前此兩試廣郡，親見其間武臣爲郡者狼籍殊甚。」李安行奏云：「右科人止三任，便可入廣郡，比文臣甚優。」上曰：「此等人未練歷，不宜輕畀以郡。」

癸卯（六日），徐應龍因進讀，奏云：「前讀資治通鑑所載仇士良事，陛下能記之否？」上曰：「士良歸老，語其徒云，天子不可令閑暇，暇必觀書，見儒臣則納諫，智深慮遠，吾屬恩薄而權輕矣。」應龍云：「陛下能記此，天下幸甚。」

三日的講讀，講讀官爲寧宗探討爲何北宋末極爲興學崇儒，最終還是發生了靖康之難的原因，袁燮認爲是非顛倒，即使尊崇儒學也没用；柴中行則認爲當時務虚，並不務實。

緊接著第二天四日的講讀，延伸講讀的内容，講讀官以親身經歷，講述了遠地任官的混亂狀況，寧宗也意識到對未經歷練的武人不宜輕易授予地方官之任。

六日講讀的内容不清楚，但講讀官的發問，則像是對寧宗的考試。測驗的内容很重要，講讀官徐應龍問寧宗，以前講讀資治通鑑中宦官仇士良説的一句話還記得不記得。宦官勢力猖獗的唐代後期，老宦官仇士良告訴小宦官説，不要讓皇帝閑著，閑著就會讀書，見儒臣，就會接受諫言，那樣的話我們就没有弄權的餘地了。司馬光把宦官弄權的秘密寫進了資治通鑑，尤有深意。不光是宦官，權臣弄權也是如此。北宋末蔡京以「豫大豐亨」之説引導徽宗逸豫享樂就是最近的例子。因此，看到寧宗應答如流，講讀官感慨地説，陛下能記住這件事是天下的萬幸。

在三月末，玉牒初草也記録有兩次經筵講讀：

癸巳（二十七日），徐應龍進讀寶訓，至「建炎三年環慶帥王似言陝西六路帥乞皆用武臣」，帝曰：「如范仲淹，亦不在親臨矢石。」應龍奏云：「如丁焴在泗州，臨事深識權變，若邊頭盡得若人而用之，復何患？」上曰：「此人殊有謀略。」

甲午（二十八日），袁燮進讀寶訓，至御筆督諸將進兵事，燮奏：「近日諸將多不肯向前，有領兵數萬，端坐兩月，更不出城一步者。宜戒飭之。」

又讀續帝學，至「程瑀侍讀，隨事著明其説」，上曰：「近年侍讀，不進講義。得卿每事敷陳，甚善。」燮因奏：「觀程瑀事，則知向來讀官，亦進講義也。」上曰：「只讀一遍，則無益於事。」

兩次讀兩種書。讀寶訓，君臣議論的都是軍事問題，因爲南宋始終面臨著來自北方的威脅。講到寶訓中建炎時期有人提議邊臣用武臣的內容，寧宗認爲邊臣不在親臨矢石，他舉出了范仲淹的例子。可見寧宗不是被動的聽講，而是聽講時善於用自己的頭腦思考。講讀官於是順著寧宗的話，評價了當下的一個優秀的邊帥。第二天讀寶訓講到「御筆督諸將進兵」之事時，講讀官則指出了當前軍隊將領的相關問題，希望寧宗戒飭將領。

讀續帝學時的君臣議論，又涉及經筵講讀的具體狀況。由此可知，經筵講讀的同時，講讀官一般還進呈給皇帝講義，但寧宗時代的講讀官則不進呈講義。寧宗説在經筵時讀一遍没多大意義，意思是記不住。可見寧宗除了聽講，還想過後反復閲讀講義。寧宗向學之心，由此躍然紙上。

接下來的閏三月，玉牒初草有三次連續的經筵講讀記録：

辛亥（十六日），柴中行進講羔裘大夫以道去其君之詩，言古人三諫不用而後去之，此所謂以道去其君也。上曰：「人主容納諫争，則人臣得以行其道。」

壬子（十七日），袁燮進讀寶訓，至「上言劉錡順昌之勝未爲善戰，錡之所長在於循分守節，又稱李寶非惟驍勇，其心術亦可倚杖。」燮奏：「高宗選擇將帥，專取其用心。此乃萬世人主擇將之法。」柴中行亦言：「安豐受圍甚久，初未嘗出戰，却稱大捷十數。」上曰：「被圍七十餘日，乃敢欺罔如此！」

庚申（二十五日），袁燮進讀寶訓，至「手詔三省今後侍從有闕，選帥守及第二任提刑資序者。卿監郎官闕，選監司、郡守有政績者。」燮奏：「高宗此詔，可謂得人主用人之要。蓋必經歷外任，然後通練世務。」上曰：「更迭之法，誠不可廢。」次讀録忠義門，燮奏：「蘇軾有言，平居有犯顔敢諫之士，則臨難有伏節死義之臣。今日立朝之士，偷免苟容者多。只觀輪對，便自可見。」上曰：「此只見爲爵禄。」燮奏：「陛下更宜崇奬節義。」

先秦的典籍中充滿限制君權的言論，不過那時的君指的是諸侯國國君，而非天下共主周天子。但宋代士大夫將錯就錯，把先秦文獻中的君等同秦漢以後作爲皇帝的君，遂使大量先秦限制君權的言論成爲宋代士大夫限制皇權的理論資源〔一〕。柴中行給寧宗講詩經，講臣子以道去君，就是講不與拒諫的君主合作。寧宗也只好順著柴中行的話説人主應當容納諫争，給予人臣得以行其道的空間。

這幾次講讀，其他都是讀寶訓。記載中出現的録忠義門，估計也是寶訓中的一個門類。從讀寶訓高宗言劉錡順昌之勝未爲善戰，袁燮講到現實的一例，即安豐受圍，將領久不出戰，却稱大捷十多次之事〔二〕，對此，寧宗怒斥欺罔。另外兩次，圍繞進講的内容，君臣議論的則是地方官的選任和獎勵忠義，砥礪節義。

玉牒初草在五月也記録有幾次經筵講讀，一次是在九日：

癸卯，袁燮進讀續帝學，至「迪功郎朱熹辭召命乞嶽廟，上曰，熹安貧樂道，改合入官主管台州崇道觀。」燮奏：「熹累召不至，而孝宗亦重之。自初官即與改秩，可見崇儒好賢。其後入爲侍從，出典方面，又嘗擢置經筵。當陛下龍興之

〔一〕參見拙文將錯就錯：宋代士大夫原道論，學術月刊第四期，二〇〇九年。

〔二〕玉牒初草編纂者劉克莊在文集中對此事也有涉及，見後村集卷四五庚辰與方子默僉判。

初，實爲講官。」上曰：「記得朱熹在經筵，即是朱在之父。」爕同説書柴中行奏：「陛下記得朱熹如此，其子猶在罪籍，本無大過，陛下能拔拭而用之，亦足以見不忘忠賢之後。」上然之。

這次講讀的内容與當下時代距離最近，提到朱熹曾給寧宗短期擔任過經筵講讀官。對此，寧宗不僅有印象，並且連朱熹兒子的名字都記得。於是兩位講讀官乘機一起對寧宗説，希望起用還在罪籍中的朱熹之子。慶元黨禁之後，道學大興已是不可阻遏的趨勢，講讀官的立場無疑也是站在道學一側。

同月的十二日，玉牒初草又有經筵開講記録：

丙午，袁爕進讀續帝學，「孝宗皇帝聖訓云，朕常語東宫，德性已自温粹，須是廣讀書，濟以英氣，則爲盡善。」爕奏：「人君之德，固以温粹爲本。然不濟以英氣，則無以立大事，決大疑。惟有英氣，則有英斷，而人主之德全矣。欲全此德，非學問不可。此孝宗所以言廣讀書也。」上曰：「此事全在學問。」

從孝宗告誡皇太子要「濟以英氣」，講讀官加以發揮，説皇帝應當立大事，決大疑，有英斷。讀到這些内容，我總感到有言外之意，講讀官是暗自針對史彌遠專權而發。

在這個月，帝學和續帝學均已讀完，像前面所述讀完資治通鑑一樣，玉牒初草卷下載：「丁未（十三日），徐應龍等奏，進讀先朝范祖禹所進帝學徹卷，乞宣付史館。從之。」又載：「癸亥（二十九日），以進讀續帝學終篇，賜宰執、講讀、修注官燕於秘書省。」

經筵制度規定，春季講讀是在二月至五月，這是第一學期，秋季講讀是在八月至十二月〔一〕。於是，我們在玉牒初草的九月紀事中又看到了經筵開講的記録。在九月的八條紀事中，就有四次是經筵講讀：

庚子（八日），侍讀徐應龍讀寶訓，「有自東京來者云張九成投僞齊，帝曰，朕固知其不然。」應龍奏曰：「非高宗聖明，九成必遭中傷。」上曰：「飛語烏足信？」

〔一〕宋史卷一六二職官志載「春二月至端午日，秋八月至長至日，遇隻日入侍邇英閣輪官講讀。」

又讀「張常先、汪召錫、莫汲、范洵等告訐，帝曰，可並與追削編置，」應龍奏曰：「詩云，取彼譖人，投畀豺虎，高宗可謂深得詩人疾讒之意。」上曰：「此誠可爲子孫家法。」

甲辰（十二日），李楠進讀寶訓，至「帝諭輔臣曰，朕欲治贓吏，須檢舉祖宗舊法，先告諭，庶行之不暴。」上曰：「祖宗治贓吏至棄市。」楠奏：「高宗嘗曰，不必至此，笞黥足矣。繼今有贓敗者，乞並遵高宗聖訓，杖脊流之嶺表。」

乙巳（十三日），徐應龍進讀通鑑，至「吴起爲將，與士卒最下者同衣食，分勞苦。卒有病疽者，起爲吮之」，應龍奏曰：「昔之將帥，與士卒同甘苦，得其死力。今之將帥，事掊克而不恤士，欲其臨危效命，得乎？惟陛下嚴戒飭之。」

乙卯（二十三日），……徐應龍進讀寶訓，至「紹興二十六年樊光遠進對云，近投荒者還官職，物故者復資品、録子孫。又帝諭輔臣曰，往時士子，或上書忤秦檜，押往本貫，或它處聽讀，致妨應舉，可並放逐便」，上曰：「當時秦檜用事，在朝賢者斥逐去盡。」應龍奏曰：「高宗既爲之復官職，録子孫，至於聽讀士人，亦令逐便，恩亦厚矣。陛下觀書，能察及此，公道幸甚。」

九月的第一次講讀，圍繞所講内容，告誡君主如何防止佞臣讒言中傷正人。君主制政體之下的士大夫政治，作爲主宰者的士大夫要對應來自各個方面的攻擊，而這種攻擊往往挾皇帝來達到目的。因此，在平安無事之時，士大夫也有意識地給皇帝打預防針，給自己設立防火牆，避免在政治活動中受到來自皇權的傷害。

接下來是兩天相連的講讀。在講讀記載中，我們又發現，君臣已經讀了十九年，並且完全讀完的資治通鑑，再次作爲教材回到了經筵上。在宋代的士大夫們看來，作爲教科書資治通鑑實在是太重要了，讀過之後，除了不時測驗抽查皇帝是不是牢記住了内容，而且還會反復讀，温故知新。

三、玉牒初草所載經筵講讀綜論

以上縷述了玉牒初草所載經筵講讀的全部内容。爲了清晰地觀察，列表如下。

玉牒初草所載經筵講讀一覽表

年	月	日	講讀内容	講讀官
嘉定十二年	十	十一	詩經	柴中行
同前	十一	五	高宗寶訓	袁燮
同前	十一	六	高宗寶訓	袁燮
同前	十一	八	高宗寶訓	袁燮
同前	十一	十三	續帝學	徐應龍
同前	十一	十四	高宗寶訓	袁燮、柴中行
同前	十一	十六	續帝學	徐應龍
同前	十一	十七	高宗寶訓	袁燮
同前	十一	十八	續帝學	徐應龍
同前	十一	二十二	高宗寶訓、續帝學	袁燮、徐應龍
同前	十二	二	高宗寶訓	徐應龍、李楠

續　表

年	月	日	講讀内容	講讀官
同前	十二	十三	續帝學	徐應龍
同前	十二	十六	高宗寶訓	袁燮
同前	十二	十八	高宗寶訓、續帝學	徐應龍
同前	十二	二十二	續帝學	徐應龍
嘉定十二年	一	十一	高宗寶訓	袁燮
同前	一	二十七	續帝學	袁燮、柴中行
同前	二	三	續帝學	袁燮、柴中行
同前	二	四	高宗寶訓	徐應龍、李安行
同前	二	六	高宗寶訓	徐應龍
同前	三	二十七	高宗寶訓	徐應龍
同前	三	二十八	高宗寶訓、續帝學	袁燮

續表

年	月	日	講讀内容	講讀官
同前	閏三	十六	詩經	柴中行
同前	閏三	十七	高宗寶訓	袁燮
同前	閏三	二十五	高宗寶訓	袁燮
同前	五	九	續帝學	袁燮、柴中行
同前	五	十二	續帝學	袁燮
同前	九	八	高宗寶訓	徐應龍
同前	九	十二	高宗寶訓	李楠
同前	九	十三	資治通鑑	徐應龍
同前	九	二十三	高宗寶訓	徐應龍

兩年的經筵講讀是兩宋三百年經筵講讀的一個縮影，而我們的考察則像是抽樣調查，僅存的玉牒初草的兩年記事使考察没有選擇的餘地。不過，正因爲没有選擇

的餘地，隨機狀態下的考察更帶有客觀性。從上表可以觀察到，兩年間的經筵講讀多達三十次以上。即便如此之多，似乎也不是全部。根據春秋兩度開講的制度規定，嘉定十一年從十月開始出現經筵講讀的記録，而這一年二月到五月間講讀完全没有記載，嘉定十二年十月以後的講讀也肯定發生了失載。這也不能歸於編纂者劉克莊的失職，而是他所依據修纂的史料本身的闕如。然而，僅僅根據兩年間不完全的經筵講讀記載，比照制度規定，也可以發現其間的若干異同。跟制度規定相比，這才是經筵講讀的實際狀態。

從講讀時期來看，嘉定十二年出現了正月開講，早於通常的二月開講，而該年五月九日、十二日的講讀，又比制度規定的端午結束每年的第一期經筵有所延長。而兩年間多次出現的連續開講，也與制度規定的隔日開講不同。

制度規定，講讀官需提供講義。但從玉牒初草記載寧宗的抱怨來看，在寧宗時期，講讀官大多並不提供講義。不過我們發現，在開講日之外，講讀官還會進幾份故事，這等於相給皇帝留作業。而寧宗很重視講讀官所進故事，將其與官僚輪對劄子同等視之。這種做法也是通常的制度規定。從北宋哲宗時代起，就有了不開講之日由講讀官輪流撰寫漢唐故事和「有益政體者」兩則進入的規定〔一〕。

從講讀内容上看，儘管也有儒學經典的講讀，但比重並不大，兩年間三十一次的講讀記録中，只有兩次的詩經講讀屬於這方面的内容。在士大夫們看來，成爲皇帝的學習内容，與未即位的皇子、皇太子時期應當有所不同。經典教育屬於基礎教育，是即位前的學習重點。皇帝即位之後，便從基礎教育轉向君德培養與政治指導。學習内容也轉向以歷史爲主。以史爲鑑，王朝興衰與政務施策都能從逝去的歷史接受經驗與教訓，從資治通鑑記取和思考歷代故事，從本朝歷史中學習和體會祖宗之法。

玉牒初草記録的兩年，適逢資治通鑑講讀完畢，儘管時有復習式的通鑑講讀，但已經不是重點。重點轉向了本朝史事的講讀，其中尤其重視的是南宋以來的近代史。玉牒初草中頻繁出現的講讀書籍，帝學和續帝學的内容都是北宋的史事，而高宗寶訓則是南宋中興之主的祖宗法。從耳熟能詳的史實中接受教育，親切而切近，最具現實意義，每次經筵講讀往往會有一兩種上述史籍進讀。

經筵講讀不是灌輸知識爲主的本科教育，而接近於針對研究生的啓發式的教

〔一〕長編卷四〇七，元祐二年十一月壬申條。

育。較之死板地讀書，圍繞著講讀内容的互相討論才是經筵講讀主要方式。因此，從玉牒初草記載的三十來次經筵講讀，内容往往是一筆帶過，但君臣間的討論却被詳細地記録下來。

除了討論講讀的内容，經筵還有更爲重要的事情。這就是在講讀之際，圍繞著講讀内容，講讀官議論時政，向皇帝提供信息，提出建議。講讀官這樣做，並非越職言事，而是一種傳統，有著經筵講讀的祖宗法可依。北宋真宗時講説尚書、論語等儒學經典的邢昺「據傳疏敷引之，多及時事爲喻」。對此，「真宗甚嘉獎之」〔一〕。對這樣的祖宗法，南宋皇帝和士大夫都有清楚的瞭解與認同。周必大以孝宗的名義起草的制詞就這樣寫道：「勸講者猶有分章析理之勞，進讀則專以因事獻言爲職。」〔二〕講讀官「因事獻言」，正是其本職工作内容之一。

圍繞講讀内容，玉牒初草所載講讀官的議論或者説進言，大致有這樣幾個方面。

一、鼓勵君主向學。如嘉定十一年十一月十四日講讀高宗寶訓，袁燮以高宗「讀

〔一〕〔宋〕王稱東都事略卷四一邢昺傳。
〔二〕〔宋〕周必大文忠集卷一〇五賜新除翰林學士左大中大夫王曮辭免除兼侍讀恩命不允詔。

十過未若書一遍」的話，告誡寧宗説「此語有益聖德」。同月二十二日講讀續帝學，講到哲宗在經筵時發問，袁燮就説「帝王之學要發問」。嘉定十二年五月十二日講讀續帝學，講到孝宗告誡太子「廣讀書，濟以英氣」時，袁燮説「欲全此德，非學問不可」。玉牒初草所載講讀官鼓勵君主向學，有兩條相映成趣的議論，都是圍繞唐代的事情，一是講老宦官仇士良教唆小宦官不讓皇帝有閑暇讀書肯接近士大夫〔一〕；一是范祖禹擔心皇帝深居燕閑，接觸士大夫過少，興趣被宦官吸引過去〔二〕。由此看來，鼓勵君主向學，也是士大夫與宦官等勢力争奪皇權的手段之一。

二、宏觀教導君主政治藝術。如嘉定十一年十一月五日講讀高宗寶訓，袁燮讓寧宗效法高宗，進退人才應當合天下之公論。在宋代，掌握主流話語權的是士大夫。所謂公論，主要是士大夫們的輿論向背。要君主合天下公論，實質上是要君主服從士大夫政治。十一月五日講讀高宗寶訓，袁燮教誨説「自古人君治天下只是中道，剛柔皆不可不中」。同月十七日講讀高宗寶訓，袁燮告誡寧宗説，區别君子、小人「此爲

〔一〕玉牒初草卷下嘉定十二年二月癸卯條。
〔二〕玉牒初草卷上嘉定十一年十一月甲申條。

立國之本」。在嘉定十二年九月八日講讀高宗寶訓，徐應龍讓寧宗學習高宗，防止受惑讒言。嘉定十一年十二月十八日講讀續帝學，徐應龍批評從權廢法的主張，引導寧宗遵守法制。

三、具體指導君主政治方法。如嘉定十二年正月十一日講讀高宗寶訓，袁燮教誨説「以臺諫爲耳目，無所不言，故大臣不敢爲非」。這樣的指導既是泛泛而言，也無疑是針對南宋以來乃至當時權臣專政而發。十二月十八日講讀續帝學，針對小人也會發君子之言的現象，徐應龍告誡寧宗區别君子、小人重在觀其行。嘉定十二年正月二十七日講讀續帝學，袁燮與柴中行又在寧宗面前，具體以爲國還是爲己來區别「人之邪正」，進行了教導。

四、進行廣義的施政指導。如嘉定十一年十一月十八日講讀續帝學，徐應龍用蘇軾的「馬不能言，無由申訴」，來引導寧宗關心民衆疾苦，與大臣制定可以寬民力的政策，選擇愛民的地方官。嘉定十二年九月十二日講讀高宗寶訓，談到懲治贓吏，寧宗説「祖宗治贓吏至棄市」。對於這一古老的祖宗法，李楠則拿出了比較近的祖宗法，主張「遵高宗聖訓，杖脊流之嶺表」。主張從輕處罰的背後因素，或許包含有對士大夫本身利益與尊嚴的維護。

五、對時弊的抨擊。經筵講讀從根本上説是古爲今用。講讀歷史，引發的是現實的感受。嘉定十一年十一月五日講讀高宗寶訓，讀到賞罰的問題，袁燮指出：「向來諸軍曾立戰功者，賞猶未及遍行。」嘉定十一年十二月二十二日講讀續帝學，徐應龍指出：「今日爲陛下牧養斯民者，以苛察爲明，以督促爲能。」嘉定十二年二月四日講讀高宗寶訓，徐應龍指出：「臣前此兩試廣郡，親見其間武臣爲郡者狼籍殊甚。」同年閏三月十七日，講讀高宗寶訓，柴中行指出：「安豐受圍甚久，初未嘗出戰，却稱大捷十數。」同月二十五日講讀高宗寶訓，袁燮指出：「今日立朝之士，偷免苟容者多。只觀輪對，便自可見。」同年九月十三日進讀通鑑，徐應龍指出：「今之將帥，事掊克而不恤士，欲其臨危效命，得乎？惟陛下嚴戒飭之。」

六、關於人事的進言。順著講讀的内容，講讀官也毫不避諱地對當時的人物進行褒貶。嘉定十一年十一月十七日講讀高宗寶訓，袁燮説：「王辛者，即土豪也。去年光州被兵，辛首立功，以此知土豪可用。」嘉定十二年三月二十七日講讀高宗寶訓，徐應龍説：「如丁焴在沔州，臨事深識權變，若邊頭盡得若人而用之，復何患？」嘉定十二年五月二九日講讀續帝學，提及朱熹的兒子朱在，袁燮和柴中行乘機説：「陛下記得朱熹如此，其子猶在罪籍，本無大過，陛下能拔拭而用之，亦足以見不忘忠賢之後。」

七、反思歷史教訓。嘉定十一年十一月八日講讀高宗寶訓，當講讀官講述高宗中興的時候，寧宗感慨地説：「向來止爲邪正不分，所以致夷狄之禍。」嘉定十二年二月三日講讀高宗寶訓，從講讀内容説起，講讀官再次談到發生靖康之難的兩個原因。袁燮説，當時儘管特別興學崇儒，但不久依然有夷狄之禍，是由於「邪正不明，是非顛倒」，「雖崇儒學亦無益」。柴中行則認爲，當時的崇儒不過是裝點門面，所以不能遏止夷狄之禍。講讀官皆爲道學中人，他們講讀到有關朋黨的内容時，必然會把記憶猶新的慶元黨禁作爲話題。嘉定十一年十一月二十二日講讀高宗寶訓，就提到當時黨禁時的「逆黨」、「僞學」之説，作爲當事人的寧宗便説這是指道學，「若不立此名，則無以排陷君子」。

觀察玉牒初草所載全部經筵講讀，作爲學習者的寧宗既有獨立思考，不是消極被動地聽講，同時也從不違逆講讀官的意見，基本上都是順著講讀官的思路予以肯定或加以發揮。講讀之際，君臣之間有著良好的互動。

結語

在結束考察之前，我們先來看一下南宋理學家陳亮的一段不太短的論述：

過固人主之不免，諫亦人臣之當爲。然遏水於滔天之後，孰若遏之於涓涓之始？撲火於燎原之時，孰若撲之於熒熒之初？後之諫臣能諫人主之身過，而不能諫人主之心過。夫身過之過自心過之過。微自其微而砭之則易，及其白而藥之則難。皋夔之籲咈，伊傅之警戒，未嘗俟其君之過昭灼於外而後言也，芽蘖之萌固以剿而絶之矣。而人有德義以澆其内，禮法以繩其外，是以無汙輪之勞，無牽裾之諍，無折欄之呼，而人主之過已潛消於冥冥之中矣。後世之君，固有志於唐虞三代之君，然知正君之身而不知正君之心，知淑君之政，而不知淑君之德，是以制誥之差，賞罰之謬，刑法之酷，暴於中外，然後紛紛紜紜，争以頰舌白簡之彈，至於數十章，皂囊之上，至於數千言，籲，亦晚矣。〔一〕

〔一〕〔宋〕章如愚編群書考索别集卷一八人臣門，臺北臺灣商務印書館影印文淵閣四庫全書本。

觀陳亮所言，較之諫身，他更看重諫心。因爲諫身，屬於君主過錯業已發生的消極防禦，極有可能遭遇君主的激烈反彈，效果會打折扣，達到理想的狀態很難。然而，諫心，事先教育則像是積極防禦，可以在很大程度上，防君過於未然。面向皇子的保傅制度與面向皇帝的經筵制度，正是這樣一種諫心之制。諫心之制可以説是爲諫身之制，亦即臺諫制度的貫徹實行提供了前提與可能。因爲只有諫心所形成的君主自律，才能保證君主從諫如流。

惟其如此，宋代士大夫極爲視通過經筵講讀對皇帝進行正面教育。南宋第二代皇帝孝宗在剛即位不久，打算把按慣例二月上旬開講的經筵推遲到三月上旬。時任中書舍人的周必大聞訊後，立即上奏説，把經筵開講推遲一個月，離結束講讀的時間就很近了，其間又有假日，又要去看望太上皇高宗，能夠聽講的日子也就剩下十來天了。在士大夫們看來，從接受教育的角度看，皇帝的經筵講讀是多多益善。爲了阻止孝宗推遲經筵講讀，周必大在奏疏中搬出了祖宗法，希望孝宗與「祖宗開講之制不悖」。〔一〕

〔一〕〔宋〕周必大文忠集卷九九請早開講奏。

又過了幾年，周必大又給孝宗提交了一份論開講札子，就秋季經筵開講，講述了自己的憂慮與建議：「今歲適當郊祀，兼之册后，竊計秋講不過此月下旬三四次而已。其間又有開啓并習儀日分，止是二十一日可御經筵。欲望聖慈預留宸念，或百司臨時別有相妨事節，即乞宣諭，令且候講畢施行，庶幾少副陛下孜孜古訓、不忘舊章之意。」讀此，士大夫教育君主之心拳拳可見，希望皇帝確保經筵講讀的時間。對此，孝宗的批復也有記載：「二十日，有旨令添講筵日分至十一月五日止。」〔一〕就是説，孝宗不僅聽進了周必大的進言，還主動增加了經筵講讀的日程。歷史是延續的。前代君主在士大夫規範下的作爲，遂成爲後世皇帝的祖宗法。因此，我們才可以看到作爲「嘉定現象」之一的君臣講讀。

透過玉牒初草所載經筵講讀，其間所呈現出的寧宗皇帝的君主形象，完全是正規帝王教育所塑造出的内聖外王的標準像。只不過寧宗長時期處於權相史彌遠的陰影之下，擁有太多的無奈。玉牒初草中有一則士大夫對寧宗的批評，跟經筵講讀有些關係：「聽納雖不倦，而議論之見於施行者無幾；奉養雖有節，而帑藏之耗於侵

〔一〕〔宋〕周必大周文忠公集卷一三九論開講札子。

欺者不察。」對此，寧宗表示接受。其實寧宗也有許多苦衷。本來在士大夫政治之下，皇帝的行政空間就很小，而在權臣專政的局面下，皇帝更是很難自作主張。內外的種種制約，使得受過正規帝王教育的寧宗無法有更大的作爲，最終也未能成長爲傑出的君主。不過，成功的經筵講讀所賦予的君主的智慧和知識，讓包括寧宗在內的多數宋朝皇帝形成了較强的自律，没有走向無道。

程頤曾經講過這樣兩句話：「天下治亂繫宰相，君德成就責經筵。」〔一〕宋代的宰相是士大夫政治的代表和引領者，盡責的經筵成就了宋代皇帝的君德，使擁有名義上終裁權的皇帝没有成爲士大夫政治的阻礙。這一點跟明代的情形有著很大的不同。范仲淹稱讚寇準左右天子爲大忠。左右天子不僅僅有寇準的方式。從言，從行，乃至從心，宋代士大夫全方位地規範著君主。通過對玉牒初草所載兩年間經筵講讀的考察，可以從一個側面對宋代士大夫左右天子的實態獲得比較清楚的認識。

〔一〕長編卷三七三，元祐元年三月辛巳條。